时代先锋

——第六届全国杰出专业技术人才和先进集体事迹

SHIDAI XIANFENG
DILIUJIE QUANGUO JIECHU ZHUANYE JISHU RENCAI
HE XIANJIN JITI SHIJI

人力资源社会保障部专业技术人员管理司 编

中国人事出版社

图书在版编目（CIP）数据

时代先锋：第六届全国杰出专业技术人才和先进集体事迹 / 人力资源社会保障部专业技术人员管理司编 . -- 北京：中国人事出版社，2022
ISBN 978-7-5129-1701-9

Ⅰ. ①时… Ⅱ. ①人… Ⅲ. ①技术人才－先进工作者－先进事迹－中国－现代 ②科学研究组织机构－模范单位－先进事迹－中国－现代 Ⅳ. ① K826. 1

中国版本图书馆 CIP 数据核字（2022）第 022601 号

中国人事出版社出版发行
（北京市惠新东街 1 号 邮政编码：100029）
*
北京华联印刷有限公司印刷装订 新华书店经销

787 毫米 × 1092 毫米 16 开本 24.5 印张 297 千字
2022 年 3 月第 1 版 2022 年 3 月第 1 次印刷
定价：145.00 元

读者服务部电话：（010）64929211/84209101/64921644
营销中心电话：（010）64962347
出版社网址：http://www.class.com.cn

中共中央组织部　中共中央宣传部
人力资源社会保障部　科技部
关于表彰第六届全国杰出专业技术人才和专业技术人才先进集体的决定

人社部发〔2021〕84号

各省、自治区、直辖市及新疆生产建设兵团党委组织部、宣传部，政府人力资源社会保障厅（局）、科技厅（局），北京市人才工作局、中共海南省委人才发展局，中央和国家机关有关部委、直属机构人事（干部）部门，中央军委政治工作部干部局：

专业技术人才是我国人才队伍的骨干和中坚力量，加强专业技术人才队伍建设是实施新时代人才强国战略的重要内容。党的十八大以来，广大专业技术人才坚持以习近平新时代中国特色社会主义思想为指导，发扬新时代科学家精神和专业精神，矢志爱国奋斗，勇于创新创造，在经济社会发展各个领域，取得了一大批高水平创新成果，涌现出一大批先进典型，为建设创新型国家和全面建成小康社会作出了重要贡献。为深入贯彻落实中央人才工作会议精神，表彰先进典型，在全社会推动形成尊重人才的风尚，激励引导广大专业技术人才为全面建设社会主义现代化国家作出新的贡献，中央组织部、中央宣传部、人力资源社会保障部、科技部决定，授予赵久然等93人“全国杰出专业技术人才”称号，享受省部级表彰奖励获得者待遇；授予北京量子信息科学研究院等97个集体“全国专业技术人才先进集体”称号。希望受表彰的个人和集体珍惜荣誉，谦虚谨慎，发扬成绩，再接再厉，不断在本职岗位上作出新的更大贡献。

受到表彰的全国杰出专业技术人才和专业技术人才先进集体是我国广大专业技术人才的优秀代表。广大专业技术人才要以受表彰的个人和集体为榜样，学习他们胸怀祖国、服务人民的优秀品质，学习他们勇攀高峰、敢为人先的创新精神，学习他们潜心研究、求真务实的科学态度，学习他们团结协作、顽强拼搏的担当意识，学习他们严谨治学、淡泊名利的优良作风。要深怀爱国之心，砥砺报国之志，主动担负起时代赋予的使命责任，面向世界科技前沿、面向经济主战场、面向国家重大需求、面向人民生命健康，勇立潮头，锐意进取，奋发有为，为实现高水平科技自立自强、全面建设社会主义现代化国家贡献智慧和力量。

各地区各部门要坚持以习近平新时代中国特色社会主义思想为指导，深入学习贯彻中央人才工作会议精神，全面落实新时代人才工作的新理念新战略新举措，坚持党管人才原则，深入实施新时代人才强国战略，全方位培养、引进、用好人才，大兴识才爱才敬才用才之风，让事业激励人才，让人才成就事业，为加快建设世界重要人才中心和创新高地汇聚磅礴力量，为全面建成社会主义现代化强国、实现中华民族伟大复兴的中国梦提供坚强人才支撑。

附件：1. 第六届全国杰出专业技术人才名单

2. 第六届全国专业技术人才先进集体名单

中共中央组织部　中共中央宣传部

人力资源社会保障部　科技部

2021 年 10 月 26 日

附件 1

第六届全国杰出专业技术人才名单

（93 名）

赵久然	北京市农林科学院，研究员
王拥军	首都医科大学附属北京天坛医院，主任医师
仲崇立	天津工业大学，教授
刘日平	燕山大学，教授
贾振华	河北省中西医结合医药研究院，主任医师
寇子明	太原理工大学，教授
张瑞平	山西白求恩医院，教授
刘永斌	内蒙古自治区农牧业科学院，研究员
韩佳彤	呼和浩特市同心德市政工程设计研究有限公司，正高级工程师
尚　红（女）	中国医科大学附属第一医院，主任医师
朱蓓薇（女）	大连工业大学，教授
王春凤（女）	吉林农业大学，教授
严干贵	东北电力大学，教授
冷友斌	黑龙江飞鹤乳业有限公司，高级工程师
蔡　蔚	哈尔滨理工大学，教授
刘昌胜	上海大学，教授
罗利军	上海市农业生物基因中心，研究员
双传学	新华日报社（新华报业传媒集团），研究员
邢卫红（女）	南京工业大学，研究员

陈文兴	浙江理工大学，教授
姚力军	宁波江丰电子材料股份有限公司，正高级工程师
刘庆峰	科大讯飞股份有限公司，正高级工程师
汪天平	安徽省血吸虫病防治研究所，主任医师
郑少泉	福建省农业科学院，研究员
鲍晓军	福州大学，教授
罗胜联	南昌航空大学，教授
贺浩华	江西农业大学，教授
孔令让	山东农业大学，教授
崔洪芝（女）	山东科技大学，教授
常俊标	河南师范大学，教授
魏世忠	河南科技大学，教授
梅书棋	湖北省农业科学院，研究员
方　勤	湖北省文物考古研究所，研究馆员
易小刚	三一集团有限公司，正高级工程师
万步炎	湖南科技大学，教授
吴清平	广东省科学院微生物研究所，研究员
苏权科	港珠澳大桥管理局，正高级工程师
王双飞	广西大学，教授
杨章旗	广西壮族自治区林业科学研究院，正高级工程师
颜业岸	海南省琼海市嘉积中学，高级教师
周建庭	重庆交通大学，教授
赵金洲	西南石油大学，教授
杨正林	四川省医学科学院·四川省人民医院，教授
张　华	贵州航宇科技发展股份有限公司，正高级工程师
刘　健	贵州省人民医院，主任医师

王　华	昆明理工大学，教授
石　荔（女）	西藏自治区人民医院，主任医师
刘向宏	西部超导材料科技股份有限公司，正高级工程师
郝定均	西安市红会医院，主任医师
张志明	甘肃中医药大学附属医院，主任医师
李宁民	天水市博物馆，研究馆员
侯生珍	青海大学，教授
金群华	宁夏医科大学总医院，主任医师
马依彤	新疆医科大学心血管病中心，主任医师
黄　炯	新疆畜牧科学院，研究员
万素梅（女）	塔里木大学，教授
方国根	人民出版社，编审
王利明	中国人民大学，教授
周其林	南开大学，教授
赵东元	复旦大学，教授
夏宁邵	厦门大学，教授
肖永平	武汉大学，教授
冯小明	四川大学，教授
王春辉	工业和信息化部电子第五研究所，高级工程师
杨圣敏	中央民族大学，教授
李彩霞（女）	公安部物证鉴定中心，主任法医师
党亚民	中国测绘科学研究院，研究员
席北斗	中国环境科学研究院，研究员
姚亚波	首都机场集团有限公司，正高级工程师
李原园	水利部水利水电规划设计总院，正高级工程师
胡培松	中国水稻研究所，研究员

田周玲（女）	国家图书馆，研究馆员
徐建国	中国疾病预防控制中心，研究员
詹庆元	中日友好医院，主任医师
邢　继	中国核工业集团有限公司中国核电工程有限公司，正高级工程师
孙泽洲	中国航天科技集团有限公司第五研究院，正高级工程师
朱　坤	中国航天科工集团有限公司第三研究院，研究员
蔡树军	中国电子科技集团有限公司第十三研究所，正高级工程师
杜继臣	中国通用技术（集团）控股有限责任公司航天医疗健康科技集团有限公司，主任医师
汪双杰	中国交通建设集团有限公司，正高级工程师
张金涛	中国计量科学研究院，研究员
牛　睿	中广电广播电影电视设计研究院，正高级工程师
周继红（女）	国家体育总局游泳运动管理中心，国家级教练
傅伯杰	中国科学院生态环境研究中心，研究员
陈发虎	中国科学院青藏高原研究所，研究员
周向宇	中国科学院数学与系统科学研究院，研究员
赵汀阳	中国社会科学院哲学研究所，研究员
张小曳	中国气象科学研究院，研究员
张守攻	中国林业科学研究院，研究员
仝小林	中国中医科学院广安门医院，主任医师
蒋海昆	中国地震台网中心，研究员
朱小龙	中国工程物理研究院，研究员
付小兵	解放军总医院，研究员

附件 2

第六届全国专业技术人才先进集体名单

（97 个）

北京量子信息科学研究院

北京市疾病预防控制中心

天津七一二轨道交通专业无线通信系统研发与产业化创新团队

天津红日药业股份有限公司研究院

河北医科大学骨科创新团队

微生物杀菌剂产品创新与产业化创新团队

山西大学量子精密测量团队

山西医科大学第二医院骨科

内蒙古大学牛遗传改良与生物育种技术团队

内蒙古工业大学自治区煤基固废高效循环利用科技创新团队

沈阳芯源微电子设备股份有限公司前道涂胶显影设备研发团队

沈阳农业大学设施园艺创新团队

长春理工大学空间目标光电探测与光信息传输技术团队

长春中医药大学附属医院

哈尔滨医科大学附属第二医院心血管团队

黑龙江省农业科学院水稻研究所生物技术育种团队

上海交通大学医学院附属瑞金医院内分泌代谢病学科

上海集成电路研发中心有限公司国产设备材料验证和配套工艺开发团队

苏州大学纳米科学技术学院

江苏康缘现代中药研究院创新中药研发团队

杭州海康威视数字技术股份有限公司
浙江新和成股份有限公司研究院
安徽理工大学深部煤矿采动响应与灾害防控国家重点实验室
安徽智飞龙科马生物制药有限公司
宁德时代新型锂电池开发及应用创新团队
福建农林大学国家菌草工程技术研究中心
赣南师范大学国家脐橙工程技术研究中心
江西中医药大学中药制剂创新团队
青岛大学附属医院数字医学临床诊疗科研团队
齐鲁工业大学（山东省科学院）国家重点实验室生物基材料与绿色造纸团队
宇通客车股份有限公司－新能源客车关键技术研发及产业化研发团队
郑州大学金刚石光电材料与器件研究团队
武汉市金银潭医院
武汉新芯集成电路制造有限公司
湖南农业大学辣椒育种及资源创新团队
湖南日报社新湖南编辑中心
钟南山呼吸疾病防控团队
鹏城实验室
上汽通用五菱汽车股份有限公司技术中心
广西壮族自治区人民医院
海南大学热带作物品质育种及绿色生产团队
重庆医科大学感染性疾病分子生物学教育部重点实验室
重庆地质矿产研究院页岩气绿色勘探开发科技创新团队
四川省文物考古研究院
四川省林业科学研究院
贵州省地质矿产勘查开发局锰矿资源预测评价科技创新人才团队

贵州交通建设集团桥梁建造技术团队
昆明理工大学灵长类生物医学研究团队
云南钛业股份有限公司
西藏自治区第三人民医院
陕西省考古研究院
宝钛新材料研发创新团队
天水华天科技股份有限公司技术部
大禹节水股份有限公司
青海师范大学地理科学学院
宁夏大学煤炭高效利用与绿色化工国家重点实验室
新疆维吾尔自治区儿童医院新生儿科
新疆农业大学动物科学学院
新疆农垦科学院省部共建绵羊遗传改良与健康养殖国家重点实验室
中影电影数字制作基地有限公司声画制作中心
北京大学极端光学创新研究团队
清华大学高温气冷堆团队
北京师范大学中国传统语言学现代化科研创新团队
上海交通大学船舶与海洋工程设计团队
华东师范大学职业技术教育学科团队
华中师范大学国家数字化学习工程技术研究中心
哈尔滨工业大学机器人技术与系统国家重点实验室
中国信息通信研究院“两平台一卡”团队
西北民族大学生物医学团队
公安部第一研究所网络可信身份管理技术研究与应用团队
自然资源部第二海洋研究所海底科学与资源权益创新团队
华南环境科学研究所生态环境风险管理与应急技术研究中心

建筑学报杂志社有限公司

交通运输部上海打捞局大深度饱和潜水系列技术研发团队

中国水利水电科学研究院水资源研究所

中国农业科学院北京畜牧兽医研究所饲用酶工程创新团队

中国热带农业科学院香料饮料研究所热带香料饮料科技创新团队

故宫博物院文保科技部

北京协和医院疑难重症及罕见病多学科诊疗团队

中国航空工业集团有限公司歼 -15 飞机研制团队

中国兵器工业集团有限公司新型坦克技术创新团队

国家电网有限公司高压直流输电技术与装备创新团队

国家能源投资集团有限责任公司 400 万吨 / 年煤间接液化成套技术创新开发及产业化团队

中国电子信息产业集团有限公司银河麒麟操作系统 V10 攻关团队

有研科技集团有限公司有色金属材料制备加工国家重点实验室

中国医药集团有限公司北京生物制品研究所新冠疫苗研制团队

中国特种设备检测研究院特种设备安全检测与评价创新团队

国家广播电视总局广播电视规划院节目综合评价大数据研究中心

国家体育总局体育科学研究所运动训练研究中心

500 米口径球面射电望远镜调试运行团队

中国散裂中子源研究集体

中国社会科学院法学研究所民法研究室

中国气象局数值预报中心

中国林业科学研究院森林生态系统保护修复与多功能经营团队

中国中医科学院中药资源创新团队

中国地震局地质研究所地震动力学国家重点实验室

中国工程物理研究院某型号研制团队

目录
Contents

全国杰出专业技术人才简要事迹

全国专业技术人才先进集体简要事迹

注：部分全国杰出专业技术人才和先进集体事迹略。

全国杰出专业技术人才
简要事迹

赵久然同志简要事迹

赵久然，男，1962年8月出生，北京市农林科学院，研究员。

赵久然，北京市农林科学院玉米DNA①指纹及分子育种重点实验室主任，研究员，首席专家。他扎根一线，从事玉米科研工作30余年，在玉米育种方法创新、优新种质创制、新品种培育及产业化和玉米标准DNA指纹库构建及应用等方面取得了突出成绩。

赵久然带领团队培育国审玉米品种100多个，累计推广3亿多亩，增产粮食100多亿千克，为解决我国玉米种业“卡脖子”问题，促进民族种业发展、粮食增产和农民增收等作出了突出贡献。他创制“京724”等X群优良自交系30多个，创新“X群 × 黄改群”杂优模式，培育的“京科968”等突破性重大品种已成为我国连续多年年种植面积超2 000万亩②、累计种植面积超1亿亩的主导大品种。他创新糯玉米核心种质及杂优模式，培育出了优质高产糯玉米品种“京科糯2000”，累计种植上亿亩，成为我国种植面积最大的鲜食玉米，其种子和产品已销往全球50个多个国家和地

① DNA：脱氧核糖核酸。

② 1公顷=15亩。

区，成为越南等“一带一路”国家的主栽品种，有力推动了具有中国特色的鲜食糯玉米走向国际、领跑全球。他培育的“农科糯336”等甜加糯、高叶酸新型系列品种，被业界专家和广大消费者赞誉为“最好吃的玉米”，引领了我国鲜食玉米向高端特色和营养强化转型升级。他构建了已有6万多个品种的全球数量最大的玉米标准DNA指纹库，研制了6H-60K芯片，均被广泛应用，开拓和引领了作物标准DNA指纹构建及品种分子鉴定领域的研究工作。他完成了中国玉米核心种质黄早四自交系的denovo测序和基因组解析，创制出新一轮黄改群骨干自交系“京2416”，培育出“京农科728”等系列早熟耐密宜粒收品种，被遴选为中国农业农村十项重大新产品。他集成创新“五位一体”“同群优系聚合”等育种方法，创制大量玉米新种质材料，通过签订授权使用协议的形式分发给全国50多家科研育种单位，向国家种质资源库及良种攻关组提交新种质材料5 000多份。赵久然自2006年担任农业部玉米专家指导组组长以来，每年提出玉米生产技术指导意见并在农业部网站、《农民日报》等发布，提出的玉米“一增四改”、雨养旱作、绿色增产等技术建议被政府主管部门采纳，相关技术得到全面推广应用。

赵久然被授予全国粮食生产先进科技工作者、中国种业十大杰出人物等荣誉称号，入选全国农业科研杰出人才、“北京学者计划”等。他主持完成了国家“973计划”、“863计划”、国家重点研发计划、北京市科技计划等重大课题30多项；获国家科技进步奖一等奖1项、二等奖1项，省部级科技奖励多项；以第一完成人获国家发明专利15项，植物新品种权155项，制定行业标准3项；以第一作者或通讯作者身份发表学术论文136篇，SCI[①]论文21篇，主编（副主编）著作20余部；指导培养硕士生21人、博士生及博士后12人。

① SCI：科学引文索引。

王拥军同志简要事迹

王拥军，男，1962年9月出生，首都医科大学附属北京天坛医院，主任医师。

王拥军，首都医科大学附属北京天坛医院院长，教授，主任医师，中华医学会神经病学分会现任主任委员，第五届世界卒中组织常务理事，国家重大新药创制科技重大专项和科技创新2030“脑科学与类脑研究”重大项目总体专家组成员。王拥军长期从事脑血管病和神经内科疾病的临床和基础研究工作，取得了多项重大突破性成果，为我国脑血管病诊疗技术发展作出了突出贡献。

王拥军在国际上创造性提出了短程双通道双效应的脑血管病治疗新方法（CHANCE新方法），该方法显著降低了脑血管病复发率且不增加出血风险，并改写了世界脑血管病临床诊疗指南，成为缺血性脑血管病治疗的国际最高标准，被世界卒中组织主席评价为“近十年脑血管病领域三大里程碑式进展”之一。在此基础上，他还通过应用药物基因组学技术建立了脑血管病精准治疗方案，开启了脑血管病精准治疗的新时代。同时，他带领团队建立了唯一覆盖全国所有省份的国家—省级—市县神经系统疾病三级质量控制体系，构建了国家神经系统疾病信息化平台，研发了基于9项医疗质量指标的多层次综合干预技术，并证实该技术可显著降低患者复发和致残风险，研究成果被评价为“基于循证证据的医疗质量改进成就的最佳代表”“架起了指南与临床实践的桥梁”，且被写入《中国脑血管病临床管理指南》，同时被国家卫生健康委员会正式采纳，并作为脑血管病医疗质量改进的国家行政规范向全国发布。按照我国脑血管病流行病学数据测算，上述成果若在全国推广可使我国每年减少患者复发病例约 32 万例，节约直接住院费用约 64 亿元人民币。在王拥军的带领下，北京天坛医院神经病学科从弱势学科发展为连续 4 年位列中国医院科技影响力排行榜榜首，推动了北京天坛医院成为国家神经系统疾病研究、质量控制和临床医学三大国家级中心，引领了国家神经学科发展。王拥军带领北京天坛医院积极落实疏解非首都功能，完成医院整体搬迁，高标准落实公立医院改革等各项任务，谋划“强专科、大综合”的功能定位，稳步推进“4321”工程建设，积极承担区域医疗中心职责，主动融入首都优质医疗卫生服务体系，推进了现代医院管理制度的建立和完善。

王拥军获国家科技进步二等奖 2 项，并获吴阶平－保罗·杨森医学药学奖、药明康德生命化学研究奖和首批全国创新争先奖章等奖项。

仲崇立同志简要事迹

仲崇立，男，1966年4月出生，天津工业大学，教授。

仲崇立，天津工业大学省部共建分离膜与膜过程国家重点实验室主任、化学工程与技术学院院长，教授，博士生导师。仲崇立长期投身于我国化工领域科研创新和教育事业第一线，经过多年系统的基础与应用基础研究，他围绕化工高效分离技术，针对新型吸附与膜分离中涉及的纳微空间内流体的结构和性质，及新材料的高效精准设计等前沿科研难题，取得了系列创新性成果，引领了我国化工分离新材料的研发新范式。

1999年，仲崇立毅然拒绝了荷兰Delft技术大学的强力挽留回到祖国。当时，国内外化工领域的研究正在从总体性质测量和关联转向对纳微尺度问题的观测和机理研究，以及在新体系、新概念的探索等方面，对化工领域研究人员提出了更高的要求。仲崇立勇于接受挑战，以统计力学、分子模拟和量子化学等现代理论与计算方法为主要手段，结合实验研究，在纳微结构设计与性能调控等化工过程强化的重要研究领域进行了深入研究，形成了特色鲜明的“计算引领下的化工分离过程强化”研究方向，取得的多项创新研究成果在国际上产生了广泛影响，促进了统计力学与量子化学的理论与方法的交叉发展，丰富了化工和材料等领域的多尺度研究方法。此后，仲崇立从未停止创新的脚步，他瞄准国际新材料领域的研究前沿，在国内率先开展材料基因组学的研究，并带领研究团队创立了新型多孔材料的基因组学研究方法与技术，形成了“理论预测—实验验证”的研究模式，研发出具有自主知识产权的材料基因组学计算机软件 2 项，引领了我国化工分离新材料研发范式的转变。目前，仲崇立团队正在致力于将“模拟制备”与“实验制备”相结合，通过融合分子模拟、材料基因组学和人工智能等先进研究手段，形成智能化新型分离材料的高效精准设计方法。专注于科研工作的同时，仲崇立积极参与教育教学及我国化工行业人才的培养工作，累计培养博士生、硕士生 180 余人，青年骨干教师 10 余人，其中 3 人入选国家优秀青年科学基金项目，1 人入选国家青年专家人才。

仲崇立主持并完成国家杰出青年科学基金、国家自然科学基金重点项目、国家“973 计划”课题等各类项目 20 余项；发表论文 300 余篇，并被 Nature、Science 等学术期刊他引 1 万余次；出版中文专著 2 部，参编英文专著 1 部；获授权发明专利 18 件，软件著作权 2 件；获国家和省部级科技和人才奖励 7 项；是“百千万人才工程”国家级人选、享受政府特殊津贴人员、“长江学者”特聘教授、国家杰出青年科学基金获得者、天津市杰出人才。

刘日平同志简要事迹

刘日平，男，1963 年 11 月出生，燕山大学，教授。

刘日平，燕山大学亚稳材料国家重点实验室主任，军委科技委新材料主题专家组成员，国防创新团队带头人，“973 计划”项目首席科学家，军委科技委重点项目首席科学家，“长江学者”特聘教授，国家杰出青年科学基金获得者，“百千万人才工程”国家级人选，洪堡学者，剑桥大学博士后，Asia-Pacific Academy of Materials（亚太材料科学院）成员。

刘日平从事亚稳材料研究 30 余年，建立了亚稳材料国家重点实验室，提出了含亚稳相的材料设计新方法，发明了亚稳材料制备系列新技术，开发出十余种全新的特殊性能金属材料，解决了空间防护、飞行器传动机构、核介质处置等关键材料难题，并被广泛应用于航天、核工业、化工和钢铁等重点产业领域。

刘日平发现原子序数相差较大的材料间界面对高能粒子具有突出的散射和充放电漫化作用；发现高强度材料和高塑性材料之间形成的界面对超

高速碎片具有突出的碎化、熔化和雾化作用。提出跨尺度界面耦合亚稳材料制备新思路，发明了跨尺度界面耦合材料累积叠轧制备新技术，解决了性能差别大的金属材料间的协同变形和界面耦合关键技术难题，开发出含纳微米尺度铝/钨界面以及上万层的铝/铝层状界面的 Al/W、ZrN/Zr/Al 等多界面耦合新材料。相关材料与技术在空间高能粒子探测、超高速碎片防护工程设计中获得应用。

刘日平提出了利用快速冷却、强变形等技术截留亚稳相来实现强韧化的新技术途径。基于霍尔佩奇关系，建立了含非晶相/亚稳晶相的亚稳材料设计新方法，研制出十余种高强韧和低成本锆合金，成功应用于轻量化、长寿命和高精度传动机构设计中。开发出的高抗腐蚀性新型锆合金，在核、电子、航天等行业的辐射性介质以及极端腐蚀性酸、碱、盐介质处理中，应用于制作反应器、传动构件、管道阀门等，寿命大幅提高。新型锆合金已作为国家重点创新产品推广应用于近百家国家重要企业的特殊介质处理上，为极端介质处理领域提供了高性能特种金属材料。

刘日平提出了用非晶化实现钯合金强韧化的新思路，探明了钯合金由近纯扩散控制的凝固和非晶形成过程，发明了非晶合金与 MoS_2（二硫化钼）复合镀层化学共沉积技术，大幅提高了抗磨能力，减少了 MoS_2 脱落。复合镀层用于真空机构摩擦副，大幅降低了真空粘着系数，为解决真空下摩擦副的冷焊与摩擦耦合难题开辟了新途径。

刘日平先后主持“973 计划”项目、“863 计划”项目、军委科技委重点项目、国家自然科学基金重点项目等 30 余项；获国家科技奖励 3 项，其中国家技术发明奖二等奖 2 项、国家科技进步奖二等奖 1 项；获省部级一等奖 4 项；授权发明专利 47 项；在 Phys.Rev.Lett.、Acta Mater. 等发表 SCI 论文 300 余篇，出版专著 3 部。

贾振华同志简要事迹

贾振华，男，1975年12月出生，河北省中西医结合医药研究院，主任医师。

贾振华，河北省中西医结合医药研究院院长，河北以岭医院院长。近20年致力于中医心肺疾病研究，是防治病毒类呼吸系统公共卫生事件的中成药代表——连花清瘟的主要研发人。

贾振华基于中医络病理论创建外感温热病“络病证治”，提出了“积极干预”策略，制定了专利中药连花清瘟组方。连花清瘟在2003年SARS（重症急性呼吸综合征）期间通过绿色通道获批新药，进入国家医保甲类与基本药物目录，先后20余次被列为国家甲流、乙流、禽流感、中东呼吸综合征、新冠肺炎等防控推荐用药，成为防控呼吸系统公共卫生事件代表药，为防控新冠肺炎疫情作出了重要贡献。贾振华在国际上首次发表连花清瘟治疗新冠肺炎临床文章，推动连花清瘟在19个国家和地区完成了药品注册，在国际疫情防控中发挥了重要作用。新华社专刊称“连花清瘟在科威特因确切疗效受到高度评价”，《参考消息》发文称“连花清瘟成为全球抗疫中医方案”。连花清瘟有效提升了中医药学科的国际影响力，推动了中医药学科的国际化进程。

贾振华参与构建的中医脉络学说指导微血管病变防治取得了重大突破，获得了2019年国家科技进步一等奖（医药卫生领域唯一）。他主持制定了脉络病辨证诊断标准，提出了共性病机与病理环节；他揭示了过劳、抑郁在血管病变中的始动作用，证实了动脉微血管病变先于动脉粥样硬化发生，为早期防治提供新思路；他主持了中药芪苈强心治疗慢性心衰研究，揭示了芪苈强心标本兼治的作用特点，推动芪苈强心成为首个列入中华医学会慢性心衰、扩张性心肌病诊疗指南的中成药。芪苈强心提高慢性心衰疗效相关临床循证研究论文发表在国际循环类高影响因子杂志JACC（IF15.343）上，获得了国内外高度评价。

贾振华主持了国家重点研发计划、国家自然科学基金重点项目等国家级课题5项，获国家科技进步一等奖1项（排名第三），国家科技进步二等奖2项（分别排名第一、第三），省部级科技进步一等奖3项（排名第一）。贾振华共发表文章80余篇，参编专著5部、教材1部，是享受政府特殊津贴人员，中国青年科技奖获奖者，并获何梁何利基金科学与技术创新奖，被授予科技部中青年科技创新领军人才、国家卫生健康委员会有突出贡献中青年专家、国家中管局中医药传承与创新“百千万”人才工程岐黄学者、全国优秀科技工作者等荣誉称号。

寇子明同志简要事迹

寇子明，男，1964年8月出生，太原理工大学，教授。

寇子明，太原理工大学教授，博士生导师，矿山流体控制国家地方联合工程实验室主任，“百千万人才工程”国家级人选，享受政府特殊津贴人员，全国五一劳动奖章获得者，被授予全国先进工作者、山西省创新创业领军人才、山西省“三晋学者”特聘教授等荣誉称号。寇子明从事机电一体化教学和科技创新工作30多年，在矿山运输、提升、排水和通风系统等方面持续攻坚克难，破壁创新。

寇子明作为矿山机械及其自动化学科带头人，发明了基于能量自动转化的防抱死安全制动技术，在没有外动力的前提下实现输送机滚筒防抱死制动性能，突破了大倾角大运量物料输送的技术瓶颈；发明了收放夹卷切一体化连续换带成套技术与装备，依靠履带与胶带恒压力双面摩擦力完成收放作业和同步卷带，以及多点夹松带一键切换和无污染分段快速切带等，实现了带式输送机换带作业的革命，并成功应用在千万吨级同忻主斜井等数百个实际生产系统，解决了长距离大倾角胶带安装更换过程费时费力、安全隐患多的重大难题，相关研究成果达到国际领先水平，荣获日内瓦国际发明专利展会金奖。

寇子明还发明了永磁外转子提升机及其安全高效运维成套技术与装备，突破了因传动环节多引起的效率与可靠性低的“卡脖子”技术，开创了矿井提升机发展史上新的里程碑，实现了我国永磁电机内装式矿井提升机关键技术与装备的跨越式发展，打破了国外公司长期对矿山装备核心部件和关键工艺的市场垄断，并达到国际领先水平。该装备已在国内外得到推广应用，与传统提升机相比，其总效率提高 23% 以上、噪声降低 20% 以上、占地面积减少 1/3。

在矿井排水系统方面，寇子明发明了基于机电联动液控闸阀驱动的安全节能控制技术，为井下水泵房和变电所的无人化和智能化建设创造了必要条件。在矿井降尘领域，寇子明提出了“雾柱”高效降尘理论，发明了“高效喷嘴及降尘技术”，在俄罗斯以及我国甘肃、山西等地煤矿的采掘进工作中得到大量应用。这些发明技术已在 600 多个生产环节得到应用，取得了巨大的经济效益和社会效益，实实在在地将论文写在了工业系统中。

寇子明承担了国家“863 计划”重大项目、国家科技支撑计划、国家国际合作项目、国家重大研发计划、国家自然科学基金、国家虚拟仿真实验教学项目等 10 余项国家及省部级科技项目；以第一发明人授权国内外发明专利 80 多件，制定全国行业标准 3 项；以第一作者或通讯作者身份发表 SCI、EI① 收录论文 60 多篇，出版专著与教材 6 部；以第一完成人获国家技术发明二等奖 1 项，省部级一等奖 8 项、二等奖 10 项。

① EI：工程索引。

张瑞平同志简要事迹

张瑞平，男，1975 年 6 月出生，山西白求恩医院，教授。

张瑞平，山西白求恩医院（山西医学科学院，山西医科大学第三医院）副院长，主任医师，博士生导师，医学实验中心主任，“百千万人才工程”国家级人选，享受政府特殊津贴人员，国家卫生健康突出贡献中青年专家，山西省三晋英才支持计划高端领军人才，山西省新兴产业领军人才。张瑞平从事医学影像诊断工作 20 余年，长期潜心于分子影像学研究，以临床与影像相关的问题和影像在临床诊疗中发挥的作用为出发点，开展了系列研究，获得国内外同行高度认可。

张瑞平作为山西省工程技术研究中心主任、山西省科技创新团队负责人，牵头组建了多学科融合的科研团队，主要围绕疾病体外检测、多模态纳米造影剂、纳米载药制剂等方面展开系统研究。以分子影像学和纳米医学为主要研究方向，实现了细胞、分子水平的成像。以纳米颗粒为载体，合成了多种多功能纳米探针，实现了多模态分子成像和诊疗一体化，对于推动纳米药物向临床转化具有现实意义。其中，在近红外二区成像技术研发方面，克服了目前临床近红外一区荧光材料穿透力弱的缺陷，开发了多种新型近红外二区成像探针，实现具有更强的生物组织穿透力和更高的时空分辨率的光学成像，为外科精准手术提供了依据。此外，他致力于肿瘤新型标志物的筛选和高灵敏度试剂盒的研发，利用基质辅助激光解吸飞行时间质谱技术，系统研究健康人和不同分期癌症患者的血清、唾液等生物流体中小分子代谢物，从而实现从分子层面无创、精准筛查早期癌症患者，为临床检测和基础研究提供可检测的靶标分子。他构建了低成本新型高灵敏度的纳米免疫传感器，通过替换试剂盒中的相关抗原、抗体，结合特异性免疫反应与生物传感技术，实现了对疾病的特异性抗体检测。

张瑞平近年来承担国家自然科学基金重点项目、面上项目 5 项，科技部及省级科研项目 20 余项。获得国家专利 6 项，主编、参编著作和教材 6 部。发表 SCI 收录论文 80 余篇，其中以第一作者和通讯作者身份发表 SCI 收录文章 60 篇，1 区 SCI 文章 50 篇，单篇最高影响因子 30.849，影响因子大于 10 的 12 篇，部分论文发表在 Nature、Biomaterials 等国际顶级期刊。此外，以第一完成人获山西省自然科学技术一等奖 2 项和中国抗癌协会二等奖。此外，张瑞平还获得了山西省科技进步二等奖 3 项和三等奖 2 项，山西省教学成果二等奖和山西省高等学校科技一、二等奖，山西省第十九届优秀学术论文特等奖等。

刘永斌同志简要事迹

刘永斌，男，1977年1月出生，内蒙古自治区农牧业科学院，研究员。

刘永斌，内蒙古自治区农牧业科学院研究员，长期在肉羊遗传育种、生产技术等领域工作，是我国肉羊育种领域的知名科研专家。

刘永斌研究员带领团队成员研发了绵羊育种芯片和配套设备，建立了现代肉羊育种技术体系和模式，并采用复杂杂交育种方法，结合分子辅助育种技术，联合培育了国家审定的巴美肉羊、昭乌达肉羊、黄淮肉羊专用新品种，选育了多脊椎、短脂尾蒙古羊新品系，累计推广种羊8万余只，改良300万余只，新增产值32.87亿元，这些成果对推动肉羊主产区种业发展起到重要作用。刘永斌在育种过程中建立并推行了“群选群育—集中连片—区域推进”的育种模式，采取统一选种选配，整体推进，边杂交、边选育、边生产、边推广的方法，研究并形成了用传统育种和现代生物技术相结合的选育技术模式，加快育种进程，缩短世代间隔，对于推进我国肉羊品种良种化和肉羊业持续发展具有重要的产业价值和现实意义。

在地方品种保护和新品种培育中，刘永斌探明了肉羊重要经济性状的关键因子与芯片检测技术方法，揭示了多脊椎蒙古羊的遗传调控机理并构建了群体动态模型，解析了短脂尾蒙古羊尾椎与尾型的遗传变异规律，构建了关键功能基因的共表达调控网络，研发了用于肉羊选育的具有自主知识产权的基因芯片，初步建立了肉羊分子辅助育种技术体系。

刘永斌研发了肉羊短期催情补饲及群选群配繁育（P2P）新模式，筛选了最佳肉羊杂交组合，实现了北方牧区绵羊两年三产，解决了牧区蒙古羊繁殖率低的生产技术难题；开发了用于肉羊选育、养殖、管理的轻简化设施设备20余套，构建了“产—学—研—推”一体化育种模式；研发并构建了基于万羊基因组工程的绵羊种羊遗传评估中心、种羊基因追溯和SheepLink平台，实现绵羊遗传群体组分分析，建立了绵羊智能育种、养殖、追溯、咨询等智能化管理平台。

作为国家肉羊产业技术体系岗位科学家，刘永斌积极开展了农区及农牧结合区多羔肉羊新品种选育及产业化示范工作，选育多羔种羊5 000余只，结合繁殖控制和饲养管理技术，每只母羊平均多产1只羔羊，辐射360余户多羔羊养殖户和贫困户，显著提高了农牧民的收入。

刘永斌先后主持和参加国家及省部级科技项目20余项。获国家科技进步二等奖1项，省部级科技进步一等奖1项，科技进步二等奖1项；授权专利11项，软件著作权3项，审定品种3个，验收品系3个，编制标准4项，出版专著和著作6部，发表论文60余篇。

韩佳彤同志简要事迹

韩佳彤，男，1970年3月出生，呼和浩特市同心德市政工程设计研究有限公司，正高级工程师。

韩佳彤，内蒙古呼和浩特市市政建设服务中心正高级工程师，市政设施科研所总工程师（原市政工程技术服务中心总工程师），呼和浩特市同心德市政工程设计研究有限公司总工程师兼公司地铁项目总设计师，是享受政府特殊津贴人员。

近年来，韩佳彤获得国家专利授权30余项、软件著作权10余项、内蒙古科学技术成果登记5项，在《内蒙古大学学报》《内蒙古工业大学学报》《建设科技》等重要报刊发表论文数十篇；主持编著了《内蒙古“十三五”城市轨道交通建设工程技术成果系列丛书》（8册约200万字），为自治区轨道交通建设工程提供了权威性、规范化的依据。他主持的“地铁盾构隧道施工安全风险管控关键技术研究”项目，填补了国内地铁盾构安全施工方面的多项空白，形成了安全风险控制关键技术和标准体系，解决了盾构施工本质安全管控难题；开发的盾构监控软件平台，解决了国外软件垄断的问题，并获得授权专利7项，软件著作权2项，该科研成果荣获2020年度内蒙古自治区科技进步一等奖，为盾构法施工安全管理技术创新进步作出了突出贡献。在呼和浩特市污染防治攻坚战中，韩佳彤带领科研团队成功研发“呼和浩特快速路智能限高与监控集成系统”，通过成果中试，解决了呼和浩特市二环快速路金隅时代城段噪声超标问题。目前该科研成果为呼和浩特市疏堵保畅工程，为延长道桥使用寿命和桥体结构安全作出了重要贡献，该集成系统已成功接入呼和浩特城市大脑感知体系平台，为建设安全、幸福、智慧首府奠定了基础。韩佳彤在呼和浩特市城市建设创新领域，带领科研团队开展了“呼和浩特市政工程建设运维大数据及安全管控技术研究”科技创新项目，形成了呼和浩特城市生命线市政工程建设运维大数据及安全管控技术“一张表、一张图”的管理模式，为各级领导决策提供强有力的科学依据和技术支撑。该项目成果经科技成果查新确认为国内首创，在市政工程领域有着非常好的示范和引领作用。

韩佳彤先后获得全国劳动模范、全国民族团结进步模范个人、全国住房城乡建设系统先进工作者、“百千万人才工程”国家级人选等荣誉称号，同时被授予内蒙古自治区优秀共产党员、内蒙古杰出人才奖、内蒙古突出贡献专家、“草原英才”、“北疆工匠”、内蒙古最美科技工作者等。“韩佳彤劳模创新工作室”获得内蒙古党委组织部“草原英才”工程自治区产业创新人才团队、内蒙古总工会“职工创新工作室”荣誉称号。

尚红同志简要事迹

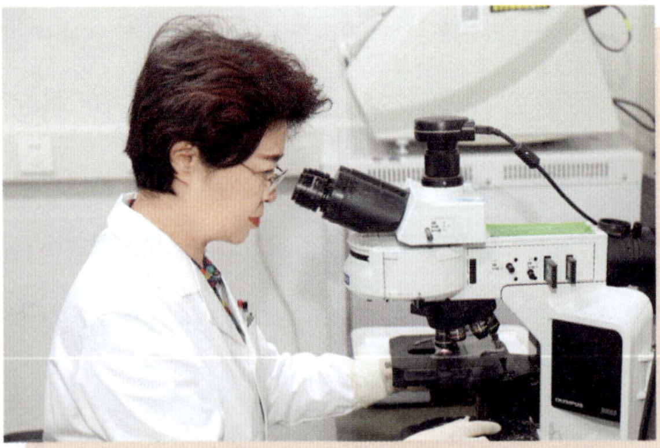

尚红，女，1960年10月出生，中国医科大学附属第一医院，主任医师。

尚红，中国工程院院士，中国医科大学附属第一医院院长，教授，主任医师，博士生导师。国家医学检验临床医学研究中心主任，国家卫生健康委员会艾滋病免疫学重点实验室主任，临床检验诊断及艾滋病防治学家，长期从事临床检验诊断及艾滋病防治临床及科研工作，是我国临床检验诊断的学科带头人。

针对我国临床检验参考值长期缺乏“中国标准”、标准不一且结果无法互认、医疗资源浪费严重的问题，尚红带领团队首次建立国人临床检验参考值，并将其纳入国家教材和行业指南，应用于征兵、公务员体检和献血员筛查等，在全国76%医疗机构推广应用；制定个体化检测技术指南，为规范临床诊疗、指导精准用药提供了权威检验标准，对于推进合理诊断、合理治疗、检验结果互认，有效利用医疗卫生资源，提升健康中国前进步伐作出了贡献。1996年，我国艾滋病研究领域尚属空白，尚红从日本留学归国后组建科研团队，潜心研究艾滋病20余年。她主持“十一五”“十二五”“十三五”国家科技重大专项课题，在艾滋病流行病学、新型病毒重组株鉴定、疾病进展预测标志物以及病毒储存库检测技术等关键领域取得了突破性进展：发现我国男同性恋人群是艾滋病新发感染的主体，开展我国首个男同性恋人群暴露前预防真实世界研究，发布了首个中英文版本的暴露前预防实施专家共识；鉴定了 2 个在我国规模性传播的新型艾滋病病毒重组株，获得国际病毒委员会命名，构建的代表性假病毒入选国际标准株，被美国国立卫生研究院（NIH）等 28 家国际机构用于新药和疫苗研发；首次发现了一组 miRNA，可在艾滋病感染早期预测疾病进展，发现了艾滋病领域第一个 CD4 T 细胞胞内功能标志物，提出了对其靶向修复的免疫监测及治疗新理论；在国际上首次鉴定出了艾滋病储存库表面标志物，为有效检测及清除艾滋病病毒储存库开辟了新途径，促进了艾滋病功能性治愈的进程。

尚红以第一完成人获国家科技进步二等奖 2 项、省科技进步一等奖 4 项、何梁何利基金科学与技术进步奖和法国医学科学院塞维雅奖；以第一通讯作者身份在 Nature、N Engl J Med、Lancet Infect Dis、Nat Immunol 和 Sci Adv 等国内外杂志发表研究论文 300 余篇，制定卫生行业标准 12 项，获发明专利 6 项；主编了“十二五”“十三五”国家规划教材和艾滋病及检验相关专著，获得国家一流本科专业、第一批国家精品课程、国家一流本科课程、首批国家级网络资源共享课程及教育部国家级教学团队、教育部创新团队等荣誉。

朱蓓薇同志简要事迹

朱蓓薇，女，1957年3月出生，大连工业大学，教授。

朱蓓薇，中国工程院院士，大连工业大学食品学院教授，博士生导师，国家海洋食品工程技术研究中心主任，国务院学位委员会食品科学与工程学科评议组召集人，国家"十四五"重点研发计划"食品制造与农产品物流科技支撑"专项实施方案专家组组长。朱蓓薇长期从事农产品、水产品精深加工的基础理论和应用研究，是我国食品工程领域杰出的科学家、海洋食品加工产业的开拓者和引领者。

朱蓓薇潜心研究开发了以"海参自溶酶技术""贝类精深加工关键技术""特色海洋食品精深加工关键技术"等为核心的一批新技术，在海藻、鱼类等大宗海洋食品的精深加工和高值化利用技术方面取得突破，从根本上解决了海参"贮藏难、加工难、食用难"三大产业瓶颈，突破了系列贝类精深加工技术，提高了贝类的综合利用率和附加值，创建了特色海洋食品品质的精准控制技术、海洋食品营养以及功能性成分的高效制备技术，使我国海洋食品精深加工技术在某些领域达到国际领先水平。

朱蓓薇揭示了食品品质形成机理，功能因子的构效关系，人体消化吸收代谢规律等，精准设计并开发了功能食品、特殊膳食用食品、高品质便捷食品等多个系列50多种新产品，建立了《胶原蛋白肽》《水产品冷链物流服务规范》等国家标准、地方标准以及企业标准约100项，使海洋食品从沿海地区走向内陆地区，极大地改善了居民的膳食结构，使高蛋白、低脂肪的海洋食品成为保障居民健康的重要食物资源。

朱蓓薇把科技成果向我国渤海、黄海、东海、南海四大海域及内陆的17个省市辐射推广，在沿海以及老边少地区的60余家企业实现了规模化转化，为多个国家、省、市驰名商标提供了重要科技支撑，为企业创造了显著经济效益，加工技术和装备在国内外多家企业推广应用。她带领团队先后在广西百色、江西赣州、甘肃会宁等革命老区进行技术服务和成果推广，使越来越多的老区群众增收致富，助力老区乡村振兴。

朱蓓薇先后主持国家重点研发计划重点专项、国家自然科学基金项目、国际合作重大项目等40余项；获国家技术发明二等奖1项，国家科技进步二等奖2项，国家教学成果二等奖1项，何梁何利基金科学与技术创新奖1项，省部级奖励10项；出版学术著作11部（专著1部），发表学术论文200余篇；获国际、国内授权发明专利100余件；获全国三八红旗手、全国“星火科技先进工作者”、全国五一劳动奖章等多项荣誉称号。

王春凤同志简要事迹

王春凤，女，1972年4月出生，吉林农业大学，教授。

王春凤，吉林农业大学动物科学技术学院、动物医学院院长，教授，博士生导师，“百千万人才工程”国家级人选，中国第十五届青年科技奖获得者、国家第三批中青年科技创新领军人才、教育部第八届科学技术委员会农林学部委员、教育部第八届生物安全专门委员会委员以及吉林省首批“长白山学者”特聘教授、吉林省首批拔尖创新人才。

王春凤一直从事动物微生态与黏膜免疫领域的研究，围绕“食品级”乳酸菌载体表达系统、新功能型乳酸菌的构建及其分子免疫机制和新型动物微生态制剂创制与应用开展了系统研究工作，将基础研究与生产实践紧密结合，实现了产学研深度融合，连续主持国家自然科学基金和国家“863计划”（子）课题13项。

王春凤率先构建了“食品级”非抗生素抗性乳酸菌载体表达系统，获本领域第一个发明专利，利用该技术平台构建研制了多功能型益生菌，并证明回归动物消化道后可以稳定定植而发挥防病作用；她研制的预防非洲猪瘟的复合乳酸菌制剂能阻断非洲猪瘟病毒对猪淋巴结中巨噬细胞的感染，减轻对十二指肠绒毛的损伤；她建立了基于“环境友好型的动物微生态制剂”的生态健康养殖模式，获教育部发明一等奖和吉林省科技进步一等奖各一项，授权发明专利 39 件。

王春凤首次发现仔猪小肠黏膜固有层中存在早期 B 细胞且揭示了鼠李糖乳杆菌（LGG）能够调节其分化和发育，研究结果发表于免疫学权威期刊 The Journal of Immunology；她还研究发现小鼠口服抗流感的乳酸菌后，其肠系膜淋巴结中 B 细胞被活化并形成生发中心，研究结果被 Nature Reviews Drug Discovery 和 Trends in Biotechnology 等权威期刊引用。王春凤共发表学术论文 116 篇。

抗生素之后的“活菌制剂”是实现健康养殖和食品安全的有效途径，这也标志着微生态制剂用于防治疾病已成为国家重大战略需求。作为中国畜牧兽医学会动物微生态学分会副理事长，王春凤始终与动物微生态领域的同仁们共同坚守本领域的学术研究与产业发展；作为执行首席科学家，她率领大家共同完成了本领域唯一一项“十三五”国家重点研发计划，为“十四五”开局奠定了基础。

王春凤始终捧着一颗赤子之心，热爱兽医教育事业。30 年来扎根东北黑土地，培养了研究生 101 人，其中博士生 15 人，硕士生 86 人，从没有掉队的学生；培养了中国动物微生态领域的首位国家级青年学者，实现了她作为师者追求的“青出于蓝而胜于蓝”的最高境界。

严干贵同志简要事迹

严干贵，男，1971年12月出生，东北电力大学，教授。

严干贵，东北电力大学电气工程学院电气工程学科教授，博士生导师，现代电力系统仿真控制与绿色电能新技术教育部重点实验室常务副主任，中国电机工程学会电工数学专委会委员兼秘书长，主要从事风电大规模联网规划、分析与控制方向教学科研工作。

严干贵恪守教书育人职责，扎根东北，立足教学一线，积极开展教育教学改革建设，所负责的课程被评为吉林省精品课程，领衔团队被评为吉林省优秀教学团队。

严干贵坚持服务国家能源转型战略，针对风电严重弃风及异常脱网问题，提出了大规模风电场群功率汇聚外送输电容量优化规划方法，有效解决了千万千瓦风电基地外送输电工程“保外送/不弃风”与“节投资”相矛盾的难题；揭示了一种由外扰与机组状态耦合传递引发的风电机群非低电压连锁脱网机理，研发了风电机组—风电场协调脱网防御技术，保障了风电联网的运行安全。

针对人才培养改革、科研水平提升、高端人才引进等制约学院发展的难题，严干贵主持制定了多项工作方案，调动教师干部多方参与，身先士卒示范推动；组织实施了“面向工程，强化实践”的专业建设改革与实践，提出了“知识规格满足专业外延需求、综合能力素质胜任专业内涵发展”的人才培养理念；建成国家级教学团队、教育部创新团队各 1 支，国家级精品课程 2 门，国家级特色专业 1 个，获国家级教学成果二等奖 2 项。严干贵依托专委会平台，积极开展电工数学应用普及工作，在承担繁重的教学科研工作之余，与团队教师一起，牺牲业余时间，组织举办“中国电机工程学会杯”电工数学建模竞赛，为推动电工数学应用普及作出了突出贡献。截至 2020 年底，参赛大学生覆盖全国 29 个省（自治区、直辖市）的 363 所高校，参赛学生队伍多达 5 000 个，电工数学建模竞赛在推动电气工程科学与数学的结合、提高学生创新能力方面发挥了积极作用，该赛事已经成为国内有较大影响的全国性大学生学科竞赛。

严干贵先后主持国家自然科学基金项目 2 项，作为科研骨干参加国家自然科学基金重点项目、“973 计划”、“863 计划”、国家科技支撑计划项目课题等 9 项，发表学术论文 100 余篇，授权发明专利 20 余件，先后荣获国家科技进步二等奖 2 项、省科技进步一等奖 1 项，是“百千万人才工程”国家级人选，享受政府特殊津贴人员，获中国电力优秀科技工作者奖。

冷友斌同志简要事迹

冷友斌，男，1969年2月出生，黑龙江飞鹤乳业有限公司，高级工程师。

冷友斌，黑龙江飞鹤乳业有限公司董事长，高级工程师，享受政府特殊津贴人员。冷友斌深耕婴幼儿奶粉行业30余年，首创中国婴幼儿奶粉行业全产业集群发展模式。飞鹤2018年成为中国首个破百亿的奶粉品牌，2019年在香港成功上市，2020年市场占有率达17.2%，实现行业排名第一。

冷友斌先后主持参与了“863”计划、“十二五”国家重点课题、星火计划等多项国家和省部级科研项目，带领研发团队对中国母乳进行了系统化研究，建立了中国母乳数据库，在全球首发三大母乳研究成果，研究描述了中国母乳三大类脂肪酸关键比例，成功开发出国内首款母乳化高端婴幼儿奶粉“星飞帆”，完成了中国首个婴幼儿配方奶粉临床喂养试验，引领行业母乳化进程，并荣获黑龙江省科学技术奖一等奖。“星飞帆”产品连续7年蝉联“世界食品品质评鉴大会”金奖，2020年单品销售额近百亿元。为改变乳清类原料价格受制于人和质量不可控等问题，他带领研发团队开展乳基料关键技术研究，研制出的乳清液新产品直接添加到配方粉中，有效降低了企业生产成本，为乳品行业解决“卡脖子”问题，为今后婴幼儿配方奶粉关键原料自主生产奠定了重要基础。

在冷友斌的主导下，黑龙江飞鹤乳业有限公司首次提出“更适合、更新鲜”理念，引领国产奶粉对洋奶粉的成功逆袭，建立起国内首个新鲜乳粉标准体系。公司成立了国内首家乳品工程院士工作站，首次引入世界级制造（WCM）体系，打造了世界级制造工厂，建设行业领先的“智慧乳企”。冷友斌在国内行业首创全产业发展集群模式，打造出“农牧工”三位一体的婴幼儿配方奶粉专属产业集群，实现了从牧草种植到规模化奶牛饲养，再到生产加工、物流仓储、渠道管控乃至售后服务各环节的全程可控，从而颠覆性地改变了中国乳业的产业模式，构建了100%新鲜生牛乳一次成粉的“两小时生态圈”，更好地保证了奶粉品质与安全，引领了行业新鲜标准。

冷友斌先后主持完成多项国家和省级科研项目，取得科技成果9项，专利3项，发表核心论文10篇，出版书籍2部；荣获科技部科技创新创业人才、全国五一劳动奖章、全国劳动模范等荣誉称号。同时，他胸怀大爱，积极履行企业家社会责任，在扶贫济困、助学助医等方面履行承诺，累计向社会捐助4亿多元；荣获“全国抗击新冠肺炎疫情先进个人”“全国脱贫攻坚奉献奖”等荣誉称号。

蔡蔚同志简要事迹

蔡蔚，男，1959年9月出生，哈尔滨理工大学，教授。

蔡蔚，博士生导师，哈尔滨理工大学教授，中国电动汽车百人会理事，国家《电动汽车安全指南》电驱动安全专家组组长、国家2021—2035年节能与新能源技术路线图电驱动专家组组长，国家“十四五”科技规划新能源汽车电驱动专家组组长，精进电动创始人。目前，蔡蔚任工业和信息化部“新能源汽车驱动电机用稀土永磁材料上下游合作机制”副主任、第三代功率半导体技术创新战略联盟能源与交通专委会副主任、国家电动汽车产业技术创新战略联盟电机专委会副主任等多个行业产业链负责人。

蔡蔚是中国汽车电驱动全球竞争力的代表人物，他研发的新能源驱动电机系统国际领先，创立了我国汽车驱动电机、控制器和电驱动总成走向世界的多个第一，引领了行业技术进步和产业发展，大幅推动了我国电驱动系统全球竞争力。他牵头填补了我国新能源汽车油冷电机系统等若干产业空白和技术短板，发明的“发卡式”矩形导体定子绕组电机是全球各大主机厂当今领先产品和下一代开发产品的首选技术，而这项发明领先了世界前沿技术15年，并在2008年获得世界大奖。在“十三五”国家重点研发计划新能源汽车驱动电机专项中，蔡蔚带动上游产业链突破技术瓶颈，填补了多项国家技术和产品空白。蔡蔚的工作使得高端稀土永磁体的重稀土使用量降低近50%；替代进口的绝缘材料长期耐温超200℃、耐电晕寿命达国标数倍以上；“发卡绕组”永磁电机的样件和产品指标，均比肩或超过欧美日韩等一线汽车电机制造商的产品水平；2019年战胜国际十余个著名电驱动竞争对手，签署了著名欧洲车企的产品研发合同和美国“三大车”之一的电驱动总成量产合同，为提升新能源汽车关键零部件全球竞争力树立了中国“创造+制造”的旗帜。同年，蔡蔚作为黑龙江省“头雁计划”团队负责人全职回校后，沿创新链、产业链成立了由哈尔滨理工大学牵头，包括包头稀土研究院、哈尔滨工业大学、哈尔滨电气集团、一汽集团等九个创始单位在内的，旨在振兴东北和内蒙古的“新能源电机系统及关键材料创新中心”，该中心为区域产品转型升级和经济振兴以及满足国家战略需求发挥着重要作用。

蔡蔚荣获“2015中国汽车创新人物”，2016年获北京市科技进步一等奖，2018年获中国汽车工业协会纪念改革开放40年行业影响人物，纪念改革开放40周年、中国科协成立60周年“百名科学家、百名基层科技工作者”，2021年4月获电动汽车产业技术创新战略联盟十周年杰出贡献奖。

刘昌胜同志简要事迹

刘昌胜，男，1967年6月出生，上海大学，教授。

刘昌胜，中国科学院院士，上海大学教授，中国生物材料学会候任理事长，国家自然科学基金委员会第八届全委会委员，国家“纳米科技”专项总体专家组成员，国务院学位委员会第八届材料科学与工程学科评议组委员，教育部科技委材料学部委员。

刘昌胜是我国生物材料学科的杰出领军人才，国家重大科学研究计划项目首席科学家、国家自然科学基金委员会创新群体学术带头人。他在国际上首次提出“材料生物学”新概念，倡导新的学术体系；提出了构建激发生物学效应的活性材料引导组织原位再生的学术思想，实现了无生命材料到有生命组织的转化，为组织再生材料的研制与应用奠定了科学基础；发明了自固化磷酸钙人工骨技术，获批此类产品国内首张注册证，累计在全国800家医院广泛使用46万例，取得良好的治疗效果，解决了多项骨科临床治疗难题，推动了骨缺损临床治疗新技术的发展。刘昌胜发明了骨生长因子可控合成、活性调控新方法，实现了人骨生长因子的低成本、高活性、规模化制备，所研制的载生长因子的活性骨修复体获得国内产品注册证，为老龄患者的临床治疗提供了新材料。

刘昌胜先后获得教育部跨世纪优秀人才（2000）、国际美国匹兹堡国际发明展医药类创新优秀奖银奖（2002）、国家科技进步奖二等奖（第一完成人，2003）、国家杰出青年科学基金获得者（2004）、“百千万人才工程”国家级人选（2006）、何梁何利基金科学与技术创新奖（2007）、中国青年科技奖（2007）、上海市科技精英（2007）、上海市优秀学科带头人（2008）、“长江学者”特聘教授（2008）、全国优秀科技工作者（2010）、上海市科学技术奖青年杰出贡献奖（2012）、国家自然科学奖二等奖（第一完成人，2014）、上海市先进工作者（2015）、吴蕴初化学化工科技进步奖（2017）、全球生物材料领袖奖（2019）等荣誉和奖项，2012 年当选国际生物材料科学会联合会会士，2018 年当选美国医学与生物工程院会士。刘昌胜申请发明专利 69 项，其中授权发明专利 50 项（美国授权专利 4 项）；发表 SCI 收录论文 290 余篇，包括本领域著名期刊 Science Advances、Adv. Funct. Mater.、Biomaterial 等 30 篇，出版中英文专著（教材）5 部。

罗利军同志简要事迹

罗利军，男，1961 年 7 月出生，上海市农业生物基因中心，研究员。

罗利军，上海市农业生物基因中心研究员，首席科学家，华中农业大学博士生导师，长期从事农业种质资源的保护创新与评价利用和节水抗旱稻的理论与应用研究，是我国稻种资源领域的主要学术带头人。

罗利军带领团队在我国建立了基于库位管理、数据管理和用户管理的“一库三系统”种质资源保护与利用体系，收集保存了 20 余万份稻种资源，使我国稻种资源的保存量增加 130%。罗利军系统地进行种质资源的鉴定评价与创新利用，创制了一批重要资源并实现全社会共享利用，解决了水稻研究中种质资源缺乏的重大问题和水稻育种中优良性状难以兼顾的技术难题。罗利军创制广亲和恢复系“中 413”，选育出我国首个三系法亚种间超高产杂交稻“协优 413”；首次实验揭示了杂种优势的遗传基础，论文被引用 1 134 次。罗利军主编出版的《稻种资源学》，系统地总结了稻种起源分化、稻种资源收集保存、评价创新和利用的原理和方法，提出了稻种资源研究的方向与任务，是第一部系统地对稻种资源研究进行高度概括和探索的著作。

罗利军近年来致力于节水抗旱稻的理论与应用研究，制定了《节水抗旱稻－术语》行业标准并在全国实施；构建了国际一流的节水抗旱研究平台，阐明了节水抗旱稻品种抗旱性获得的遗传基础，提出了“双向选择”在旱稻驯化中的作用和在节水抗旱稻育种中的应用；创建了基于“水旱稻杂交结合不同环境强胁迫选择”的育种体系，创制“沪旱1A”等18个节水抗旱不育系，培育“旱优73”等31个节水抗旱稻新品种，建立了配套的绿色栽培技术体系，种植覆盖长江和淮河流域以及华南稻区，并在“一带一路”国家推广。节水抗旱稻既可在水田进行直播节水种植，又可在旱地像种植小麦一样栽培，在实现优质高产的同时，可节水50%，节肥30%，减少农药使用量30%，减少碳排放90%，不但有利于农业绿色发展，助力碳中和，而且其“少投入多产出”和“易种植”的特点，在实施乡村振兴和脱贫攻坚中发挥了重要的科技支撑作用。

罗利军在进行科学研究的同时，热心于科学普及工作，围绕节水抗旱稻的产生与发展，制作和发行了科教片、动画片、微视频、漫画丛书等系列科普作品，实现了科学技术和科学普及两方面原创性的紧密结合，在科技成果的及时科普化、产业化上作出了积极贡献。罗利军先后主持和参加国家和省部级及国际合作科研项目40余项，获国家科技进步一等奖1项，国家技术发明二等奖1项，省部级一等奖5项；共获授权专利或新品种权76项，发表论文279篇，入选“中国高被引用学者”榜单。

双传学同志简要事迹

双传学，男，1967年1月出生，新华日报社（新华报业传媒集团），研究员。

双传学，新华日报社党委书记、社长，新华报业传媒集团董事长，研究员，高级编辑，享受政府特殊津贴人员，全国文化名家暨“四个一批”人才，江苏省“三三三高层次人才培养工程”中青年科技领军人才。他长期从事马克思主义中国化时代化大众化研究、新闻舆论传播理论研究，先后在高校、机关、媒体单位工作，业绩突出、成果丰硕，在学界业界享有较高的认可度。

双传学有强烈的政治责任感和学术使命感，坚持当代意识、问题意识、创新意识，以高站位、前沿性、实操性开展理论研究，聚焦当代中国马克思主义、中国共产党党史、马克思主义新闻观等方面，在国内较早组织开展“四个全面”战略布局、社会主义核心价值观、媒体融合发展等系统性研究，深耕学习型政党建设、理论舆论同频共振、构建话语共同体等重要学术课题，在江苏省党的创新理论研究阐释工作中承担了重要任务，发挥了领衔带头作用。

双传学长期致力于理论传播、新闻宣传和智库建设的创新性实践，先后主导创建江苏省中国特色社会主义研究中心，领导创立全省首家传媒智库——新华传媒智库，组织实施江苏文脉整理与研究工程，创办《新华日报·思想周刊》和理论传播新媒体矩阵，打造“马克思主义·青年说”等品牌活动。他聚焦经济社会民生和党的建设等重要领域，一线观察，高位研析，及时为省委省政府提供内参报告，这些报告 78 次获江苏省委省政府主要领导批示，许多建议被省委省政府采纳，资政参考成效显著。他担任江苏省级党报主要负责人期间，面对全国纸媒经营断崖式下滑的情况，科学研判，精准施策，带领新华报业传媒集团实现社会效益、经济效益双丰收，集团获得中国新闻奖的成绩名列全国省级媒体同行前列；集团资产、收入、利润等核心数据连续 3 年实现逆势上扬，利润年均增幅 57%；《新华日报》2020 年跻身全国文明单位，在中国传媒经营价值百强榜上，位列“全国省级日报十强”第二，《扬子晚报》位列“全国晚报二十强”第一。

双传学先后出版专著、编著 19 部，发表论文 220 余篇，其中权威和核心报刊论文 100 余篇；30 多篇文章被中宣部《学习》活页文选、《新华文摘》等转载和中央网信办全网推送；主持或具体负责国家及省部级项目 19 项，其中主持重大课题 7 项，中央马克思主义理论研究和建设工程项目获中央有关部门肯定；多次获得国家级、省部级奖励，其中获全国优秀通俗理论读物奖 1 项，中宣部等优秀理论文章奖 4 项，国家级教学成果二等奖 1 项，中国新闻奖一等奖 4 项。

邢卫红同志简要事迹

邢卫红，女，1968年12月出生，南京工业大学，研究员。

邢卫红，南京工业大学副校长，研究员，博士生导师，国家特种分离膜工程技术研究中心主任，从事分离膜材料设计、制备与应用研究近30年，在陶瓷膜反应器、多膜集成技术及工程应用等方面取得了突出成就。

邢卫红面向石油化工转型升级、节能减排的应用需求，开发出连续陶瓷膜反应器的制备与应用技术，发现了膜分离与反应过程的耦合规律，解决了陶瓷膜反应器工程放大、系统集成等重要工程问题，在全球范围内率先实现了陶瓷膜反应器在石油化工领域的大规模工业应用，将间歇过程变为连续过程，节能减排效果显著；研发的膜反应器技术已成为氨肟化过程、氯碱工业盐水精制的核心技术之一，推广应用超过1 000万吨生产规模。针对高水耗、高排放的制浆造纸工业，她发明了膜法制浆废水资源化的零排放技术，攻克了基于核心膜材料制备、膜污染控制、多膜集成工艺等制浆废水零排放关键技术，形成了工业废水零排放成套工艺包，建成了全球首套4万吨/日的膜法制浆废水零排放示范工程，实现了制浆废水的资源化利用，累计减排废水数亿吨，研究成果入选国家“十二五”科技创新成就展。围绕大气污染物高效治理的环境需求，她研发出膜法大气污染物高效治理技术，通过基于传递与反应协同机制的多功能膜材料制备、复杂气相环境下多功能膜材料的稳定性研究，实现了膜微结构的可控调节，解决了膜分离性能低、膜污染导致的运行不稳定等技术问题，建成了 50 多个应用工程，实现了工业烟气污染物超低排放。

邢卫红先后主持国家杰出青年科学基金、基金委创新群体、“863 计划”项目、国家科技攻关计划项目、国家重点研发计划等国家及省部级科技项目 20 余项，获国家科技进步二等奖 3 项、国家技术发明二等奖 1 项等 30 余项国家级、省部级以上科技奖励；荣获全国创新争先奖、何梁何利基金科学与技术创新奖、侯德榜化工科学技术成就奖、中国化工学会会士、享受政府特殊津贴人员等荣誉与奖励，入选首批“百千万人才工程”国家级人选，兼任中国膜工业协会副理事长、国家特种分离膜产业技术创新战略试点联盟理事长等；在化工、材料、环境等国际期刊上发表学术论文 250 余篇，获授权中国发明专利 120 项、美国等国际专利 8 项，主持编写 7 项国家、行业标准，出版专著 3 部。邢卫红带领团队积极推进科技成果转化，衍生了久吾高科等多家高科技企业，形成了超过百亿元的经济效益和社会效益。

陈文兴同志简要事迹

陈文兴，男，1964年12月出生，浙江理工大学，教授。

陈文兴，中国工程院院士，浙江理工大学校长，教授，“纺织纤维材料与加工技术”国家地方联合工程实验室主任，我国纤维材料和丝绸领域的知名专家，在蚕丝高质量制备、涤纶工业丝高效低碳制备等方面取得多项创新性重大成果。

生丝是我国出口创汇的重要产品，但生丝“疵点”是制约我国生丝质量水平提高的堵点，长期以来产业界对此束手无策。陈文兴从20世纪80年代开始，主持承担国家自然科学基金项目，向这个科学难题发起进攻，经过无数个日日夜夜、大大小小的上千次试验比对，终于发现了丝胶蛋白质结构调控秘密，提出了丝胶蛋白质变性变质新理论，发明蚕茧高温触蒸前处理新技术，破解了生丝“疵点”难题。这项发明可为企业带来巨大经济效益，但陈文兴毫无保留地免费为企业提供技术指导，使全国上千家缫丝厂受益，大大提高了我国生丝整体质量水平，为我国生丝出口创汇作出重要贡献。该技术还出口东南亚和中亚国家，相关内容编入我国高等院校纺织工程专业教材。

涤纶工业丝应用十分广泛，但长期采用三段法生产方式，存在工艺流程长、生产效率低、产品能耗高的弊端。几十年来，国外很多大公司研发直通式的生产方式，均未获得成功。陈文兴带领团队瞄准这一科研高峰，与企业实施新的产学研联合攻关，经过不懈努力，艰苦攻关，终于突破重大技术瓶颈，攻克熔体直纺涤纶工业丝生产技术难题，并实现大规模生产。新技术将工艺流程从 40 小时缩短为 10 小时，单位产品综合能耗下降三分之一，目前只有中国掌握涤纶工业丝熔体直纺生产技术，使我国工业丝生产技术走在了世界前列。

陈文兴一直秉持“科学精神的灵魂是爱国精神”的理念。他总对身边的同志说，个人研究的方向必须与国家、社会需求结合起来；一个人好比一滴水，只有放进祖国的大海里才不会干涸；报效祖国应该成为青年教师、科技工作者的价值追求。在他平淡而坚定的话语里，饱含着一颗对国家民族、对教育科研笃定的心。陈文兴不但以此要求自己，也勉励师生同仁胸怀大志，与国家同向共行，与时代同频共振。在他的言传身教下，浙江理工大学的教师和学生成长迅速，涌现出一大批有情怀、有格局、有本事的优秀青年科技工作者。

在从事纺织科研和教育工作 30 余年时间里，陈文兴注重理论研究，先后获得国家技术发明二等奖 1 项、国家科技进步二等奖 1 项、省部级科学技术一等奖 4 项、何梁何利基金科学与技术创新奖、桑麻学者奖，获国家发明专利授权 70 余件，在各类核心期刊发表学术论文 300 余篇。

姚力军同志简要事迹

姚力军，男，1967年8月出生，宁波江丰电子材料股份有限公司，正高级工程师。

姚力军，宁波江丰电子材料股份有限公司董事长兼首席技术官，正高级工程师，是掌握集成电路制造用超高纯金属材料及溅射靶材核心技术的国际知名专家和行业领军人才。为实现产业报国的人生理想，2005年，姚力军毅然放弃国外优厚的待遇，倾其所有回国创业。超高纯金属材料及溅射靶材是生产超大规模集成电路所必需的战略性原材料，之前一直被美国和日本所垄断。16年来，姚力军一直工作在科研、生产的第一线，带领江丰电子聚焦在超大规模集成电路制造用超高纯金属材料及溅射靶材领域，将这一产业做到了从无到有、从小到大、从弱到强，打破了美国、日本对靶材产业长期垄断的局面，成为我国半导体产业链中的重要一环。

姚力军带领团队突破了芯片制造用超高纯金属材料提纯、微观结构控制、异种金属大面积扩散焊接、精密机加工、表面处理及清洗封装等一系列核心技术，建立了拥有完整自主知识产权，由国产设备组成的技术先进、设备完善、工艺完整、产能充足的芯片制造用溅射靶材生产基地，实现了超高纯铝、钛、钽、铜等全系列先端靶材的产业化，通过了 90% 以上世界一流芯片制造企业的认证，不仅满足了我国 28~14 纳米芯片生产的需求，更是在全球最先进制程 5 纳米技术节点实现量产，彻底改变了我国完全依赖进口的局面，抢占了国际市场，销售网络覆盖亚洲、欧洲、北美洲，成为全球超高纯金属溅射靶材的主流供应商。目前江丰电子已经成为市场份额国内第一、全球第二的领军企业，把本来依赖进口的“卡脖子”短板产业做成了可参与国际竞争的优势产业，连续多年被评为中国半导体材料十强企业，成为国家制造业单项冠军示范企业，2017 年在深交所成功上市。

姚力军作为海外留学回国人才回国创业的典范，以自身影响力带动了超百位海外留学回国人才归国创业，为宁波引进了超过 50 位高层次人才落户创业，项目带动相关产业投资规模超过 100 亿元。这一大批创业人才的到来不仅推动了中国超高纯金属材料及溅射靶材产业的发展，也填补了国内其他产业的空白。

作为中国超高纯金属材料及溅射靶材产业的领军人才，姚力军先后主持承担并出色完成国家“863 计划”重大专项、“02 专项”国家重大专项等国家级科研及产业化项目 11 项，先后荣获浙江省科学技术重大贡献奖 1 项、浙江省技术发明一等奖 1 项、浙江省专利金奖 1 项以及国家科技重大专项突出贡献奖、国家科技计划执行突出贡献奖等；作为第一发明人获授权专利 416 项，主导（参与）制定国家标准 7 项、行业标准 12 项、浙江省团体标准 1 项。

刘庆峰同志简要事迹

刘庆峰，男，1973年2月出生，科大讯飞股份有限公司，正高级工程师。

刘庆峰，科大讯飞股份有限公司董事长，正高级工程师，语音及语言信息处理国家工程实验室主任，中国科学技术大学兼职教授、博士生导师，中华全国青年联合会委员，安徽省青年企业家协会会长，全国大学生创新创业联盟首任理事长，中国语音产业联盟理事长，享受政府特殊津贴人员。

刘庆峰21年来一直坚守“让机器能听会说、能理解会思考”的产业理想，带领团队在语音合成、语音识别、图像识别、机器翻译等多项核心领域持续多年保持国际优秀水平，并取得众多开创性突破。2018年，科大讯飞机器翻译系统经过全国翻译专业资格（水平）考试（CATTI）科研测评，达到二级口译（交替传译类）和三级口译水平；2019年，在国际权威机器阅读理解评测SQuAD 2.0挑战赛上再次刷新纪录，并在EM（精准匹配率）和F1（模糊匹配率）两项指标上全面超越人类平均水平；仅2018年以来就获得了30项人工智能领域国际竞赛的世界第一。科大讯飞在竞争中扭转了中文语音市场几乎全被国外IT巨头垄断的局面，占据了80%以上的主流市场。

除在语音核心技术研究中取得突出成绩外，刘庆峰还具有强烈的社会责任感和使命感，他积极投身各项社会公益事业中。刘庆峰带领科大讯飞积极参加地方党委和政府号召的救灾捐助活动，并长期坚持捐资助学等慈善活动，积极利用 AI（人工智能）技术助力社会公益。新冠肺炎疫情期间，刘庆峰在公司内部迅速动员，成立了抗疫领导小组，带领科大讯飞积极主动投身防控新冠肺炎疫情斗争中，利用企业自主可控的人工智能技术和产品，深入场景助力疫情防控。刘庆峰还带领科研团队研发出“新冠肺炎康复智能护航系统”“智慧空中课堂”“智医助理电话机器人”“皖事通”App 等并都派上大用场，通过数据迭代与算法优化保证系统加速升级，助力抗疫；人工智能辅助各级卫生健康委员会、基层医生构建疫情防控，为全国 23 个省服务 3 720 万人次，支持了全国 1.5 万多所学校停课不停学；由科大讯飞研发的“安康码”自上线以来，累计亮码 5 亿次，累计核验 3.7 亿次，为新冠肺炎疫情防控提供了有效工具和手段，切实助力解决了社会刚需问题，用人工智能建设美好世界。

刘庆峰两次获得国家科技进步二等奖和中国信息产业重大技术发明奖，2013 年荣获 CCTV 第十四届中国经济年度人物，2015 年荣获第一财经“中国最佳商业领袖奖”，2018 年当选“2017 十大经济年度人物”。

汪天平同志简要事迹

汪天平，男，1963年3月出生，安徽省血吸虫病防治研究所，主任医师。

汪天平，安徽省血吸虫病防治研究所党总支书记、所长，主任医师，“百千万人才工程”国家级人选，享受政府特殊津贴人员，国家卫生健康委员会有突出贡献中青年专家，长期从事疾病控制工作。

汪天平一直坚守在血吸虫病防治一线，37年来坚持深入疫区，服务基层，忘我工作，无怨无悔，医德高尚，医术精湛。他多次放弃国外、省外的优厚待遇，毅然坚守血吸虫病防治工作。为了获得第一手资料，他起早摸黑走村串户，为村民查病治病，深入田间地头、江洲湖滩，查螺灭螺，与村民同吃同住，打成一片。常年在疫区工作，即使不幸感染了血吸虫病，他也没有声张，没有休假，而是默默吞下几颗药，又投入防治科研中。他担任所长后，大胆改革创新，重视人才培养，率领团队白手起家，经过成千上万次实验，突破技术瓶颈，掌握核心技术，组织研制的血吸虫病诊断试剂，质量全国第一，成为国家注册产品，广泛用于全国血吸虫病筛查。汪天平是全国血吸虫病有关政策、技术方案和标准的主要贡献者之一，很多学术观点被有关部门采纳应用，取得了巨大经济效益和社会效益。

汪天平在关键时刻总是能率先站出来，在危急关头总是能豁得出去。1998年长江流域发生特大洪涝灾害，他深入江心洲血吸虫病重灾区，连续奋战一个多月，为确保大灾之年无大疫作出了贡献。2008年汶川大地震中，他冒着余震危险，深入一线，参加血吸虫病流行与防控的现场指导。2016年、2017年他不顾心律不齐的病史，主动担任援助西藏包虫病流调领队，出色完成包虫病流调任务。2020年新冠肺炎疫情暴发，汪天平主动请缨，临危授命，率领安徽省支援湖北医疗队，最先出征，最后撤离。他在一线工作65天，既当指挥员，又当战斗员，日夜奋战，忘我工作。汪天平一手抓党建，一手抓医疗救治，救治数量名列前茅；紧急开办ICU，实施VV-ECMO最高难度救治；探索出托珠单抗阻断新冠炎症风暴疗法，被国家诊疗方案收录；发起方舱疗法，成为网红；实施分期分症，一人一方，辨证施治尽显中医精髓；探索社区巡诊，关口前移，在医疗队中独树一帜；推行院感“三化”方案，确保队员零感染。救治和防控中形成安徽战法，受到中央领导和世界卫生组织的充分肯定。

汪天平先后被授予全国优秀共产党员、全国抗击新冠肺炎疫情先进个人、全国先进工作者、全国优秀科技工作者、“全国血防楷模”等荣誉称号；主持和参加国家及省部级重大科研项目30余项，发表论文100余篇，12项成果获得省部级科技奖。

郑少泉同志简要事迹

郑少泉，男，1964年1月出生，福建省农业科学院，研究员。

郑少泉，国家荔枝龙眼产业技术体系遗传改良研究室主任，研究员，福建省农业科学院果树首席专家，龙眼、枇杷学科带头人。他长期从事果树资源、育种和栽培等研究，在龙眼、枇杷资源、育种与推广等方面取得重大成绩，是国际龙眼、枇杷育种知名专家。

郑少泉提出了龙眼“光温钝感”理论，建立了高效龙眼、枇杷育种技术体系。他创制的新品种童期短、投产早，丰产、稳产、适应性广，适宜轻简化栽培，有效解决了龙眼生产上大小年严重和枇杷管理成本高的问题，推动了龙眼、枇杷资源收集保存取得新成效。郑少泉收集保存了种质资源1 118份，使国家果树种质福州龙眼枇杷圃成为遗传多样性最丰富的基因中心；为杂交创制25个熟期配套、不同香型优质大果、核小肉脆等龙眼新品种（系）和23个熟期配套、优质大果、高可食率、白肉等枇杷新品种（系）提供强有力支撑。郑少泉科学选配亲本，杂交育成多元化品种，丰富龙眼、枇杷品种结构；育成符合市场需求的龙眼、枇杷系列新品种（系）23个，通过审（认）定15个。他主持育成的“冬宝9号”为国际上第一个杂交龙眼新品种，被农业农村部确定为全国龙眼主导品种，实现了龙眼杂交育种从“0”到“1”的突破。郑少泉主持育成的“早钟6号”生产表现早结、丰产、稳产、适应性广，连续20年成为我国枇杷主栽品种，种植面积占世界枇杷种植面积的22.4%，结合配套技术，实现枇杷鲜果周年供应。郑少泉充分利用保存的种质资源，根据性状遗传规律，主持挖掘出优异亲本，科学配置杂交组合，培育出“三月白”“早白香”“香妃”“宝石1号”“翠香”“冬香”等6个新品种并居国际领先地位。郑少泉育成系列的龙眼、枇杷新品种，推广范围覆盖全国主要优势产区。他选育的不同熟期龙眼、枇杷新品种在四川泸州、攀枝花、重庆万州等产区示范推广，表现优质、丰产、稳产，得到当地部门领导和果农群众高度认可，成为发展首选品种。郑少泉选育的枇杷新品种良种覆盖率达50%以上，选育的龙眼新品种在主产区大面积应用，成为福建、广东、广西、浙江、重庆、四川、云南、贵州等产区乡村振兴的主导品种。

郑少泉先后获国家科技进步二等奖1项，福建省科学技术奖一、二等奖3项；发表论文50多篇，主编专著4部；是“百千万人才工程”国家级人选，享受政府特殊津贴人员，被授予“福建省杰出科技人才”荣誉称号。

鲍晓军同志简要事迹

鲍晓军，男，1963年4月出生，福州大学，教授。

鲍晓军，福州大学教授，福建省清源创新实验室执行主任。作为我国石油加工领域的学术带头人之一，近30年来他一直从事石油加工理论研究和技术开发工作，在清洁汽油生产技术研发方面取得了创新性成绩。

鲍晓军针对我国汽油质量标准升级各阶段面临的技术难题，带领团队实施“催化剂—工艺—工程”贯通式研发，开发出用于国IV/V/VI汽油生产的三代催化裂化汽油加氢改质成套技术：其一研发用于国IV汽油生产的FCC汽油梯级加氢脱硫成套技术，该技术实现了FCC汽油中不同硫化物的靶向脱除，在相同硫含量下产品辛烷值比国内外同类技术高0.4~0.6，建成投产18套装置，总能力1 270万吨/年，获2015年国家科技进步二等奖（排名第二）；其二研发用于国V汽油生产的FCC汽油梯级加氢脱硫—烯烃芳构化组合工艺，该工艺仅通过更换催化剂就可使已建FCC汽油加氢脱硫装置低成本升级到生产国V汽油调和组分，已用于20套装置，总能力1 370万吨/年，入选2016年中国石油十大科技进展，获中国石油和化学工业联合会技术发明一等奖（排名第一）；其三研发用于国 VI 汽油生产的 FCC 汽油超深度加氢脱硫—烯烃分段调控转化技术，该技术已用于 25 套国 VI 汽油生产装置，总能力 1 570 万吨 / 年，在同类技术国内市场占有率超 1/3，国内外在建装置 3 套，总能力 315 万吨 / 年，获 2020 年国家科技进步二等奖（待批，排名第一）。他研发的三代催化裂化汽油加氢改质成套技术不仅支撑了我国汽油质量的持续快速升级和“大气污染防治行动计划”的实施，而且在催化裂化汽油加氢脱硫技术国内市场占有率超 1/3，技术应用累计生产清洁汽油调和组分超 1 亿吨，实现利润逾 200 亿元，经济效益和社会效益显著。

鲍晓军先后获国家科技进步二等奖 2 项（1 项待批），省部级自然科学一等奖 1 项、技术发明一等奖 1 项、科技进步一等奖 4 项和教学成果一等奖 1 项，其他省部级奖 5 项；获授权发明专利 140 余件（国际 8 件）；主编参编著作 6 部，发表论文 240 余篇，他引 3 600 余次。

鲍晓军学风正派，品行端正，富有创新和团队精神，坚持立德树人，学科、平台和课程建设成效显著。他在中国石油大学（北京）工作期间牵头创建了中国石油催化重点实验室和工业催化学科；调入福州大学后，负责组建了石油化工学院和中国福建化学工程科学与技术创新实验室，主持完成“面向区域化工集群创新发展的校政产研协同人才培养新体制机制”研究，获 2020 年福建省高等教育教学成果一等奖（排名第一）。他先后培养了 100 余名博士生、硕士生和 5 名博士后。

罗胜联同志简要事迹

罗胜联，男，1962年2月出生，南昌航空大学，教授。

罗胜联，南昌航空大学教授，博士生导师，国家杰出青年科学基金获得者，江西省先进工作者。

从重金属污染治理化到标准化、再到资源化，罗胜联用30年的执着坚守、潜心攻坚，率先实现了有色企业重金属废水达标排放—废水回用—深度处理—资源化回收利用等一系列重大科技突破，有效解决了环保科技界的重大难题，实现了将人人避之不及的重金属污染物变成可再利用资源的重大转变。经过3年多的推广应用，罗胜联主导的科技成果已累计为企业新增产值27.94亿元、新增利税4.2亿元。面对健康中国和资源循环的国家战略需求，如何彻底突破重金属废水资源化这个国际性的技术难题，罗胜联提出了从废水废渣中重金属高值化和产品化利用的创新目标。随着他主导的“含战略资源固废中金属高值化回收关键技术”的诞生，重金属废水的资源化成为可能。依托该技术，中国的废水治理跃升至国际先进水平，建成了国内第一个全重金属回收工程，工程被中国有色金属工业协会推荐为金属资源化回收治理最佳可行技术，成功入选2020年“科创中国”先导技术榜单。

罗胜联在国际上率先发现植物内生菌具有重金属、高耐受性和协同去除的能力，发明了重金属特异功能菌的高效分离技术和规模化驯育方法，创建了有色废水重金属生物处理新工艺，引领了有色行业废水深度净化的迭代创新，建立了国内首个有色废水生物处理工程项目。重金属农田污染已严重威胁农产品生产安全，罗胜联率先开发了重金属污染土壤生物淋洗－能源植物联合生态修复技术与装备，实现了大规模重金属污染农田土壤的修复和地力保持，创新了重金属污染农田治理模式。该技术已成功应用于江西省德兴铜矿周边污染农田和乐安江流域重金属污染农田近 2 000 亩生物修复工程，以及生态化治理九江丁家山 1 000 余亩金硫铜矿废弃矿山及周边农田土壤，有效遏制和解决了江西部分地区土壤重金属污染问题，有力保障了江西人民的健康与安全。

罗胜联先后荣获国家科技进步二等奖 1 项（排名第一）、国家技术发明二等奖 2 项（1 项排名第一，1 项排名第二）、何梁何利基金科学与技术创新奖、全国创新争先奖。他在学科建设与人才培养方面成绩斐然，带领南昌航空大学环境科学与工程学科从 2016 年排名全国 55 位跃升至 2020 年全国排名 22 位。他发表的学术论文 4 年他引增长近 1 万次，2018—2020 年连续入选全球高被引学者，受到国际同行的高度评价。

贺浩华同志简要事迹

贺浩华，男，1964 年 1 月出生，江西农业大学，教授。

贺浩华，江西农业大学副校长、教授、博士生导师。国家水稻工程实验室（南昌）副主任，国家 2011 协同创新中心——南方粮油作物协同创新中心副主任，教育部作物生理生态与遗传育种重点实验室主任，江西省超级稻工程技术研究中心主任，江西省水稻高水平工程研究中心主任，江西省 2011 协同创新中心——双季稻现代化生产协同创新中心主任，“百千万人才工程”国家级人选，全国农业科研杰出人才。

贺浩华长期致力于杂交水稻的教学与研究工作，在杂交稻育种理论和技术创新、新品种选育、推广与产业化等方面取得了重要成果。他首先发现了温度在光敏核不育水稻育性转换中的作用，率先提出了光敏核不育和温敏核不育两种光温作用模式及不育基因表达和育性恢复具有四个临界温度阈值的新观点，在两系杂交水稻研究与应用中起到了“拨正航向”的作用，被国家“863 计划”专项列为选育实用型光温敏核不育系的技术指导策略，为实用型光温敏核不育系的选育目标、育种策略和确定选择鉴定的方法提供了重要的理论依据。贺浩华针对长江中下游双季稻区的气候特点和生产需求，创新提出了“株型理想、穗粒兼顾、根冠合理、源库平衡、优势搭配、综合改良”的“性状机能协调型”双季稻育种理论体系，为双季超级稻育种提供了新思路和新方法，是指导长江中下游双季稻区育种的重要理论之一。贺浩华育成包括江西省首个超级稻“淦鑫 688”等水稻新品种 40 个，较好地解决了双季稻区“早熟与高产、优质与高产、高产与稳产”难协调的育种瓶颈，累计推广面积 1.2 亿余亩。

贺浩华长期深入生产一线，推广新品种和新技术，积极推动政产学研用相结合，促进江西水稻种业协同创新；助力脱贫攻坚和乡村振兴，助推产业高质量发展。贺浩华始终坚持奋战在农业科研、教学和服务第一线，被誉为农业科研、教学、推广“三栖”专家。贺浩华共发表论文 320 篇，其中 SCI 论文 61 篇，出版专著、教材 6 部；获专利和植物新品种权 8 项；获国家科学技术进步奖特等奖 1 项、二等奖 1 项，省部级科学技术进步奖一等奖 5 项、二等奖 4 项、三等奖 3 项，大北农科技奖一等奖 1 项，张海银种业促进奖一等奖 1 项等。贺浩华被授予全国五一劳动奖章、全国农业科技推广标兵、全国优秀科技工作者、中国青年科技奖、中国优秀青年科技创业奖、首届江西省创新争先奖、江西省五一劳动奖章等荣誉和奖项。

孔令让同志简要事迹

孔令让，男，1963年4月出生，山东农业大学，教授。

孔令让，山东农业大学农学院院长，教授，博士生导师，泰山学者攀登计划专家，作物生物学国家重点实验室副主任、国家教学指导委员会农艺类副主任、国家小麦改良中心山东分中心主任、山东省现代农业产业技术体系小麦创新团队首席专家、山东遗传学会理事长，长期从事小麦及其近缘植物抗病、抗逆、优质、高产基因的发掘利用和新品种选育研究。

孔令让始终把“维护国家粮食安全”作为科研主攻方向，带领团队奋战在小麦育种一线，先后选育出200余份高抗、高产、优质小麦种质材料，并提供给国家重点研发计划“七大农作物育种”专项，已产生显著成效。团队培育的“山农28”“山农38”“山农40”等多个高产、抗病、抗旱小麦新品种通过国家或山东省审定，其中“山农28”连续多年被列为农业农村部和省级主导品种，近3年仅在山东省累计推广面积就超过2 400万亩，“山农28”成为山东省第二、全国第四大推广小麦品种，产生了良好经济效益和社会效益。

历经20年，孔令让带领团队完成了小麦抗赤霉病基因定位、克隆及抗病分子机制解析，并培育出抗赤霉病小麦品种。2020年5月，Science以封面文章发表了这项重要学术突破成果。该成果在多个科学层面取得关键性突破：这是我国小麦领域的首篇Science文章，使我国在此领域的研究走在国际前列。该成果入选2020年“中国十大科技进展”“中国生命科学十大进展”“中国高校十大科技进展”，在山东省2020年“十大科技成果”评选中位列首位。

孔令让始终坚持“顶天立地”的科研方向。作为山东省现代农业小麦产业体系首席专家和山东省科技扶贫专家服务团成员、鲁粮集团农业首席科学家，他长期奋战在小麦生产和脱贫攻坚第一线，率领团队在山东省建立试验示范基地40余处，开展技术培训100余次，培训人员2万余人次，科技扶贫主推产业提质增效，带动农民增收致富，用实际行动托起科技强农梦。

从教30多年来，孔令让始终牢记“为党育人、为国育才”使命，以强烈的事业心和责任感投入到教书育人工作中。他坚守讲台、悉心育人，曾多次被评为山东农业大学最美教师、学生喜爱的十大优秀教师，2020年被中共泰安市委授予“新时代泰山‘挑山工’标兵”称号，并荣获山东省2020齐鲁最美教师称号。2021年被中共中央授予全国优秀共产党员称号。孔令让先后主持或参加国家及省部级科技项目30余项，获省部级科技奖3项、发明专利9项，在Science、PNAS等国内外期刊发表论文80余篇，出版教材专著2部，主持或参加审定小麦品种6个。

崔洪芝同志简要事迹

崔洪芝，女，1965年2月出生，山东科技大学，教授。

崔洪芝，山东科技大学材料科学与工程学院院长，“百千万人才工程”国家级人选，享受政府特殊津贴人员，山东省泰山学者攀登计划专家。她以国家能源、动力重大需求为牵引，致力解决煤炭、石油、内燃机、海工装备产业中材料的磨损、腐蚀等共性的核心痛点，潜心从事极端环境装备材料及损伤防护研究30多年，让关键件穿上国产的“防护衣”，成为极端环境装备安全运行的“护航人”。

崔洪芝是极端环境材料难题的破题者，她在研究中发现材料中共格沉淀强化相与多级自生陶瓷相协同，可以解决材料强韧性、耐磨性、耐蚀性难以兼顾的矛盾，突破了高速、重载、强腐蚀等领域材料设计理论和技术瓶颈，应用于煤矿液压立柱、化工阀体、石油钻杆等关键件，煤矿液压立柱服役寿命由一年半延长至五年以上，改变了长期依赖进口的局面，被列入《产业关键共性技术发展指南》，为严酷环境大型装备的安全、经济运行提供了支撑。

崔洪芝作为高能等离子表面强化的开拓者，开启了极端环境装备关键件“量身定做”防护层的新阶段。她针对能源、动力领域大量关键件表面损伤，严重导致寿命低下的技术挑战，开发出柔性负压等离子束表面强化技术，实现了超厚、强结合、低变形、高效率表面强化，推出了系列专用设备，使关键件平均寿命提高 2 倍以上，产品列入《国家重大技术装备和产品目录》，并出口澳大利亚、俄罗斯、乌克兰等国，促进了高端装备产业的创新发展。她针对极端环境工况各异、性能要求繁杂、材料成分和技术多样化等难题，开发了高通量制备和模拟不同工况的分级并行测试平台，建立了材料数据库，使材料优化效率提高 10 倍以上，产生了突出的经济效益和社会效益。

崔洪芝先后主持完成国家“863 计划”、国际合作、国家基金及山东省重大工程项目等 30 余项；以第一完成人获国家技术发明二等奖、国家科技进步二等奖、山东省科技进步一等奖和省技术发明一等奖等 10 项；授权发明专利 51 件，软件著作权 5 项，出版专著 1 部，发表论文 216 篇，他引 3 471 次。崔洪芝一直坚持在教学、科研一线，坚守立德树人初心，担当教书育人使命，倾力培养青年教师和学生，已培养博士生、硕士生 120 余人，成为新材料领域的技术骨干。

常俊标同志简要事迹

常俊标，男，1963年10月出生，河南师范大学，教授。

常俊标，河南师范大学校长，教授，博士生导师，“百千万人才工程”国家级人选，享受政府特殊津贴人员，第十届、第十一届国家药典委员会委员，获全国优秀留学回国人员、中原学者等荣誉称号。他长期从事有机合成及药物化学研究，30多年来围绕药物创新中的科学问题和前沿技术，通过合成化学和生物科学基础研究的交叉与方法创新，研制出多个1.1类创新药物，是国际上第一个双靶点1.1类抗艾滋病新药阿兹夫定（FNC）的发明人，为我国有机合成化学与药物化学的发展作出了重要贡献。

常俊标研发的具有我国自主知识产权的抗艾滋病1.1类化学新药阿兹夫定，已于2021年7月经国家药品监督管理局批准上市，用于治疗HIV-1感染患者，相关成果获2017年“中国专利金奖”。同时该药物对抗新冠病毒也有很好活性，是受到国务院联防联控机制重点关注和推荐的抗新冠肺炎新药。该药目前正在北京地坛医院等国内10家医院进行Ⅲ期临床试验，并且已获俄罗斯、巴西批准用于治疗新冠肺炎Ⅲ期临床试验。

常俊标设计开发的脑卒中 1.1 类创新药物布罗佐喷钠（BZP）获得了国家药品监督管理局Ⅰ/Ⅲ期临床批件，已在北京天坛医院、暨南大学附属第一医院等国内 30 家医院完成Ⅱ期临床试验，目前正在开展Ⅲ期临床试验。他研制的抗肺癌 1.1 类创新药物甲磺酸哆希替尼是第三代酪氨酸激酶抑制剂，已获国家药品监督管理局Ⅰ/Ⅲ期临床批件，正在国内进行Ⅰ期临床试验。

常俊标发挥化学合成的专业优势，通过底物分子的设计与合成，在多个重要生物大分子的结构、功能和机理研究中取得了突破。他与生物学家共同研究，首次阐明了 AtCERK1 特异性识别几丁质的分子机制及其信号传导机制，研究成果在 Science 发表后以当期亮点报道，相关成果获 2017 年国家自然科学二等奖；率先解析了 FTO 与 3-meT 结合的复合物晶体结构，揭示了 FTO 对底物选择的机理，研究成果在 Nature 发表后，美国 C&EN 对该成果进行了专题报道。

常俊标在药物化学和生物化学的交叉领域取得了系统性研究成果，形成了鲜明的特色和优势。在 Science、Nature 等知名期刊发表高水平论文 300 余篇；获中国授权发明专利 33 件、美国发明专利 7 件、欧洲发明专利 3 件、日本发明专利 1 件，实施专利 4 件；先后主持国家重大新药专项、国家杰出青年科学基金项目、国家自然科学基金重点项目等 30 余项；获国家科技进步二等奖、国家自然科学二等奖、全国创新争先奖、中国专利金奖、河南省科学技术杰出贡献奖、河南省科技进步一等奖等多项奖励。

魏世忠同志简要事迹

魏世忠，男，1966年6月出生，河南科技大学，教授。

魏世忠，河南科技大学教授、金属材料磨损控制与成型技术国家地方联合工程研究中心主任、“十三五”国家重点研发计划专项首席专家、“长江学者和创新团队发展计划”创新团队带头人、中原学者科学家工作室首席科学家，从事“冶金成型过程控制技术”研究30余年，为我国冶金、矿山、钢铁、能源、医疗等领域装备升级换代作出了重要贡献。

魏世忠基于对冶金—成型过程—组织—性能内在关联的系统研究，通过解决关键组织的形成、尺寸、分布和演变等调控问题，相继研发出高钒耐磨合金及其成型技术、大型铸锻件制造技术和陶瓷强化钨（钼）合金及其成型技术等原创性成果。高钒耐磨合金及其成型技术解决了碳化钒的结构控制、凝固成型、磨损稳定性、双金属冶金复合技术集成等问题，耐磨性能提高3倍以上，使用效率和安全性得到了大幅提升，满足了装备快速发展对耐磨性能的更高要求。大型铸锻件制造技术通过建立数据库，构建材料工艺组织性能之间的关系模型，完善凝固及成型理论，确定了大型锻件控形控性工艺参数设计原则，解决了大型铸锻件凝固、补缩、变形等极端制造过程中晶粒度、成分组织均匀性控制难题，创造多项大型铸锻件世界之最，助推我国跻身世界一流大型铸锻件生产强国之列。陶瓷强化钨（钼）合金及其成型技术解决了自生纳米陶瓷复合粉体制备、纳米陶瓷和基体晶体学关系控制、烧结和变形等关键技术问题，实现了晶粒细化，提高了再结晶温度，解决了多项技术瓶颈问题，生产的钨（钼）合金性能达到国际先进水平，实现了对国外同类产品的替代，显著提升了我国钨（钼）合金的国际竞争力。

魏世忠是享受政府特殊津贴人员，“百千万人才工程”国家级人选，先后被评为河南省杰出专业技术人才，河南省自主创新十大杰出青年等；获何梁何利基金科学与技术创新奖，中国产学研合作创新奖，河南省科学技术杰出贡献奖等；主持“十三五”国家重点研发计划专项、中国工程院重大咨询项目、国家自然科学基金等国家级、省部级项目以及大型企业委托项目等 30 余项；作为第一完成人获国家科学技术进步二等奖 2 项，省部级一等奖 4 项，发表论文 356 篇，授权发明专利 65 项，出版专著 5 部。

梅书棋同志简要事迹

梅书棋，男，1971 年 9 月出生，湖北省农业科学院，研究员。

梅书棋，湖北省农业科学院畜牧兽医研究所所长，研究员，国家生猪遗传改良计划专家组成员，国家生猪产业技术体系武汉综合试验站站长，国家家畜工程技术研究中心副主任，兼任中国畜牧兽医学会养猪学分会副理事长，湖北省畜牧兽医学会常务理事，武汉畜牧兽医学会理事长；国家创新人才推进计划中青年科技创新领军人才，湖北省有突出贡献中青年专家，湖北省杰出专业技术人才；2009 年获湖北青年五四奖章；2020 年获庆祝中华人民共和国成立 70 周年纪念章。

梅书棋作为湖北省农业科学院重点学科养猪学科带头人，长期扎根科研生产第一线，累计主持、承担国家级、省部级科研项目 50 余项，聚焦产业发展科技问题，紧紧围绕新品种（系）培育与利用、高效安全养殖、废弃物综合处理与资源化利用等产业共性关键技术开展科技攻关与集成示范，突破了产业发展瓶颈。

梅书棋在省内首次研制出适合于优良肉质母本新品系选育的综合选择

指数，构建了可有效提高育种准确性和效率的优质猪新型育种技术体系；在此基础上，培育出高繁大白猪新品系、湖北白猪优质系等 4 个优质瘦肉猪新品系，占全省通过审（鉴）定的生猪新品系 50% 以上。他利用省内优良地方猪种资源，主持培育有效应对生猪供给侧结构性改革的“硒都黑”优质猪新品种，2021 年 5 月通过畜禽新品种审定现场审查，有望实现湖北省生猪国审品种“0 到 1”的突破；研发出具有国际先进水平的标准化养猪“150”模式、“161”模式等农民易学、易懂、好操作的标准化现代生猪养殖新模式，解决了现代养猪新技术难以进入农村的难题；创新建立大型沼气集中供气及废弃物综合利用等 6 种适应湖北不同区域特点的大中型猪场生猪生态养殖及废弃物资源化综合利用模式及典型示范基地，有效解决了“业主难，百姓怨，政府急”的规模养殖废弃物综合处理问题。他采用“技术 + 龙头企业（基地）”等多模式深度紧密合作 30 余家龙头企业，集成与示范推广先进技术成果，化解“科技入户最后一公里”，合作企业年示范出栏生猪 50 余万头，年均增收节支 5 000 万元以上，辐射出栏 300 余万头，辐射增收节支效益 3 亿元以上，技术服务获得十堰市郧阳区、天门市等地方政府的肯定与表彰，为全省生猪产业供给侧结构性改革和提质增效转型升级提供了有力技术支撑。

梅书棋学术成果丰硕，获国家技术发明奖二等奖 1 项，国家科技进步奖二等奖 1 项，湖北省科技进步奖一等奖 1 项，其他省部级科技奖励 12 项；授权发明专利 12 件，审定新品种 1 个，制定国家标准 1 项和湖北省地方标准 5 项；出版著作 3 部，发表论文 80 余篇，其中 26 篇被 SCI 收录。

方勤同志简要事迹

方勤，男，1969年10月出生，湖北省文物考古研究所，研究馆员。

方勤，湖北省文物考古研究所所长，湖北省博物馆馆长，历史学博士，研究员，武汉大学历史学院兼职教授，博士生导师，文化和旅游部优秀专家，第四届湖北省杰出专业技术人才，中国考古学会理事，中国考古学会两周专委会副主任，湘鄂豫皖楚文化研究会常务副理事长，第五届、第六届中国博物馆协会副理事长。

方勤从事文物考古工作三十年，先后参与了三峡工程、天河机场、汉十高铁、武大高速等多项国家重点建设工程的文物保护工作。近十年，他专注中国考古发掘与研究，主持的枣阳郭家庙考古项目被评为“全国十大考古新发现”，主持的京山苏家垄考古项目被评为“全国六大考古新发现”。他著有《曾国历史与文化——从“左右文武”到“左右楚王”》专著，构建了“名不见经传”的曾国完整历史和文化谱系，为中国先秦的国别史研究建立了标尺，出版1年即再版。他策划和主持的以曾国考古系列成果推出的《华章重现——曾世家文物特展》，被评为2020年全国博物馆十大陈列展览精品奖。他主持发掘的苏家垄遗址，被列入国家考古遗址公园建设项目，成为推动经济社会发展的重点文化旅游项目。

方勤是国家文物局重大研究课题“考古中国”之“长江中游地区文明进程研究夏商周时期”（五省联合项目）课题组组长，国家重大课题“中华文明探源”之长江流域文明进程研究石家河遗址群研究项目负责人，该项目的开展对于深化中华文明的形成、发展和多元一体研究，促进文化自信具有重大意义。方勤主持国家社科基金重点项目和多个社科基金重大项目子课题，先后在《文物》《江汉考古》《人民日报》等报刊发表论文50余篇，出版韩文《神秘的曾》专著，向海外推介曾国音乐文明。他先后在美国哥伦比亚大学、日本金泽大学和俄罗斯、韩国等地举办讲座，组织和策划在意大利、美国、俄罗斯、印度举办关于楚文化和青铜文明的展览，积极与海外开展中华文明交流互鉴。

方勤担任单位主要负责人以来，以身作则，带领全体职工取得了一系列成绩，2015年被全国总工会授予“全国艺德标兵”称号，2019年所在单位被人力资源社会保障部、国家文物局评为全国文物系统先进集体。2020年武汉疫情期间，方勤毅然逆行进入湖北省博物馆馆区，带领76名职工封闭坚守80天的抗疫事迹连续被中央电视台、《光明日报》、《中国青年报》等媒体报道，并三次被中宣部“学习强国”登载。因疫情期间的突出表现，方勤被国家文物局授予2020年“全国最美文物安全守护人”称号，被中国博物馆协会评为2020年度“抗击新冠肺炎”个人特殊贡献奖。

易小刚同志简要事迹

易小刚，男，1963年9月出生，三一集团有限公司，正高级工程师。

易小刚，长安大学机械设计及理论专业博士，正高级工程师，博士生导师，三一集团首席科学家，长期致力于我国工程机械关键技术、核心零部件的自主研究与开发。他主持研制的混凝土泵车率先突破臂架寿命短、振动大等技术难题，混凝土泵车从66 m到86 m连续三次打破吉尼斯最长臂架泵车世界纪录，为改变我国工程机械长期依赖进口的局面作出了重要贡献。

易小刚始终坚持在科研一线拼搏，在工程机械制造领域打破了国外技术垄断，突破了混凝土高压泵送、超长臂架设计和工程机械核心液压部件三项关键技术，创造了混凝土垂直泵送620 m和86 m超长臂架等多项世界纪录，使高效、环保的混凝土施工方式在我国迅速普及，为我国混凝土高压泵送技术及产业从无到有、从跟随到超越、最终跻身世界先进行列作出了重大贡献。易小刚带领团队打破国外技术垄断，成功研制出国际上最高压力混凝土泵和国际首台三级配混凝土泵，解决了三峡大坝建设中三级配混凝土不能通过管道泵送的世界性难题，并推广应用到国内外大型水电工程建设工程，使我国成为继德国后第二个掌握混凝土高压泵送技术的强国。易小刚带领团队自主研制出国内首台 37 m 泵车，66 m、72 m、86 m 泵车刷新臂架长度世界纪录，开创了我国混凝土泵车超长臂架自主研制的新局面，将我国泵车超长臂架技术提升至国际先进水平；其中 62 m 臂架泵车凭借其超长灵活臂架、复杂场地适应能力等技术优势，出色完成日本福岛核泄漏事故救援，展现了中国制造良好国家形象，为提升国家品牌影响力贡献了力量。易小刚提出油缸端面贴合式缓冲创新思路和大流量液压阀组多功能集成方法，发明了端面贴合式新型缓冲油缸和模块化多功能集成液压阀组，突破我国工程机械核心液压部件技术瓶颈，实现自主设计与制造，彻底打破了相关领域关键核心产品长期依赖从日本、德国进口的局面。

易小刚先后主持国家级、省部级科研项目 18 项，获国家技术发明二等奖 2 项、国家科技进步二等奖 1 项、省部级科学技术一等奖 6 项；获发明专利 116 项，其中 3 项获中国专利金奖、5 项获中国专利优秀奖。主持起草行业标准 5 项，出版专著 1 部，发表论文 23 篇。易小刚是“百千万人才工程”国家级人选，享受政府特殊津贴人员，先后荣获十佳全国优秀科技工作者、何梁何利基金科学与技术创新奖、全国知识产权领军人才、湖南省劳动模范、湖南省优秀共产党员、湖南省光召科技奖、湖南省优秀专家、湖南省首批新世纪 121 人才工程专家等荣誉。

万步炎同志简要事迹

万步炎，男，1964年1月出生，湖南科技大学，教授。

万步炎，现任湖南科技大学海洋矿产资源探采装备与安全技术国家地方联合工程实验室主任，教授，博士生导师。

万步炎怀着对党和国家的忠诚，怀着对海洋资源勘探事业的热爱，一直潜心研究海洋矿产勘探开发技术和装备。20世纪90年代初，他在日本工业技术院资源环境技术综合研究所进行深海采矿技术客座研究期间，谢绝日方高薪挽留，毅然回国。2000年，为解我国大洋富钴结壳矿藏勘探的燃眉之急，在发达国家严密技术封锁的艰难条件下，他带领团队在三年内研制出我国首台具有全部自主知识产权的大型深海高技术装备——深海浅地层岩芯取样钻机；先后研发出世界首台具有一次下水多次取芯功能的深海浅地层多次取芯钻机、我国首台具有4 000米深海底钻深20米能力的海底中深孔岩芯钻机、我国首台深海海底深孔钻机——“海牛号”海底深孔多用途钻机，实现了我国海底地质钻探装备技术从无到有、从弱到强的革命性技术跨越；利用自主研发的装备与技术参加我国海底矿产资源调查和海上科考，在世界各大洋海域实施超过2 000次海上钻探，完成20多座国际海底矿山的普查勘探，产生数十亿元直接经济效益和上千亿元潜在经济效益，为国家海洋强国战略的实施和维护我国国际海洋权益作出了突出贡献。2021 年，他成功研发出“海牛Ⅱ号”海底大孔深保压取芯钻机系统，在南海超 2 000 米深水成功下钻 231 米，刷新世界深海海底钻机钻探深度世界纪录，成为世界首台海底钻探深度大于 200 米，同时具备全孔深保压取芯功能的深海海底钻机装备，标志着我国在这一技术领域已达到世界领先水平。

万步炎是“百千万人才工程”国家级人选、享受政府特殊津贴人员，入选湖南省新世纪 121 人才工程第一层次和湖南省科协院士后备人才培养计划，被授予湖南省先进工作者、湖南省第五届优秀专家等荣誉称号，并获湖南光召科技奖；“十二五”期间万步炎受聘为“863 计划”海洋技术领域主题专家组专家、蛟龙号载人潜水器试验性应用技术咨询专家组专家；主持完成国家“863 计划”、国家重点研发计划、国家长远发展项目（大洋专项）及省部级科研项目 40 余项；以第一完成人获国家科技进步二等奖 1 项，中国侨界贡献奖一等奖 1 项，省部级技术发明及科技进步一等奖 3 项；获国家专利、软件著作权等知识产权 120 余项，发表学术论文 30 余篇。

吴清平同志简要事迹

吴清平，男，1962 年 11 月出生，广东省科学院微生物研究所，研究员。

吴清平，中国工程院院士，广东省科学院微生物研究所名誉所长、首席科学家，长期从事食品微生物安全与健康研究，是我国知名食品安全科学技术专家；历任广东省科学院微生物研究所副所长、常务副所长、党委书记、所长，现任广东省科学技术协会副主席，兼任中国食品科学技术学会副理事长、中国食用菌协会名誉会长、国家微生物种业产业技术创新战略联盟理事长，第十三届全国人大代表。

吴清平针对我国食品行业出现严重的微生物安全风险，从基础研究着手，系统完成全国致病微生物风险调查，揭示了其在食品中的分布规律、累积机制和风险水平，新发现包装饮用水和食用菌产业主要食品安全风险；发掘出食品中污染微生物的优势基因型，构建起我国最大的食源性致病微生物风险识别数据库、菌种资源库和基因指纹图谱库，保藏菌种 2.3 万多株，建立起我国食品微生物安全监控理论。他创建了食品微生物安全快速检测和高效控制技术，为我国食品安全监控构建起技术保障体系；研制出重点产业食品安全控制技术和与国际接轨的先进标准，先后推广到包括知名企业海天、无限极、怡宝、景田在内的全国 6 000 多家大中型企业；解决了食品安全中的重要科学问题和关键技术难题，显著推动了我国食品安全科学理论不断提升和产业健康发展。他负责建成了我国最大、最具代表性和国际影响力的食品微生物安全与健康大科学数据库，包括保藏量超 7 万株的菌种资源库、菌种资源分布数据库、标准菌种库，以及全基因组、转录组、蛋白组及代谢组等组学数据库，为我国食品产业提质增效提供了全球格局的微生物菌种、基因与组学大数据，打破了发达国家对关键菌种和生物信息数据的长期垄断，为食品产业高水平发展提供了微生物创新源头。

吴清平先后主持国家及省部级重大科研项目 75 项，获得省级鉴定国际领先或国际先进水平成果 39 项；获授权发明专利授权 85 件；制定国家及地方标准 10 项，其中国家标准 8 项；发表论文 500 多篇，其中 SCI 收录 180 多篇；获国家科技进步二等奖 2 项，省部级一等奖 5 项、二等奖 1 项，中国专利优秀奖 3 项，广东省专利金奖 1 项，广东省和广州市专利优秀奖各 1 项，均排名第一；2010 年被评为全国优秀科技工作者，2012 年获何梁何利基金科学与技术创新奖，2014 年获首届广东发明人奖，2017 年获首届南粤突出贡献奖和第二届“叶剑英奖”，2019 年获中国食品科学技术学会突出贡献奖。

苏权科同志简要事迹

苏权科，男，1962年5月出生，港珠澳大桥管理局，正高级工程师。

苏权科，广东省粤港澳大湾区交通建设智能维养与安全运营工程技术研究中心主任，港珠澳大桥管理局总工程师，正高级工程师，从事跨海桥梁隧道工程的建设、科研和技术管理工作近30年，先后参加或主持了汕头海湾大桥、台山镇海湾大桥、厦门海沧大桥等工程建设管理工作。2004年起，经粤港澳三地政府遴选，苏权科担任港珠澳大桥工程总工程师，17年来，主持港珠澳大桥规划论证、设计施工运营技术与创新管理，为超级工程建设及我国跨海桥梁隧道技术跨入世界前列作出了突出贡献。2018年，苏权科获中央电视台、中国科学院等八部委联合评选的科技盛典“2017年度全国科技创新人物”称号，被誉为“桥梁巨匠”。

苏权科作为港珠澳大桥主体工程科技创新的主导人物以及国家科技支撑计划项目“港珠澳大桥跨海集群工程建设关键技术研究与示范”项目总负责人，研究攻克了海洋环境桥岛隧工程长寿命建设与安全运营关键技术，这一成果奠定了严酷海洋环境结构120年设计使用年限的科学技术基础，达到国际领先水平，已应用于深中通道和大连湾海底隧道等国内外类似工程。他构建了“螺旋逼近优化 + 全景式创新 + 工业化建造”工程协同创新系统，成果激励参建企业形成自组织创新热潮，开创了技术创新与管理创新同频共振的局面。他创建了不同法律、制度和规则下多组织体系协同管理模式，促成内地大型骨干企业主导、国际先进理念渗透、建造—创新互驱动的现代化工程管理格局。他建立了同时适应中国、英联邦与欧洲大陆工程要求的，涵盖项目规划、设计、施工及运营全过程的跨海桥岛隧工程多级技术标准体系，产生了显著的经济效益和社会效益。他提出并践行了“大型化、工厂化、标准化、装配化”的高品质工业化建设理念，化水上施工为陆域加工制造，把工地变成工厂，把构件变为产品，充分保证了港珠澳大桥建设质量和耐久性；组织研发了大型构件预制安装技术与装备，并建立了桥梁构件自动化建造技术体系，推动了我国跨海通道建设工业化的发展进程，为中国桥梁“走出去”战略作出了贡献。

为落实习近平总书记“用好管好大桥”的重要指示，苏权科还在主持国家重点研发计划项目“港珠澳大桥智能化运维技术集成应用”之中，研发形成智能化运维装备、平台、技术体系与标准，服务于交通强国和粤港澳大湾区国家战略。

苏权科组织开展各类攻关专题 100 余项，获国际桥梁维护与安全协会杰出贡献奖、广东省科技进步特等奖、上海市科技进步一等奖及其他奖项 10 余项；制定各类标准 60 余部，发表论文 40 余篇，出版专著 10 余部，发明专利 5 项。

王双飞同志简要事迹

王双飞，男，1963年9月出生，广西大学，教授。

王双飞，广西大学轻工与食品工程学院教授、广西大学技术成果转化研究院院长、广西清洁化制浆造纸与污染控制重点实验室主任，“百千万人才工程”国家级人选，先后获得全国先进工作者、全国五一劳动奖章、全国模范教师等荣誉称号。他多年致力于造纸清洁生产与末端治理的应用基础研究、关键技术开发及产业化应用，在纸浆清洁漂白与废纸清洁制浆领域取得了一系列重要成果，为保障我国造纸行业可持续发展作出了重要贡献。

王双飞作为广西轻工技术与工程一流学科带头人，带领团队在打破加拿大凯密迪等跨国公司对二氧化氯制备技术垄断的基础上，自主创新了纸浆高效二氧化氯漂白技术、综合法及组合还原剂法高纯度二氧化氯制备技术，构建了单套产能3~70吨/天的高纯度二氧化氯制备及高温高浓二氧化氯漂白装备系统，可满足年产10万~200万吨制浆企业需求。该成果于2009年开始产业化推广，2012年首次实现了我国二氧化氯制备成套技术与装备出口海外，打破国外垄断，成为该领域国际主流技术。该技术已在中国、美国、加拿大等 9 个国家的 43 家企业应用，解决了我国纸浆清洁漂白的“卡脖子”难题。他自主创新了废纸清洁制浆关键技术与装备体系，构建了“抗钙型高效厌氧—好氧—深度处理”废纸制浆废水高效资源化利用技术与装备体系，大幅提高了废水回用率。该成果已应用于全球废纸浆产量第一的玖龙纸业集团等国内外 70 多家大型造纸企业，截至 2020 年底，消减 COD（化学需氧量）总量超过 860 万吨，回收沼气超过 50 亿立方米。上述成果成为国际上纸浆清洁漂白和废纸清洁制浆领域主流技术，解决了废纸制浆废水的高效厌氧处理与资源化利用的瓶颈问题。

王双飞先后主持完成了国家“863 计划”重大项目、国家科技支撑计划课题、国家“973 计划”课题、国家科技攻关计划项目、国家自然科学基金等国家级项目和省部级项目 30 余项。作为第一完成人，王双飞获国家技术发明二等奖 1 项和国家科技进步二等奖 1 项，广西科技特别贡献奖 1 项、省部级一等奖 5 项；获美国、加拿大、日本等国发明专利 12 件，中国发明专利 44 件；主编和出版专著 5 部，参编著作 1 部；以第一或通讯作者身份发表 SCI 论文 89 篇，其中 JCR 一区 Top 论文 34 篇。

杨章旗同志简要事迹

杨章旗，男，1964 年 12 月出生，广西壮族自治区林业科学研究院，正高级工程师。

杨章旗，广西壮族自治区林业科学研究院总工程师，正高级工程师，中国林学会松树分会副主任委员，林木遗传育种分会常委，马尾松国家创新联盟理事长，广西主要用材树种育种和栽培国家长期试验基地主任，广西主要用材林首席专家，长期致力于松树遗传改良和高效培育研究。

杨章旗主导实施兼顾遗传增益和遗传多样性的长期育种新策略，首次解决了高世代育种遗传基础变窄的技术瓶颈，三次改良效果达国内领先水平；构建了资源丰富、产出高效的马尾松育种体系，建成国内最大的松树种质基因库，收集种质资源 5 216 份，主持选育植物新品种 2 个，国家良种 3 个，省级良种 66 个，选育的桐棉种源和一代优良家系年蓄积生长量亩产分别达 2.31 立方米和 2.61 立方米，两次刷新国内马尾松生长纪录，居全球 200 多个松类树种前列；一代和二代遗传改良增益和规模均处于国内领先水平，38 年来的持续改良使广西马尾松林平均蓄积量从亩产 2.13 立方米提高至 5.87 立方米；发明低接诱根、嫩枝双砧嫁接方法并在全国广泛应用，有力推进了我国马尾松良种化进程。他创新骨干种质基因纯合育种技术，实施骨干优异天然资源核心区保护恢复和全分布区资源共享利用，规避优异天然育种资源枯竭的潜在风险，创新实施的骨干资源保护利用工程，向桂、粤、赣、湘、黔等省区提供优良种质 1 000 多份，优树无性系穗条 3 万多条，实现了松树全分布区优质资源的共享利用和恢复保护。他统筹布局覆盖广西的试验示范基地，建立各类试验示范林 25 117 亩，为松树人工林产量、质量和效益的提升提供了技术保障；在马尾松遗传改良、生产力水平和产业化程度方面稳居国内前列，奠定了广西马尾松国内核心研发地位。他创新“研究—示范—推广”体系，实现成果高效转化。他在桂、闽、粤、赣、黔、渝等省区市推广造林 166 万亩，新增产值 57.88 亿元，新增利润 35.65 亿元，为林业科技进步和产业发展作出了突出贡献。

杨章旗先后主持和参加国家及省部级科研项目 30 余项，获国家科技进步二等奖 2 项，作为第一完成人获省部级科技进步特等奖 1 项、一等奖 1 项、二等奖 3 项、三等奖 1 项，中国林学会梁希科学技术二等奖 3 项；获发明专利授权 13 件，计算机软件著作权 28 件，编制标准 9 项；发表论文 248 篇（SCI 收录 15 篇），出版专著 10 部。杨章旗培养了“松树资源培育与产业化关键技术创新”“广西主要用材林高效培育与利用”等创新团队，培育了遗传育种、高效培育、人工林生态和林产品加工等学科带头人 4 人，省部级各类人才 9 人，联合培养博士生 5 人、硕士生 33 人。

颜业岸同志简要事迹

颜业岸，男，1973 年 6 月出生，海南省琼海市嘉积中学，高级教师。

颜业岸，海南省琼海市嘉积中学艺术中心主任，高级教师，享受政府特殊津贴人员，从事舞蹈教育近 30 年，专业领域成果丰硕，先后获全国五一劳动奖章、中国成人教育协会艺术教育研究中心首席专家、全国优秀教师、全国最美教师、全国模范教师、海南省中青年德艺双馨文艺工作者、海南省敬业奉献道德模范、海南省文联首批“十百千万”文艺人才、海南省有突出贡献优秀专家、海南省领军人才、海南省委联系服务重点专家等荣誉称号。

颜业岸数十次带领嘉积中学男子舞蹈团代表中国、海南先后走进世界顶级艺术殿堂悉尼歌剧院、维也纳金色大厅、尼斯歌剧院以及联合国总部演出。2016 年，颜业岸带领嘉积中学男子舞蹈团在美国纽约联合国总部表演舞蹈《水墨天书》，演出在美国华人圈引起较大反响，受到海外侨胞的热烈欢迎和喜爱，《星岛日报》等颇有影响力的当地华文报纸争相报道。颜业岸用舞蹈语言讲述海南故事，用艺术教育传承中华文化，在世界舞台上展现中华民族的文化自信。颜业岸用源源不断的创意和永不磨灭的热情，立德树人传艺授道，带领一批批农村学生走进舞蹈艺术殿堂，累计有300多人考入北京师范大学、复旦大学、北京舞蹈学院、中央民族大学、中央戏剧学院等全国重点院校。颜业岸领衔成立海南省舞蹈名师工作室，带领来自全省各地的33名舞蹈骨干教师开展“艺术帮扶”，带动更多中小学生学习舞蹈，提升艺术素养，让每一个有志于舞蹈梦想的孩子都拥有人生出彩的机会。

2021年，颜业岸带领嘉积中学男子舞蹈团代表海南省赴北京参加庆祝中国共产党成立100周年大型情景史诗《伟大征程》排练演出，被中宣部、文化和旅游部授予突出贡献奖。他领衔的海南省舞蹈美育名师工作室被中共海南省委人才工作委员会授予海南“双百”人才团队，被海南省总工会授予“海南省劳模和工匠人才创新工作室”；编写的《普通中学男子舞蹈人才培养课程教学实践》，荣获国家级教学成果二等奖，省级教学成果一等奖；创作的舞蹈《远征》《搏·鳌》《南海潮》等作品先后荣获文化和旅游部第十届全国舞蹈比赛文华奖、第七届中国舞蹈“荷花奖”校园舞蹈大赛表演金奖、第十届中国艺术节“群星奖”等国家级奖项；指导、创作舞蹈作品90多部，获国家级一等奖8次，省级一等奖58次。

周建庭同志简要事迹

周建庭，男，1972年8月出生，重庆交通大学，教授。

周建庭，重庆交通大学副校长、山区桥梁及隧道工程国家重点实验室主任，“长江学者”特聘教授、国家杰出青年科学基金获得者、科技部科技创新领军人才、“百千万人才工程”国家级人选、全国优秀科技工作者、首届重庆市优秀科学家、首届重庆市杰出英才奖获得者、全国交通运输行业创新团队和人才培养示范基地负责人，我国知名危桥整治专家，著名“桥梁医生”。

周建庭长期从事桥梁病害诊断与加固研究，承担了“973”计划、国家重点研发计划、国家自然科学基金、中国工程院院士咨询课题等重大科研项目，主要围绕桥梁内在病害诊断—安全监测与评估—性能提升，形成了桥梁安全保障全链条研究成果。针对桥梁内在病害导致的危桥占总危桥数80%以上而尚无有效诊断技术的问题，周建庭利用桥梁内部钢结构损伤引发自发磁场变异的特性，揭示了磁场变异特性与桥梁结构内部病害的关联机理，研发出基于自发弱漏磁的桥梁内在病害可靠诊断技术与装置，率先攻克了桥梁钢筋锈蚀、拉吊索腐蚀断丝、钢筋应力状态恶化等内在病害无损量化诊断的国际性难题，实现了桥梁内在病害精准、无损诊断技术的国际引领。在桥梁安全监测与评估方面，周建庭首次提出并构建了基于结构响应包络、劣化效应和时变可靠性的桥梁安全评估理论和技术，解决了基于海量监测信息的桥梁安全评估理论和技术难题，提出了桥梁预埋—表贴传感“接力”监测方法，实现了桥梁全寿命安全监测与评估，成果应用于39座大型桥梁的安全监测与评估，支撑了两部国家标准的制定，带动了桥梁安全监测与评估技术与产业往标准化、实用化发展。在桥梁性能提升方面，周建庭在揭示拱桥多铰损伤机制和全过程失效模式的基础上，首次研发了多点弹性支撑加固拱桥技术，实现了主拱“微弯矩”控制目标；首次提出套箍封闭主拱圈加固拱桥技术，实现了抑制和延缓主拱破坏“铰”控制目标，创新了拱桥性能高效提升理论与技术，成果形成了拱桥加固系列标准图纸，技术支撑了我国山区70%以上的拱桥加固工程。

周建庭先后主持了国家级和省部级科研项目40余项，获得国家科技进步二等奖3项（2项排第一、1项排第三），省部级特等奖和一等奖9项（5项排第一）等重要奖励26项；授权国家发明专利65项（39项排名第一），取得软件著作权13项；发表论文300余篇，出版著作11部，制修订国家行业标准规范6部；培养硕士、博士研究生150余名。他的研究成果应用于国内15个省市4 000多座桥梁的诊断与加固，带来了显著的社会效益、经济效益和环保效益，推动了桥梁管养的科技革新，引领了行业的发展。

赵金洲同志简要事迹

赵金洲，男，1962 年 10 月出生，西南石油大学，教授。

赵金洲，西南石油大学教授，我国压裂酸化理论和技术体系的主要创建者之一，我国著名压裂酸化专家和全国压裂酸化领域带头人。

压裂酸化是在几千米深的油气藏压开裂缝，修建油气流动“高速公路”，是提高油气产量的“压舱石”，是油气开采的“临门一脚”。赵金洲带领团队组织或参与了我国 87.5% 的油气田企业压裂酸化技术攻关，被誉为修建地下油气“高速公路”的铁军。39 年来，赵金洲一直致力于建立我国自己的压裂酸化理论和技术体系，并从全面落后发展到整体达到世界先进水平，引领推动压裂酸化建成我国石油与天然气工程的学科新方向和重要学科分支，建成了全国最重要的压裂酸化研究中心和人才培养基地，该基地培养培训了全国 70% 以上的压裂酸化技术骨干和带头人，被誉为全国压裂酸化“黄埔军校”。

赵金洲带领团队发明深层超深层油气藏压裂酸化技术并跻身世界前列，引领我国压裂酸化向深层超深层快速发展，成为我国开辟深层超深层油气勘探开发主战场的“撒手锏”技术。赵金洲在国内率先开展页岩气缝网压裂研究，发明页岩气水平井缝网压裂技术，实现了我国页岩气压裂技术从无到有、从跟跑到部分领跑，为我国成为第二个掌握页岩气开发核心技术的国家作出了重大贡献；提出控制硫沉积和铁沉淀的新方法，创建了高含硫气藏控硫控铁自动转向降阻压裂技术，保障了我国首个特大型高含硫气田成功开发，成为第三个掌握高含硫气田开发核心技术的国家。针对鄂尔多斯盆地中部延长组下组合油藏，赵金洲提出了实施整体压裂开发，创建了低渗低压油藏整体压裂综合技术，实现了该地区近 50 年勘探开发的重大突破；创造性发明天然气水合物固态流化开采模拟实验方法和技术，支撑全球海洋天然气水合物固态流化首次成功试采，固态流化开采方法世界首创，实验方法和技术国际领先。

赵金洲获国家技术发明二等奖 1 项、国家科技进步特等奖和二等奖各 1 项、省部级特等奖和一等奖 8 项，获省部级教学成果特等奖和一等奖 5 项；授权国内外发明专利 95 件，登记软件著作权 36 件，发表论文 200 多篇，出版专著 12 部；获孙越崎能源大奖和首届全国创新争先奖，被授予“天府杰出科学家”称号。他是西南石油大学石油与天然气工程学科学术带头人，该学科被评为国家 A+ 学科，并入选国家“双一流”世界一流建设学科，支撑学校入选全国创新人才培养示范基地。

杨正林同志简要事迹

杨正林，男，1966年6月出生，四川省医学科学院·四川省人民医院，教授。

杨正林，四川省医学科学院·四川省人民医院院长，电子科技大学医学院院长，教授，博士生导师，中华医学会医学遗传学分会候任主任委员，国家自然科学基金委医学部第二、第三届咨询专家，中国生物物理学会临床分子诊断分会首届会长。

杨正林是我国著名临床检验专家，致盲眼病防治领军人物，长期致力于致盲眼病分子机制与临床防治研究，取得一系列开创性成果。他率先发现小儿视网膜病变致病新基因并阐明其发病机理，建立视网膜疾病基因诊断体系和全球通行诊治标准，回答了50年来争论不休的视网膜圆盘膜发育问题。他揭示了年龄相关性黄斑变性致病机制，建立了老年黄斑变性风险评估体系，成果入选Science“2006年十大科学突破”。他揭示了脂代谢在视网膜神经节细胞死亡中的作用机制，大幅提升诊断准确率，为青光眼防治提供全新思路。他的科研成果阐明了常见致盲眼病的致病因素，揭示了作用机制，丰富了检测手段，形成了一整套早期诊断和早期干预新技术，推动基因检测产业跨越式发展。

杨正林爱国之心赤诚，在美国霍普金斯大学和克利夫兰临床医院等取得丰硕学术成果后毅然归国，带领临床医学检验中心成功申报首批国家临床重点专科，获全国卫生系统先进集体称号，常规开展检验项目 1 800 余项，年检测量 6 000 余万次。他为民之心恳切，始终以提高基层检验质量、加强人才培养为己任，牵头建立四川省三级临床检验质控中心网络，质控分中心数量达全国第一；为 1 145 家实验室提供室间质量评价，近 5 年培训约 6 万人次，极大提升了基层临床检验能力。

新冠肺炎疫情暴发后，杨正林牵头四川省第一批应对新冠病毒科研攻关应急项目，与企业合作成功研制快速检测试剂盒，分别取得中国医疗器械注册证以及美国、欧盟准入资格，在 88 个国家和地区使用，为全球抗疫提供有效检测工具。他牵头制定《新型冠状病毒相关实验室检验及生物安全操作指南》，培训核酸检测人员 8 000 余名，发放 7 400 余份室间质评样本，督导 300 余家检测实验室，为疫情防控提供有力支撑。

杨正林先后获国家自然科学基金创新研究群体、国家杰出青年科学基金、谈家桢生命科学创新奖、吴阶平－保罗·杨森医学药学奖、天府杰出科学家、中国实验医学杰出青年奖等荣誉和奖项；以第一完成人获国家科技进步二等奖 1 项，四川省科技进步一等奖 3 项；在 Science、N Engl J Med、Nat Genet、Nat Med、JCI 等国际知名杂志发表高水平论文 127 篇，连续 7 年入选中国高被引学者榜单。

张华同志简要事迹

张华，男，1966年10月出生，贵州航宇科技发展股份有限公司，正高级工程师。

张华，贵州航宇科技发展股份有限公司董事长，正高级工程师，享受政府特殊津贴人员，贵州省省管专家。

张华长期致力于航空航天材料应用、锻造工艺技术的应用研究，曾承担或参与12项国家重点型号的研制、10项国家新材料预研项目等研究工作，为我国航空发动机材料的应用研究作出了卓越的贡献，部分研究成果达到国际先进水平，大大缩短了我国锻造行业与国外同行的差距。张华带领公司技术团队，潜心钻研，在以下几个方面取得了重大研究成果，部分成果填补了多项国内空白：航空难变形材料环形锻件精确轧制技术的工程化应用研究，打破了国外对民用航空发动机复杂环锻件市场的垄断，开了我国该领域环锻件产品走出国门的先河；搭建国内首家航空环形锻件“设计—仿真—制造”一体化技术应用研究平台，为航空环形锻件近净成型技术的应用提供支撑，创造性地提出航空环锻件“高品质、低成本、短流程”的制造系统解决方案；航空发动机、燃气轮机用大型机匣整体制造技术突破了航空发动机难变形合金大型机匣整体制造的技术瓶颈，有效解决了传统机匣采用分段制造加焊接技术带来的制造成本高、周期长、综合性能低的技术难题；均应力环锻件制造技术的推广应用，有效解决了航空发动机用机匣类零件在制造过程中变形的重大难题，促进了航空零部件低应力制造技术的重大跨越；通过引进、消化、吸收，自主创新设计制定了一系列适用于军用和民用航空发动机锻件的质量和生产控制行业规范，初步形成环锻件制造过程的精确控制体系，为锻件生产过程的一致性和稳定性提供系统性保障，使公司成为吸收应用国外先进航空发动机锻件质量管理体系及经验的标杆企业；离散型航空环锻件制造过程数字化控制技术应用实践成功，公司成为国内首家实现热加工工艺过程数字化集成控制的航空锻造企业、国家及省智能制造试点示范企业、省大数据融合示范企业。

多年来，张华坚持依托技术创新，走“专、精、特、新”的发展道路，带领公司在科创板成功挂牌上市，实现了贵州省企业科创板挂牌上市的“零突破”。张华先后获得国家科技进步奖二等奖 1 项，国防科技技术奖特等奖 1 项、一等奖 1 项、二等奖 2 项、三等奖 1 项，贵州省科技进步奖二等奖 2 项，中国专利优秀奖 2 项。张华主持编制国家标准 1 项，参与国家标准编制 2 项，发表专业论文 17 篇，拥有授权专利 28 项。

刘健同志简要事迹

刘健，男，1963年11月出生，贵州省人民医院，主任医师。

刘健，贵州省人民医院党委副书记、院长，主任医师，教授，博士生导师，享受政府特殊津贴人员，中华医学会、中国医师协会神经外科分会常委，贵州省神经外科带头人。

刘健重点开展脑胶质瘤及脑卒中基础和临床研究，主持神经导航技术在颅内肿瘤手术中的应用，率先在贵州省内开展急性缺血性脑卒中动脉介入溶栓、颅内压监测、肿瘤显微手术切除、复杂动脉瘤显微手术、颈内动脉内膜剥脱手术等神经外科临床科研，使患者总体死亡率降低至3.0%。他主导建设头部立体定向放射外科治疗中心，填补了贵州省空白；创立贵州神经疾病研究所、省内首个神经介入手术培训中心，为贵州省提供实用、高效的研究培训平台，为卒中防治发挥积极作用。他领衔教育部创新团队和贵州省创新团队，培养博士生12人，硕士生20人，打造了一支高水平神经外科团队；建立了贵州省外科人才培养基地，培养200余名神经外科骨干；主导建设贵州医科大学“智慧”临床技能中心，解决学生实践能力及资源不足问题。

在抗击新冠肺炎疫情中，刘健临危受命奔赴湖北鄂州，作为贵州省援鄂医疗队前线指挥部副指挥长、医疗救治组组长，带领团队第一时间进入紧急状态，最短时间形成战斗力，整体接管鄂州新冠患者救治工作，科学配备力量，形成重症、呼吸、感染科为主体的救治体系，有效提高了治愈率，降低了死亡率。援鄂抗疫期间，刘健与广大医务人员顽强奋战，救治患者 767 名，占鄂州确诊病例的 55%，治愈率为 97.6%，死亡率仅为 2.43%，参加新冠肺炎患者救治的 862 名医护人员零感染。

刘健长期在医学院校和省级公立医院工作和任职，爱岗敬业，熟悉高校和医院党政管理、医疗服务、临床教学、教育科研等工作，将专业能力和行政管理有效结合，为推进贵州省医疗卫生事业作出了积极贡献。他带领团队为贵州省各市（州）医疗机构开展神经介入手术诊疗提供全面技术支撑，解决了省内急性脑血管疾病诊治水平差异过大的难题，为保障人民群众的生命健康作出了积极努力。他先后承担国家及省部级科研项目 20 余项，获批科研基金 1 300 余万元，发表论文 60 余篇、SCI 论文 10 余篇，参编专著 2 部；获得贵州省科学技术进步奖二等奖 2 项、三等奖 2 项；贵州省教学成果一等奖 1 项；获全国五一劳动奖章，贵州青年五四奖章等荣誉。

王华同志简要事迹

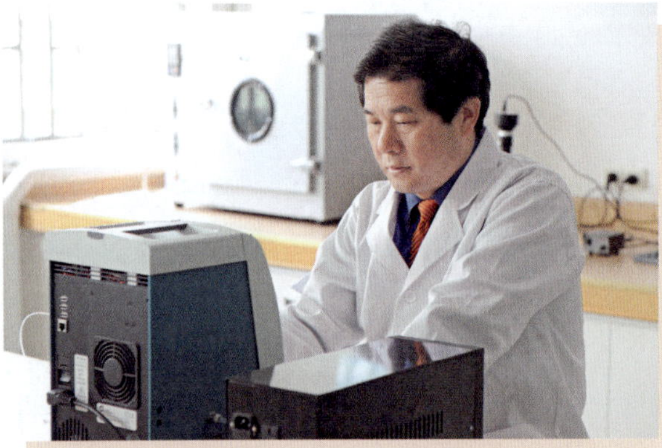
王华，男，1965年5月出生，昆明理工大学，教授。

王华，昆明理工大学校长，教授，博士生导师，省部共建复杂有色金属资源清洁利用国家重点实验室主任，冶金化工节能环保技术国家地方联合工程研究中心主任，科技部冶金节能减排重点领域创新团队负责人，教育部高等学校能源动力类专业教学指导委员会委员，中国有色金属学会节能减排分会主任委员，我国冶金炉窑研究领域的著名学者。

王华作为冶金热能工程的首席学科带头人，针对冶金物料日益复杂和单位产能提高造成炉窑热强度加大、热质传递过程不协调导致能耗高、产品质量低、设备寿命短等难题，扎根云南边疆30余年，带领团队进行持续的理论创新和技术攻关，在冶金炉窑热过程强化与节能减排领域取得了一系列的理论突破和技术创新。他提出了冶金炉窑热过程热量—动量—质量传递非线性协同强化的学术思想和旋流混沌强化方法，建立了炉窑最低燃耗强化供热系列数学模型，发展了冶金炉窑热工理论；研发了冶金炉旋流混沌强化供热系列工程技术与装备，打破了发达国家熔炼炉喷枪核心技术壁垒；研发了加热炉均匀精准加热系列工程技术与装备，打破了发达国家金属材料精准均匀加热技术垄断；提出采用富氧顶吹熔炼原理处理低品位高氧化镁复杂镍精矿的新工艺，开发了被称为世界首座年处理能力达100万吨矿量的富氧顶吹熔池熔炼镍冶金炉，及被称为世界首座年处理二次铜镍精矿能力达50万吨矿量的全氧顶吹自热熔池熔炼铜冶金炉，构建了具有完全自主知识产权的闪速炉—顶吹炉—自热炉三炉联动的高氧化镁复杂镍资源冶炼新工艺及冶金炉窑体系，突破了低品位高氧化镁复杂镍资源高效利用和铜镍有效分离的世界性冶炼技术难题。上述系列技术分别在国内外相关企业被推广应用，先后转让到美国、德国、日本、俄罗斯等21个国家和地区。近三年累计新增销售额1 021.82亿元人民币，节能61.28万吨标煤，减少二氧化碳排放163.62万吨，为边疆民族地区脱贫致富和“一带一路”倡议的实施作出了积极贡献。

王华先后承担国家科技攻关、国家自然科学基金重点项目等课题，以及一批解决产业关键技术难题的企业委托项目；出版学术专著和教材8部，发表高水平论文236篇，授权发明专利79件；获国家科学技术进步一等奖1项、二等奖1项，云南省科技进步特等奖及自然科学特等奖各1项，省部级科学技术奖一等奖5项；被评为云南省科技领军人才，获第二届全国创新争先奖。

石荔同志简要事迹

石荔，女，1968年6月出生，西藏自治区人民医院，主任医师。

石荔，西藏自治区人民医院副院长、感染性疾病科主任，主任医师，中华医师协会感染病学分会常委、中国医师协会感染科医师分会常委，西藏自治区医院感染管理质控中心主任，西藏自治区西藏大学硕士生导师。她从事感染性疾病研究和治疗30余年，是西藏感染性疾病诊疗第一人。

石荔为西藏自治区唯一的感染性疾病专业博士，在她的带领下，西藏自治区人民医院的感染科和院内感染控制科从无到有、从弱到强，管理水平和诊疗技术一直处于区内领先水平，真正成了西藏感染性疾病专科领域的“领头羊”，为实现“大病不出藏”的目标作出了卓著贡献。她主持完成了“十一五”国家传染病重大专项“乙型重型肝炎肝衰竭优化诊疗方案研究”的子课题、西藏自治区科学技术厅重点科技项目“西藏地区NAFLD①对慢性乙肝患者肝纤维化及抗病毒治疗效果的影响”的课题，特别是国家自然科学基金课题“西藏自治区结核分枝杆菌临床分离株的基因分型初步

① NAFLD：非酒精性脂肪肝病。

研究”，首次使用三大先进的基因分型方法，初步了解西藏自治区结核病病原种型构成及其分布和结核分枝杆菌的耐药状况，建立了西藏结核分枝杆菌 DNA 指纹图像分析数据库、数字化基因信息库及其背景资料库，建立了标准化的结核病病原学监测方法，对有效防治结核病、保护西藏人民的健康具有重要意义。她视病人如亲人，从未出现过任何医疗差错，也从未接到过病人的任何投诉。在新冠肺炎疫情防控期间，作为西藏的医疗救治组负责人和感控专家，她先后以电视电话会议的形式对全区医务人员培训 6 次，院科两级培训 20 余次，赴全区各（地）市医院及口岸进行疫情防控督导 10 余次，特别是全程参与并指导了西藏唯一一例新冠肺炎病例的确诊和救治工作，直至患者痊愈出院。作为医院感染科主任，她始终和同仁们一起日夜坚守在抗疫一线，面对几次重病住院的父亲也只能在电话里尽尽孝道；在得知父亲病危的噩耗后，她只是匆匆赶回老家在病床旁陪伴了日思夜想的父亲；处理完父亲的后事，她顾不上沉重的心情和疲惫的身躯，马不停蹄地赶回西藏，回到岗位上继续工作。

石荔先后主持和参加国家及省部级科研项目 5 项，在国际国内发表和出版论文论著 30 余篇，先后获得西藏自治区科学技术带头人、西藏自治区科技进步一等奖、西藏自治区优秀科技工作者、中国医师协会感染科医师大会抗“疫”先锋之星、抗击新冠肺炎疫情全国三八红旗手、全国五一劳动奖章、全区卫生系统先进个人等荣誉。

刘向宏同志简要事迹

刘向宏，男，1967年9月出生，西部超导材料科技股份有限公司，正高级工程师。

刘向宏，西北有色金属研究院西部超导材料科技股份有限公司常务副总经理，正高级工程师，博士生导师，享受政府特殊津贴人员，我国知名的青年超导材料及稀有金属材料专家。

刘向宏长期致力于超导材料及稀有金属材料和工程化的开发研究。在超导材料领域和NbTi低温超导材料研究方面，开发出具有自主知识产权的高临界电流密度NbTi合金的真空电弧熔炼技术、包套大气下直接焊接的焊封技术以及时效热处理技术，为我国自主研制的核聚变装置提供了单重达500千克的CICC型NbTi超导导体，使我国成为世界上三个掌握CICC导体制备技术的国家之一。在Nb3Sn超导材料研究方面，解决了多芯Nb3Sn超导线批量化制备中内部缺陷和微结构控制难题，获得多项发明专利授权。在高端航空材料领域，为满足我国新型战机研制急需，他带领技术团队通过三年多的自主创新，突破了特种钛合金大型铸锭成分均匀性控制技术、大尺寸棒材锻造等方面关键技术，在高端航空材料领域，开发出具有我国自主知识产权的高强高韧损伤容限型TC21钛合金、中强高韧损伤容限型TC4-DT钛合金、TA15钛合金、航空铆钉专用Ti45Nb钛合金、Ti6Al4VELI钛合金超大规格棒材的工程化制备技术，实现了三种新型钛合金高纯净性、高均匀性、高一致性，产品质量及稳定性均达到国际先进水平，使我国航空用钛合金棒材及锻坯实现了完全自主可控，打破了发达国家对我国航空用关键材料的技术封锁，解决了我国新型战机发展的迫切要求。同时，他还带领团队开发出了航空用高温合金GH4169大规格棒材，燃气轮机用高温合金GH4698棒材等市场急需、新型飞机发动机和舰船急需的关键材料。

刘向宏先后被授予全国劳动模范、陕西省优秀出国留学人员、陕西省有突出贡献专家、西安市有突出贡献青年专家等荣誉称号。他主持、承担了多个科技部“863计划”、“973计划”、国际合作重大项目，以及国防科工局军用关键材料“一条龙”重大项目4项，总装预研项目2项，总装瓶颈项目2项，国际合作项目2项；获得国家技术发明二等奖1项、省部级科技进步一等奖3项，国家发明专利40余项；在国内外学术刊物和学术会议上发表学术论文60余篇，其中SCI收录25篇，EI收录10篇，国家会议收录8篇。

郝定均同志简要事迹

郝定均，男，1959年1月出生，西安市红会医院，主任医师。

郝定均，西安市红会医院首席专家、脊柱病医院院长、学科带头人，一级主任医师，博士生导师。他是我国脊柱领域重要领军人才、国家临床重点专科学科带头人、中华医学会骨科学分会副主任委员。

郝定均从事脊柱外科医教研工作30余年，他围绕“严重脊柱创伤外科治疗”这一常见问题，从关键技术创新和器械研发入手，取得了一系列原创成果，建立了严重脊柱创伤修复关键技术新体系。

郝定均揭示了寰椎椎弓根的各种解剖学参数，在国际上首次发现寰椎椎弓根髓腔的有无及大小是螺钉置入的关键性因素；首次发现椎弓根具有可膨胀性，突破寰椎狭小椎弓根及沟环畸形无法置入螺钉的技术难题，破解了寰椎椎弓根螺钉精确固定的技术难题。在此基础上，他发明了寰椎后路复位内固定器械，创立了寰椎骨折仿生复位技术体系，实现了上颈椎术后运动功能完全保留，相关成果分别被编入中国和德国《寰椎骨折治疗指南》。

郝定均发明了复位固定器械 Kumafix 完成“渐进—平稳—有序”的复位固定新技术；发现严重胸腰椎骨折脱位后路一期复位重建手术优于传统前后路联合手术，打破了此类骨折需前后路联合手术的“金标准”，该成果被编入美国《胸腰椎骨折治疗指南》。

郝定均在国际上率先将精原干细胞（SSCs）应用于治疗脊髓损伤的研究，成功将 SSCs 诱导分化为具有生化表型与功能的脊髓神经元；发现嗅鞘细胞活化后可以为 SSCs 的分化和脊髓神经元存活创造良好微环境；发现自组装水凝胶生物支架可负载脊髓神经元在其迁移中起支架引导作用，成果被编入美国专著 Neurotrophins。

郝定均是享受政府特殊津贴人员，先后获陕西省有突出贡献专家、陕西省医药卫生领域顶尖人才、陕西省“高层次人才特殊支持计划”杰出人才、三秦最美医务工作者、最具领导力中国医院院长等荣誉称号，并获得“中国医师奖”、全国五一劳动奖章；主持和参加国家及省部级科技项目 36 项，以第一或通讯作者身份发表 SCI 论文 209 篇，出版专著、译著 12 部；授权发明专利 19 项，转化 7 项，获国家Ⅲ类植入性医疗器械注册证 4 项，欧洲 CE 认证及美国 FDA 认证各 1 项，在国内外广泛应用，取得了巨大社会效益；以第一完成人获国家科技进步二等奖 1 项、省部级科技进步一等奖 3 项、二等奖 3 项，推动了脊柱创伤外科的发展。

张志明同志简要事迹

张志明，男，1964年12月出生，甘肃中医药大学附属医院，主任医师。

张志明，甘肃中医药大学附属医院院长，主任医师，教授，博士生导师，“长江学者”特聘教授，享受政府特殊津贴人员，甘肃省优秀专家，甘肃省领军人才（第一层次），中华中医药学会常务理事，中国医院协会理事、中医医院分会常务委员，甘肃省医院协会中医医院管理分会主任委员，甘肃省医师协会副会长，甘肃省中医药学会副会长。

张志明作为甘肃省名中医，注重发挥中医药特色优势治疗各类疾病，在疑难杂症治疗方面颇有心得，如偏头痛、眩晕、难治性失眠、银屑病、泛发型湿疹等。在急危重症患者抢救中，他坚持现代医学先进技术手段与中医诊疗相结合，多次挽救患者生命，取得了较好的临床疗效。连续5年日均门诊量达160余人次，年门诊量超过20 000人次，在甘肃省“12320网络挂号系统”紧缺程度排名稳居前三。张志明创立甘肃中医药大学附属医院肿瘤科，担任甘肃省中西医结合肿瘤临床医学研究中心主任，坚持“综合衡量、优化治疗、中西结合、突出特色”的肿瘤防治方针，采用个体化治疗策略，紧扣国际肿瘤治疗指南，并配合中医辨证、心理疏导等特色治疗，有效减轻了化疗、靶向等治疗的毒副反应，提高了疗效和患者生活质量。他研发的益髓升白胶囊，用于化疗引起的白细胞减少症的治疗，应用人数超过 6 000 例。张志明作为甘肃省新冠肺炎中医药防治专家组组长，制定防治方案，高效推进甘肃省中医药防治工作。总结“甘肃策略”，凝练出包括预防、治疗、康复的“甘肃方剂”，甘肃省“甘肃方剂”使用率达 97.8%，治愈率达 98.8%，居全国前列。“甘肃方剂”支援武汉和白俄罗斯、泰国，对疫情防控发挥了重要作用，得到钟南山院士及同行认可。“甘肃方剂”得到甘肃省委省政府的重视和支持，扶正屏风颗粒、宣肺化浊颗粒和培土益肺颗粒已获批院内制剂。他围绕新冠中医药防治获批科研项目 8 项，公开发表核心以上学术论文 27 篇，主编专著 1 部，研发用于净化空气及护肤抑菌的中药制剂产品 2 种。

张志明先后获评全国先进工作者，全国卫生系统先进工作者，中国好医生，2017 年医药卫生界“生命英雄”，甘肃省卫生系统玉树抗震救灾医疗卫生救援先进个人，甘肃省防治非典型肺炎工作先进个人，甘肃省科普工作先进个人，甘肃省首届医师奖等荣誉；主持国家级、省级科研项目 15 项，获甘肃省教育厅、科技厅科技进步奖各 1 项，甘肃省皇甫谧中医药科技一、二等奖各 1 项；出版专著 6 部，发表学术论文 60 余篇；研制中药制剂 6 种，申请实用新型专利 4 项。

李宁民同志简要事迹

李宁民，男，1963年8月出生，天水市博物馆，研究馆员。

李宁民，天水市博物馆馆长、伏羲学院院长，研究馆员，享受政府特殊津贴人员，甘肃省领军人才（第一层次），中国博物馆协会理事，甘肃省博物馆协会副理事长，陕西师范大学硕士研究生导师，兰州大学历史文化学院特聘教授，甘肃省文物保护技术咨询专家库专家。

李宁民任天水市博物馆馆长期间，主持完成了全国重点文物保护单位天水伏羲庙保护维修工程，修建了过渡性天水市博物馆，并实现免费开放；主持完成了全国重点文物保护单位胡氏古民居保护维修工程，在修建过程中，征集民间民俗文物和古建筑构件3 000余件，筹建天水民俗博物馆，2011年实现了向社会免费开放。这两项工程先后被甘肃省文物局专家组评为优质工程，伏羲文化研究中心被北京市评为建筑装饰优质工程，李宁民也被甘肃省文物局聘为文物保护专家。

李宁民负责首批国家级非物质文化遗产保护名录“太昊伏羲祭典”的保护传承工作，连续17年负责公祭伏羲大典、民间祭祀伏羲活动的创意、策划和具体组织实施。2013 年，公祭大典上升到由国务院港澳事务办公室、国务院台湾事务办公室、中国侨联与甘肃省人民政府共同主办。2014 年，天水与台湾同时举办共祭伏羲活动，影响及于寰宇。近年来，李宁民筹划成立了全省第一家地市级文物保护修复中心，取得国家可移动文物技术保护资质，并于 2018 年被中国文物保护基金会评为第十届“薪火相传”文化遗产筑梦者杰出团队；筹建天水市文物考古研究所，为天水文物保护修复、地方文化遗产保护作出了重要贡献；全面加强对外文化交流，创办了伏羲学院，开办伏羲讲堂，每年策划举办学术研讨会、学术讲座、文化活动等。李宁民先后主持完成甘肃散见佛教石刻造像的调查与研究（天水卷）、天水市博物馆馆藏文物预防性保护项目等 20 余项文物保护工程和科研项目，出版学术专著、图录 20 余部，发表论文 10 余篇；联合四川博物院等多家博物馆举办 50 多场临时展览，策划举办了各类社教活动 100 余场次，取得了良好的社会效益。

李宁民先后被评为全国文物档案备案工作先进个人、奉献天水 2009 十大人物、甘肃省文化遗产保护先进工作者、甘肃省优秀共产党员、全国文物系统先进工作者，2020 年甘肃省领军人才考核为优秀等次。天水市博物馆于 2006 年晋升为国家一级博物馆，先后获国家、省市各项荣誉 30 余项。

侯生珍同志简要事迹

侯生珍，男，1965年6月出生，青海大学，教授。

侯生珍，青海大学教授，青海省“高端创新创业人才计划”领军人才，青海省自然学科与工程技术学科带头人，高寒牧区放牧藏羊从传统养殖向高效规范化养殖方式转变的研究奠基人。

侯生珍作为青海农牧业科技创新羊产业平台技术研发首席专家，以高度的事业心和责任感带领团队始终基于高原生态要求和藏羊生产实际展开技术攻关。为了获得藏羊生产的第一手资料，他冒着凛冽的寒风和高寒缺氧进行试验研究数据的采集，虽经历了一次次的实验失败，但任何艰难困苦都未让他和他的科研团队退缩。最终，通过艰苦的科学实践和原始创新形成的以藏羊高效养殖技术为代表的一系列关键技术取得了显著的社会效益、经济效益和生态效益，为推动青海省草地畜牧业绿色高质量发展作出了业界公认的重大贡献。

侯生珍通过实施创新驱动发展战略，藏羊高效养殖技术集中攻克了长期制约藏羊高质量生产中存在的诸多瓶颈问题，深化了畜牧学科对藏羊生产规律的认识，实现了藏羊母羊常年均衡生产模式，母羊繁殖由“一年一产”转变为“二年三产或三年五产”，母羊的繁殖率提高 50% 以上，消弭了藏羊母羊季节性繁殖的认识误区，深化了业界对藏羊乃至整个青藏高原畜牧业生产规律的再认识。他研发筛选了高寒放牧藏羊的系列精料补充料，核定了精准饲养和放牧强度等关键生产指标，藏羊母羊产奶量提高 32%，羔羊成活率提高 12 个百分点，6 月龄羔羊活体重比传统养殖提高 112%，建立了藏区藏羊高效养殖的现代技术体系，这是藏羊生产史上的一次重大技术变革。他认为，只有让科研沾泥土、接地气，久久为功，科技才会创造出奇迹，才会有效落实到民生发展上，科技工作者的价值才能得到最好的体现。

目前，藏羊高效养殖技术在青海省大面积应用和推广，以每 100 只母羊为单位，高效养殖比传统养殖多增加收入 3 万余元。6 月龄羔羊达到了出栏标准，当年天然草场承载数量减少 50%，用科技手段有效破解了草地畜牧业生产与草地生态环境保护之间的固有矛盾。侯生珍成为农牧民群众脱贫致富的引路人，彰显了农牧业科技创新的重大意义。

侯生珍先后主持完成了省部级科研项目 20 余项，出版专著 2 部，国内外核心期刊发表科技论文 100 余篇；荣获青海省科学技术重大贡献奖和农业农村部农业技术推广贡献奖各 1 项，以第一完成人获省部级科技奖项一等奖 1 项、二等奖 2 项；先后荣获全国先进工作者、全国五一劳动奖章、全国农业推广标兵、新中国 60 年畜牧兽医科技贡献奖（杰出人物）和中国畜牧十大杰出科技贡献奖等荣誉称号。

金群华同志简要事迹

金群华，男，1963年4月出生，宁夏医科大学总医院，主任医师。

金群华，宁夏医科大学总医院主任医师，教授，宁夏骨关节病研究所所长，宁夏重点学科带头人，骨科首席专家，从事骨科专业医疗、教学、科研30余年，是宁夏地区骨科学领军人物。

金群华在骨科亚专业关节外科和脊柱外科方面，引领宁夏骨科界紧跟国际国内骨科前沿。他提出的“新辅助化疗下骨肿瘤的保肢治疗”既延长了患者生命，又提高了患者生存质量；开展的“颈椎人工间盘置换术”“腰椎疾病的非融合动态内固定术”，不但降低了术后并发症，同时明显提高了疗效；骨性关节炎、风湿病等严重关节畸形患者人工髋、膝关节置换术，在手术难度、手术例数及治疗效果等方面均居省内领先地位；在强直性脊柱炎患者高难度髋关节置换手术方面实现了突破，并实施了难度极高的人工关节翻修手术；成立宁夏首家骨科3D打印工作室，开展了3D打印技术在复杂关节病中的应用、3D打印个体化导航模板在脊柱椎弓根螺钉植入的临床应用，利用3D打印制备的患者个体化植入物进行组织缺损的修复或利用仿生模型进行术前的手术模拟，大大提高了骨科手术的精准性和安全性。以上新技术新业务的开展和应用，有力提高了宁夏骨科医疗服务水平，进一步降低了宁夏骨科疑难病患者外转比例，让基层群众在家门口就能享受到优质的医疗服务。

金群华坚持骨科基础研究，为推动宁夏骨科事业可持续发展奠定了坚实基础。他在国内较早开展人工关节无菌性松动发病机制、临床药物防治和基因治疗研究，在国内外首先提出依那西普对假体周围磨损颗粒诱导的骨吸收有抑制作用并抑制破骨细胞形成和骨吸收，提出依那西普、腺病毒携带 TNF-α-SiRNA 和 BMP-2 基因可以降低骨溶解同时提高骨质形成效率，该方法为防治人工关节无菌性松动提供了治疗方案。他通过流行病学研究，首次提出宁夏地区骨关节炎发病率、危险因素，为预防骨关节炎提供理论依据。他探讨研究 Wnt/β-Catenin 信号通路在骨性关节炎发病中的作用，为精准治疗骨关节炎提供理论基础。他创建宁夏骨关节病研究所，专门从事骨关节疾病的研究，致力于骨关节病、人工关节的基础和临床研究，建立标准化组织标本库。他带领骨科团队成功申报宁夏回族自治区重点学科，成为自治区临床医学研究中心。

金群华被授予宁夏“塞上英才”、卫生部有突出贡献中青年专家等称号；先后主持和参加国家及省部级科技项目 20 余项，获宁夏科技进步奖一等奖 1 项、二等奖 4 项；编写、编译著作 4 部，发表论文 130 余篇。

马依彤同志简要事迹

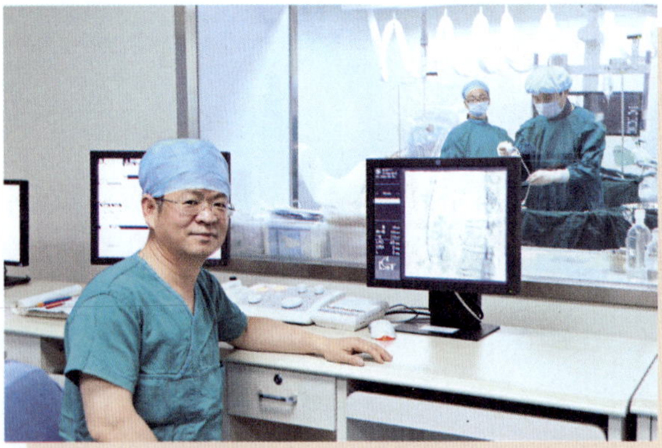

马依彤，男，1961年1月出生，新疆医科大学心血管病中心，主任医师。

马依彤，新疆医科大学教授，主任医师，博士生导师，享受政府特殊津贴人员，“百千万人才工程”国家级人选，荣获国之名医·卓越建树奖、中国医学科学家奖、全国五一劳动奖章、全国优秀科技工作者、全国卫生系统先进工作者、卫生部有突出贡献中青年专家、自治区有突出贡献优秀专家等多项荣誉称号。

30多年来，马依彤和他的团队在新疆率先引进并推广了“冠心病的介入诊疗新技术”“非开胸艾氏封堵器治疗先天性心脏病的临床研究技术”等一批具有国际一流水平的新技术。他亲自主持完成了各种心导管介入手术上万台次。他于20世纪90年代初在新疆率先开展应用非开胸Amplatzer封堵器治疗左向右分流先天性心脏病手术，使动脉导管未闭（PDA）完全封堵率达到100%，急性心肌梗死后室间隔穿孔（VSD）完全封堵率达到93.7%，显著降低了先心病的致残致死率。他成功开展了国内首例“妊娠合并重度二尖瓣狭窄的球囊扩张术”、西北地区首例“双腔起搏除颤器的安装术”、“肥厚梗阻型心肌病的化学消融治疗”。他完成了西北首例、全国第二例双腔起搏除颤器的高难安装技术，主持完成了双室起搏治疗心衰的高新技术，填补了新疆维吾尔自治区的空白。他在西北率先开展干细胞移植治疗急性心肌梗死、主动脉夹层的介入治疗、经导管主动脉瓣置换术（TAVR），使新疆心血管疾病诊治水平得到了全面提高。

马依彤先后获得教育部科学技术奖推广类二等奖 1 项，中华医学科技奖 2 项，省部级高等教育教学成果奖一等奖 1 项，省部级科技进步特等奖 1 项、一等奖 3 项、二等奖 11 项、三等奖 5 项，自治区自然科学优秀学术论文奖一等奖 3 项；授权国家发明专利 3 项，实用新型专利 3 项，公开国家发明专利 16 项。他先后承担“973 计划”前期研究专项课题、国家临床重点专科建设项目、教育部“长江学者和创新团队发展计划”、国家自然科学基金委员会重大研究计划项目、国家自然科学基金—地区联合基金重点项目、国家自然科学基金面上项目等国家级、省级科研课题 30 余项。他先后发表学术论文 500 余篇，以共同通讯作者身份在 Science 和 Nature 子刊发表高质量论文各 1 篇，论文被 SCI 收录 160 余篇，累计影响因子 490 分，主（参）编专著 31 部，主（参）编教材 13 部。

2006 年马依彤被中国教育工会新疆维吾尔自治区委员会评为“新疆维吾尔自治区师德先进个人”，2013 年他被授予“自治区教学名师”称号。他负责的内科学教研室连年获得新疆医科大学优秀教研室，内科学课程获得新疆医科大学校级精品课程；他领导的心血管团队 2013 年获批教育部“长江学者和创新团队发展计划”项目，2015 年被自治区教育工会授予“教育先锋号”称号。

黄炯同志简要事迹

黄炯，男，1963年1月出生，新疆畜牧科学院，研究员。

黄炯，新疆畜牧科学院兽医研究所研究员，从事重大动物疫病防控技术研究工作37年，以兽用生物制品的研发和应用为主要研究方向，在动物疫病疫苗研制、防控技术研究和成果转化应用等方面作出了突出贡献。

黄炯在推动院企科技合作方面发挥了重要作用。通过院企合作，他采取边研究边转化的方式，实现疫苗研究—中试—规模化生产的无缝对接，探索出一条产学研有机结合的成功模式；通过技术创新实现了科技与经济发展的紧密结合，加快转变了行业经济发展方式。针对重大动物疫病、外来病、人畜共患病等严重危害畜牧业发展的农业农村技术需求，他成功研制出系列口蹄疫疫苗产品和地方标准等规范并被广泛应用，为防控国外传入的Asia 1型口蹄疫和国内流行的O型、A型口蹄疫等提供了多价高效系列产品，节约了防疫成本，提升了工作效率和免疫效果，为我国畜牧业健康发展保驾护航。上述成果产品转让多家内地企业，成为新疆生物制药历史上第一个科研成果向外输出的典范，也成为新疆动物疫苗发展史上第一个年产值过亿的产品。这些系列产品的生产应用和转让，促进了新疆动物疫苗产业结构变革，推动了新疆首家畜牧企业天康生物挂牌上市，推动了新疆兽用生物制品技术领域的跨越式发展，创造了特别巨大的经济效益和社会效益。在边境地区草食家畜外来动物疫病和重大动物疫病防控方面，他参加处置了新疆首次小反刍兽疫疫情等，主导处置和有效防控了牛结节性皮肤病等外来动物疫病疫情，防控经验被全国借鉴使用。他研究“草食家畜重大动物疫病疫苗联合免疫”技术，破解了基层防疫技术应用难题，确定了一次联合注射多达 4 种疫苗方法的安全性和有效性，有效提升了动物疫病综合防控能力，该技术由新疆维吾尔自治区畜牧兽医局发文在全疆推广应用。

黄炯先后主持农业农村部、科技部和新疆科技厅等各类项目 20 多项；研究成果获省市科技进步奖 6 项，其中省部级科技进步一等奖 2 项、二等奖 3 项；以“把论文写在大地上、成果留在牧民家”的实干精神，主持和参与研制的重大动物疫病疫苗产品获国家二、三类新兽药证书 6 项并全部实现产业化应用；发表科技论文 150 多篇，主编和参编出版《抗感染药物兽医临床应用》等专著 8 部；培养了 40 多名硕士、博士研究生及一批批奋斗在祖国边境地区防控重大动物疫病和外来动物疫病的技术骨干。他是享受政府特殊津贴人员，先后获得自治区第十批有突出贡献优秀专家，天山英才第一批第二层次、第二批第一层次培养人选，自治区先进工作者等荣誉。

万素梅同志简要事迹

万素梅，女，1968年5月出生，塔里木大学，教授。

万素梅，塔里木大学植物科学学院院长，教授，博士生导师，享受政府特殊津贴人员，国家一流农学本科专业负责人，中国作物学会第六届栽培专业委员会委员，新疆维吾尔自治区作物学重点学科带头人，新疆棉花学会副理事长。万素梅以立德树人为根本，以强农兴农为己任，秉承胡杨精神，坚守在南疆大地辛勤耕耘，致力于农学专业教学和科研工作28年，在人才培养、科学研究、社会服务、学科建设等方面作出突出成绩，助力南疆脱贫攻坚，助推农民脱贫致富，持续为南疆区域经济发展和社会稳定作出了突出贡献。

万素梅作为新疆作物学重点学科带头人，常年致力于服务区域经济社会发展，以解决南疆产业发展存在的问题为抓手，以提高间作复合系统综合生产效率、实现以农养林并提高经济效益为目标，针对南疆产业发展存在的科学问题，开展基础理论研究与应用研究，主持了7项国家自然科学基金、3项国家重点研发计划子课题及多项省部级项目与校企合作。万素梅制定了5项技术规程，形成了农果间作高效种植标准化技术体系。在幼龄果园开展农果间互作调控理论与技术研究，集成研发的“空边挤中”“窄行增密”“间伐稀化”“疏密改造”等技术，有效解决了南疆幼龄果园综合生产效率低的问题。万素梅开展的无膜栽培条件下棉花生长发育研究，揭示了无膜棉耐寒抗旱的生理机制，实现了无膜栽培的“一播全苗”，为解决残膜污染问题提供了借鉴。在科技服务与科研成果转化过程中，万素梅利用“产—学—研—用”一体化基地，形成“核心区示范—辐射区推广—生产区技术服务”的三级示范推广模式，在喀什、阿克苏、和田、巴州及兵团第一师、十四师等地区示范推广应用面积达到 3 289 万亩，新增经济效益 6.4 亿元。在开展科学研究、科技服务的同时，万素梅不忘教书育人职责，培养研究生 18 人，其中，2 人获得优秀硕士学位论文，2 人获得优秀毕业研究生荣誉称号，2 人获得优秀研究生荣誉称号。

万素梅先后主持和参加国家及省部级科技项目 30 余项，获省部级科技进步一等奖、二等奖、三等奖各 1 项；发表论文 70 多篇，授权专利 8 件，软件著作权 4 件，制定地方标准 4 项并在当地推广应用；出版专著 5 部、教材 3 部；获全国最美家庭、兵团五一巾帼标兵、兵团优秀共产党员、兵团农业科技攻关指导服务工作队先进工作者等多项荣誉。

方国根同志简要事迹

方国根，男，1963年4月出生，人民出版社，编审。

方国根，人民出版社哲学与社会编辑部主任，编审，从事编辑出版工作30年，被誉为现代出版业学者型编辑。

方国根熟悉编辑出版工作，始终坚守“为人民出好书”的理念，探索图书精品战略，以“工匠精神”打造学术精品，业务精湛，业绩突出，编辑出版经验丰富，有很强的选题策划和组织协调能力，先后策划、主持、编辑、出版了一大批代表国家水准的高品位、高质量的学术著作和具有品牌效应的丛书，如《道家与中国哲学》《艾思奇全书》《中国道教思想史》《东方哲学史》《金岳霖全集》《希腊哲学史》《李达全集》《中国审美意识通史》《中国道教通史》《中国墨学通史》《中国哲学思潮发展史》《和合哲学论》《公羊学发展史》《中国孔学史》等，以及《哲学史家文库》《中国哲学青年学术文库》等丛书。这些书籍大多作为“十年磨一剑”的精品图书，或被纳入国家和省部级重点出版规划，或填补了学术研究与编辑出版领域的空白，或推动了哲学学科的研究与建设，成为人民出版社的图书品牌和标志性出版物。

方国根努力创新学术图书经营模式，将社会效益放在首位，在追求社会与经济双效益统一的前提下实现经济效益的持续辉煌，他是人民出版社唯一一位以出版学术著作见长并自 2004 年以来一直持续 17 年年创利百万元以上的图书编辑。方国根重视原创性的精品图书出版，其策划编辑的著作《金岳霖全集》《李达全集》《中国道教通史》《中国宗族通史》等被纳入国家出版基金项目，为出版社获得出版资金 500 多万元。方国根积极响应国家“走出去”的文化战略，在“中华学术外译项目”和版权“走出去”上斩获颇丰，其中，以《和合哲学论》《协调性均衡发展》《中国墨学通史》和《中国哲学思潮发展史》等为代表的 20 多种学术著作被译成英、韩、日等多种文字出版发行。

1991—2020 年，方国根先后获中国出版政府奖图书奖（提名奖）3 次和中华优秀出版物奖图书奖 1 次，有 100 多种图书获教育部或各省哲学社会科学成果一、二等奖，有 17 种图书获得人民出版社年度优秀学术著作奖。方国根重视提高自身专业科研能力，多次参加国家社科基金一般项目和重点项目的课题研究，出版有《王阳明评传》（获第八届全国图书“金钥匙” 等奖）、《朱熹大辞典》（副主编，获第十七届华东地区古籍优秀图书一等奖）等，并在《光明日报》《哲学研究》《中国哲学史》《孔子研究》等报刊上发表学术论文及书评 140 余篇。此外，方国根还于 2014 年被评为全国新闻出版行业领军人才，于 2021 年被评为中宣部机关五一优秀个人。

王利明同志简要事迹

王利明，男，1960年2月出生，中国人民大学，教授。

王利明，中国人民大学一级教授，博士生导师，长期从事民法学教学和研究。自1984年留校任教以来，王利明坚持给本科生和研究生讲授《民法总则》《物权法》《合同法》《侵权责任法》等课程，迄今已指导博士生及博士后100余名，硕士生300余名。他指导的学生很多已成长为高校、政法部门的业务骨干，其中有30余人在北京大学、清华大学、中国政法大学等校获聘教授。

王利明积极投身科学立法实践，努力践行民法学者的使命与担当。长期以来，他积极参与国家重要的民事立法，尤其是参与《合同法》《物权法》《侵权责任法》等民事法律的论证、起草等工作。在举世瞩目的民法典编纂中，王利明作为中国法学会民法典编纂领导小组副组长，积极参与民法典的编纂，提出人格权独立成编和侵权责任独立成编的建议，并积极呼吁构建具有中国特色的民法典体系；同时对民法典的许多制度安排提出诸多重要建议，这些建议均被民法典所接受或者采纳，为民法典的颁布作出了重要贡献。王利明长期兼任最高人民法院、最高人民检察院等司法部门和行政机关的专家顾问，在承担着大量司法解释论证、起草工作的同时，还担任北京市、福建省、山东省、国家网信办等省市和政府部门的法律顾问，为政府法治建设作出了重要贡献。

王利明潜心治学，在《中国社会科学》《中国法学》《法学研究》等法学权威刊物发表学术论文300余篇，出版专著20多部并出版《民商法研究（1—9辑）》。根据中国科学文献计量评价研究中心数据统计（2006—2018年），王利明在综合指数和被引频次上均名列法学专业第一。

王利明的论著曾经5次获得高等学校科学研究优秀成果奖人文社会科学一等奖。此外，他出版的专著《司法改革研究》获司法部优秀科研成果一等奖、吴玉章科研基金三等奖，《民法总则研究》获第十四届中国图书奖，《人格权法研究》获第五届中国高校人文社会科学研究二等奖，《我国民法典重大疑难问题之研究》入选新闻出版总署第一届“三个一百”原创图书出版工程，《民法学研究系列》获第八届中国软科学奖特别奖，他领衔主编的《中国民法典释评（十卷本）》获第五届中国出版政府奖图书奖。

王利明曾经2次受邀为中共中央政治局集体学习授课，3次为全国人大常委会、1次为全国政协进行专题讲座。因在法学教育、法治建设领域的重大贡献，王利明先后被评为首届十大中青年法学家、CCTV中国年度法治人物、中国新闻周刊2019年度法治人物和2020年新京报“大国匠心人物”。

周其林同志简要事迹

周其林，男，1957年2月出生，南开大学，教授。

周其林，中国科学院院士，有机化学家，南开大学化学学院教授。1982年毕业于兰州大学化学系，1987年在中科院上海有机所获博士学位。1987—1996年，先后在华东理工大学、德国Max-Planck研究所、瑞士Basel大学、美国Trinity大学进行博士后研究，1996年回到华东理工大学任教，1999年被教育部聘为第一批“长江学者”特聘教授来到南开大学任教。

周其林主要从事金属有机化学、有机合成方法学、不对称催化、生物活性化合物和手性药物合成等研究。他发现了一类超高效手性螺环催化剂，将人工合成的极限提升到一个新的高度，被国内外同行称为“周氏催化剂”，成为合成化学中一个不可或缺的工具，被全球许多研究组借鉴使用，还被多家制药公司用于手性药物的生产。周其林坚守在教书育人一线，一直承担本科主干课的教学任务，录制教育部视频公开课《化学类专业导论》等，为国家培养了80余名优秀博士生、硕士生，学生大多在国内外知名大学、研究机构等任职，多人获国家杰出青年科学基金、优秀青年科学基金项目资助，入选“长江学者奖励计划”等。周其林热心关注化学学科学生和中学化学教师的培养，担任中学生英才计划导师；曾捐款 20 万元用于中国化学会基础化学教育奖金，激励中学教师培养更多热爱化学的学生；捐款 50 万元用于杨石先奖学金奖励优秀学生。周其林历任南开大学元素有机化学研究所所长，元素有机化学国家重点实验室主任，化学学院院长等职务，为南开化学的学科、制度、平台建设及人才培养、引进作出了巨大贡献。

周其林曾获国家自然科学一等奖、未来科学大奖－物质科学奖、中国化学会化学贡献奖等重要学术奖项，被授予“全国教书育人楷模”“全国先进工作者”和“全国优秀科技工作者”等荣誉称号。周其林当选为第十二届全国人大代表，中国化学会副理事长，担任《化学学报》主编、CCS Chemistry 期刊副主编，Acc. Chem. Res. 等十余种国际著名学术期刊的编委或顾问编委。周其林在 Science、Nature Chemistry、Nature Catalysis、JACS、ACIE 等国际权威学术期刊上发表研究论文 280 余篇，出版著作 14 部，主编《中国学科发展战略·合成化学》丛书；获授权专利 13 项（其中国际专利 5 项）；牵头主持国家基金委重大研究计划、重大项目和创新研究群体项目各 1 项，并担任国家“973 计划”项目首席科学家。

赵东元同志简要事迹

赵东元，男，1963年6月出生，复旦大学，教授。

赵东元，复旦大学教授，长期致力于功能介孔材料的基础和创新应用研究，是国际功能介孔材料领域领军人物，被列为全球化学和材料两个领域高被引科学家和最具国际影响力的中国科学家之一。由于其在功能介孔材料的突出贡献和重要的国际影响力，他多次获得国内外重要奖项，在国际上享有崇高的学术地位。

赵东元原创性地提出了单元分步组装机理、有机－有机自组装新概念，将无机介孔材料的合成扩展到有机高分子组成体系，创制了有序介孔有机高分子、碳材料；发明了20余种以复旦大学命名（FDU系列）的介孔分子筛结构，提出了“酸碱对”路线，合成了一系列稳定性高、大孔径、有序介孔金属氧化物、磷化物材料。赵东元在国内外具有重要影响力的顶尖刊物上发表高质量论文770余篇，论文引用次数近12万次（h指数170），在介孔材料功能组装和形貌调控方面，形成了自己的特色，为国际功能介孔材料的发展作出了重要贡献。

赵东元在基础研究领域深耕细作的同时，时刻不忘科研服务国家。面对国家重大战略需求，他成功地将基础研究成果转化到工业应用中，为我国经济发展作出了自己的贡献。在与中国石化的合作过程中，赵东元发明了独特的核－壳结构功能介－微孔分子筛催化剂（FC38），实现了千吨级工业生产，并在齐鲁石化 56 万吨 / 年装置实现了工业化应用，与国际通用 UOP 催化剂相比，催化剂（FC38）中间馏分油收率提高 1.5%，每年可增产 150 万吨航煤和柴油。赵东元创造性地将其发明的壳核结构介孔氧化硅材料作为低介电材料填料，成功应用到信息产业的工业印刷电路板中，目前正在工业化生产阶段，并有望取得突破性进展，将促进我国高新技术电子信息领域的发展。

在繁重的科研工作同时，赵东元依然坚守教师的初心，坚持立德树人，努力教书育人，连续 18 年坚持开设面向全校大一学生的自然科学专业基础课《普通化学》。面对初入校园的学生，他以认真的态度、细致的讲解、耐心的倾听以及详尽的诠释引领学生不断深入探索自然的奥秘。结合材料科学最新进展，他诙谐有趣、深入浅出地讲解化学的基本概念和原理，该课程获得了 2013 年度“上海市教学成果奖”。多年来，他带领教学团队在教学中投入了巨大精力，启发学生创新思维，指导多届本科学生完成了“莙政学者”“望道计划”等研究项目；他指导的研究生中多人已成长为相关研究领域的领军人才和核心骨干，20 余人次入选国家重要人才计划或承担国家重要项目。

夏宁邵同志简要事迹

夏宁邵，男，1964年7月出生，厦门大学，教授。

夏宁邵，厦门大学生命科学学院/公共卫生学院教授，公共卫生学院院长，国家传染病诊断试剂与疫苗工程技术研究中心主任，分子疫苗学和分子诊断学国家重点实验室主任，中国医学科学院学部委员，我国传染病疫苗和诊断试剂研究领域的领军人物。

夏宁邵围绕戊肝、艾滋病、宫颈癌、乙肝和新冠肺炎的防控需求，独创原核表达类病毒颗粒疫苗产业技术体系并用于疫苗创新。他主持研制的全球首个戊肝疫苗，使戊肝成为一种可通过疫苗预防的疾病，目前已在中国和巴基斯坦上市；研制上市的首个国产HPV（人乳头瘤病毒）疫苗，使我国成为欧美之外第三个具备HPV疫苗自主供应能力的国家，造福我国广大女性；研制的首个国产第三代、第四代艾滋病免疫诊断试剂打破国际垄断并远销欧洲等海外市场，推动我国艾滋诊断试剂进入国际先进水平，获国家科技进步二等奖；研制上市全球首个艾滋尿液抗体自检试剂，入选2019年中国医学重大进展，为更有效地发现艾滋感染者提供了有力工具；研制上市的新一代国际“金标准”戊肝诊断试剂，显著提高了戊肝临床诊断准确率，获国家技术发明二等奖；研制上市的全球首个乙肝核心抗体定量检测试剂，可以指导慢性乙肝患者临床精准用药，被写入中国、亚太、加拿大乙肝临床管理指南。夏宁邵带领科研团队向全球疫苗巨头葛兰素史克、赛诺菲巴斯德授权疫苗技术，开了我国向发达国家授权疫苗技术的先河。新冠肺炎疫情暴发后，他率先研制出的全球首个新冠总抗体检测试剂等 24 项检测试剂，在中国、美国、世界卫生组织（WHO）、欧盟等获得 46 项注册证，其中总抗体检测试剂在丹麦、荷兰、捷克、比利时、德国等国际评估中均获评最优，被比利时媒体誉为新冠抗体试剂中的“劳斯莱斯”，获得 WHO 新冠血清学流调建议方案的优先推荐；他与香港大学等研制的鼻喷流感病毒载体新冠肺炎疫苗已完成Ⅱ期临床试验，目前正在菲律宾等国推进海外Ⅲ期临床试验。

夏宁邵作为第一完成人荣获国家科技进步二等奖、国家技术发明二等奖、首届全国创新争先奖、中国专利金奖、第四届转化医学杰出贡献奖、第二届中国细胞生物学学会 -CST 卓越创新转化奖、药明康德生命化学研究奖首届科技成果转化奖等，入选《自然·生物技术》评选的 2016 年度全球转化研究者 TOP20，其带领的团队获评求是杰出科技成就集体奖、全国抗击新冠肺炎疫情先进集体。夏宁邵积极推进研究成果转化，其带领团队研发的疫苗获国家一类新药文号 2 项、巴基斯坦上市许可 1 项，诊断试剂获中国注册证 76 项、美国 FDA 紧急使用授权 3 项、世界卫生组织认证 3 项、欧盟认证 32 项。

肖永平同志简要事迹

肖永平，男，1966年2月出生，武汉大学，教授。

肖永平，国家高端智库武汉大学国际法治研究院院长、教育部人文社会科学重点研究基地武汉大学国际法研究所所长，从事国际法学习、教学、研究和运用30余年，我国国际法研究领军人才。

肖永平始终坚持正确的政治方向，自觉践行社会主义核心价值观，不断追求做人、做事和做学问的统一。他育人为本，为国家培养了一大批高素质涉外法治人才，完成的“深化国际法教学改革，培养具有国际竞争力的法律人才”和“创新参与式实践教学改革，培养国际化应用型卓越法律人才”先后获得国家级教学成果一等奖、二等奖。他潜心学问，一直引领我国国际私法和体育法的发展，努力提高中国法治的国际话语权。作为武汉大学法学院院长，他加强精细管理，带领武汉大学法学学科在2016年进入QS世界大学排名前150，在2017年入选“双一流”学科建设行列。作为教育部基地主任，他开拓创新，领导武汉大学国际法学科始终保持国内领先并不断扩大国际影响力，成功入选首批国家高端智库。作为国家高端智库负责人，他积极探索高校智库建设规律，领导武汉大学国际法治研究院不断提高决策影响力和社会影响力。他兼任外交部国际法咨询委员会委员、顾问，最高人民法院国际商事委员会委员、最高人民检察院专家咨询委员会委员等职，完成的40多份咨询报告被中共中央办公厅、外交部、最高人民法院、商务部等部门采纳，其中13件咨询报告获得中央领导肯定性批示，部分成果被中央决策采用。

肖永平先后主持完成省部级课题15项，出版著作和教材21部，包括个人独著7部，在《中国社会科学》《中国法学》《法学研究》以及国际知名期刊等刊物发表论文200多篇，其中14项成果获得省部级奖励（一等奖4项）。在爱德华埃尔加出版公司出版的Conflict of Laws in the People's Republic of China，被英国著名教授Paul Beaumont评价为"一部能使英语世界准确而全面理解中国国际私法的最新优秀著作"，获高等学校科学研究优秀成果奖（人文社会科学）一等奖。出版的《法理学视野下的冲突法》对完善我国国际私法立法、提高我国国际私法实践水平起到了奠基作用，获第三届全国法学教材与科研成果一等奖；《国际私法原理》构建了独具特色的国际私法教学体系，获第二届全国法学教材与科研成果一等奖；《内地与香港的法律冲突与协调》著作为解决我国区际法律冲突问题提供可行解决方案，获司法部法学教材与法学优秀科研成果一等奖。肖永平先后获享受政府特殊津贴人员、中国法学会"全国十大杰出青年法学家"、中宣部"文化名家"暨哲学社会科学领军人才、湖北省"最美社科人"等荣誉。

冯小明同志简要事迹

冯小明，男，1963年10月出生，四川大学，教授。

冯小明，著名有机化学家，中国科学院院士，英国皇家化学会会士，享受政府特殊津贴人员，国家创新研究群体学术带头人，“百千万人才工程”国家级人选，“长江学者和创新团队发展计划”创新团队学术带头人，四川大学化学学院教授，博士生导师，任Angewandte Chemie、Advanced Synthesis & Catalysis等12个国内外学术刊物的编委或顾问编委。

冯小明长期从事不对称合成方法学及手性医药、农药和具有生物活性化合物的合成研究，针对不对称合成中发展新型优势手性催化剂、新反应、新方法和新策略等核心科学问题，历时20多年进行系统深入的研究，取得了国际领先的原创性成果。冯小明以廉价易得的氨基酸为手性原料，设计合成了多种原创性和具有中国人标签的特色手性催化剂，其中手性双氮氧－酰胺化合物被称为“冯催化剂”面向全球销售，为优势手性催化剂的设计提供了新的理论指导。冯小明建立了手性双氮氧－金属配合物催化剂库，实现了60多类重要的不对称反应，包括20多类全新的化学反应和前人无法实现的挑战性反应，创造了第一个中国本土研究工作被国际人名反应专著命名的有机人名反应——“Roskamp-Feng”反应（Feng 即冯小明），并修正了美国通用有机化学教材中关于“不能制备手性中心位于两个羰基之间的光学活性 β-酮酸酯”的结论。冯小明发明了一系列具有自主知识产权的不对称催化新方法和新策略，为 30 多个手性天然产物、药物和候选药物分子提供了简单、高效的合成途径。冯小明相关研究成果入选“2011 年中国高等学校十大科技进展”，中国科学院《2012 科学发展报告》和《国家自然科学基金资助项目优秀成果选编》，为我国不对称催化合成领域的快速发展作出了卓越贡献。

冯小明先后承担了国家级、省部级项目和人才计划 14 项，现已在国内外化学学术刊物上发表 SCI 论文 440 余篇，应邀在 Chem. Rev.、Acc. Chem. Res. 等化学顶级期刊撰写综述 15 篇，以及国内外专著 17 个章节，获授权美国发明专利 1 项、中国发明专利 6 项；获国家自然科学二等奖 1 项、教育部自然科学奖一等奖 2 项，以及未来科学大奖物质科学奖、全国创新争先奖章、陈嘉庚科学奖、何梁何利基金科学与技术进步奖、杰出教学奖、四川省科技杰出贡献奖、四川杰出人才奖、中国化学会-中国石油化工股份有限公司化学贡献奖、中国化学会手性化学奖、黄耀曾金属有机化学奖和有机合成创造奖。此外，他被授予全国优秀博士学位论文指导教师、全国优秀教师和四川省模范教师等荣誉称号。

王春辉同志简要事迹

王春辉，男，1973 年 1 月出生，工业和信息化部电子第五研究所，高级工程师。

王春辉，工业和信息化部电子第五研究所可靠性与环境工程中心党总支书记、主任，高级工程师，国家装备试验鉴定咨询委员会委员，全国电工电子产品环境条件与环境试验标准化技术委员会（SAC/TC8）委员，入选广州市高层次人才。王春辉长期奋战在国家重大工程装备通用质量特性试验鉴定和分析评价技术工作一线，爱岗敬业，业绩突出，多次获得上级机关的赞扬和所在单位先进工作者、优秀党务工作者等荣誉称号。

王春辉拼搏奋斗讲奉献，是新时代的劳动楷模。他深耕行业 25 年，为了摸清装备在极端边界环境条件下的性能，克服了西沙的高温、高湿、高盐雾、少淡水，战胜了拉萨高原的缺氧、漠河的严寒等重重困难，常年出差超过 200 多天，是新时代的军工铁人！他先后为多型国家重大工程装备开展了通用质量特性技术支持和试验鉴定工作，通过累计超过 10 万小时的试验、上千个问题的发现与解决，显著提高了装备质量可靠性水平与任务成功率。此外，王春辉参与了纪念中国人民抗日战争暨世界反法西斯战争胜利 70 周年阅兵、庆祝中国人民解放军建军 90 周年阅兵受检阅的大部分装备研制试验鉴定工作。

王春辉开拓创新有突破，是装备质量技术引路人。他带领技术团队围绕装备通用质量特性评价开展技术攻关，突破了大气－热环境组合、大气－恒载拉力耦合试验等关键技术，在可靠性试验技术、环境腐蚀防护技术等方面填补多项技术空白，解决了大型复杂系统考核、高可靠性指标产品的快速验证等多项难题，在国内首次实现了大流量冷却条件的高空综合环境模拟、海洋岛礁多因素环境模拟等能力，引导我国装备质量技术水平获得飞跃进步，助力国家“创新驱动”和“质量为先”战略实施。

王春辉成果转化显硕果，是装备质量建设贡献者。他提出的寿命评估技术方法，在多个寿命评估工作中推广应用，有效提高了装备贮存寿命，节约了大量经费；在民用飞机、智能制造装备、高端仪器仪表、医疗器械、机器人、无人机、集成电路装备等领域重点开展技术攻关，先后建成了机器人、汽车电子产品、无人机等 3 个国家质量监督检验中心，主持编写行业标准，为相关行业提供科学公正的公共技术服务，为行业高质量发展提供保障。

王春辉先后主持和参加国家及省部级科技项目 20 余项，发明专利 10 余项，获中华全国总工会授予的“全国工人先锋号”、工业和信息化部国防科学技术进步奖二等奖、广东省直机关优秀党务工作者、中国腐蚀与防护学会科学技术奖一等奖、广东省五一劳动奖章等荣誉。

杨圣敏同志简要事迹

杨圣敏，男，1951年1月出生，中央民族大学，教授。

杨圣敏，中央民族大学资深教授，中国民族学学会名誉会长，教育部人文社会科学重点研究基地中央民族大学中国少数民族研究中心学术委员会主任。他长期从事民族学和民族史教学与研究，是中国民族学人类学界的领军人才。

杨圣敏在近40年的时间里坚守讲台、传道授业，是国家级教学名师。他带领民族学教师团队探索并实践了“参与研究型教学”人才培养模式，培养了一批专业基础扎实、综合素质过硬的学生。他主讲的《中国民族志》是北京市高校精品课程。他积极倡导教材建设与改革，组织教师自主编撰的教材被国内外高校相关专业广泛使用，并被翻译成多国文字出版发行。在他担任民族学与社会学学院院长的15年里，中央民族大学民族学专业在教育部学科评估排名中一直名列前茅。

杨圣敏致力于创建民族学人类学的中国学派，倡导要坚持发展马克思主义民族学，并为此作出了突出贡献。他着力推动以问题为导向、着眼解决当代社会问题的学科发展范式。他主持建立了中央民族大学世界民族研究中心，聚焦世界民族问题研究，拓宽了中国民族学研究的学术视野。由他牵头创建的“城市民族学”交叉学科于2019年被北京市确立为“高精尖”学科。

杨圣敏秉持学术研究为现实服务的宗旨，坚持理论联系实际的原则，其多年学术研究、经验积累和深入思考所形成的具有深刻内涵的观点，对党和国家处理民族问题具有理论及实践上的借鉴意义。作为民族研究领域专家，在长期为有关部门提供决策咨询的同时，他还积极参与对外交流，在国际舞台讲述中国故事、传播中国声音。

杨圣敏始终把维护民族团结和促进民族地区发展作为研究重点，参与主持了中国人口较少民族经济和社会发展调查研究，深入全国22个人口较少民族地区进行实地调查，研究成果为国家出台支持人口较少民族发展的政策提供了重要参考。他坚持深入边疆民族地区开展实地调查，曾数十次赴新疆对维吾尔、塔吉克等民族开展基层社区调查，走遍了天山南北的大漠、绿洲和牧场，主持做过1 500余户、10 000余人次的入户访谈和问卷调查，大量的调查数据使其对新疆问题有深入的了解和认识，形成的多项研究成果对促进新疆经济社会发展起到了积极作用。

杨圣敏先后获得国家级教学名师、全国民族团结进步模范个人、全国教材建设先进个人等荣誉称号；先后主持和参加国家重大研究任务、省部级科研项目30余项，出版专著和参与主编著作10余部，发表论文100余篇，撰写高质量研究报告30余篇。

党亚民同志简要事迹

党亚民，男，1965年2月出生，中国测绘科学研究院，研究员。

党亚民，自然资源部中国测绘科学研究院二级研究员，国际欧亚科学院院士；“百千万人才工程”国家级人选，享受政府特殊津贴人员。他长期从事大地测量基准和卫星定位测量领域研究工作，是我国大地测量学科领域领军人物之一。30多年来，党亚民在一线科研岗位默默奉献、潜心攻关，面向国家重大需求，多次带领学科团队，临危受命，攻克了多个国际重大科技难题，填补了国家科技和测绘成果空白。

党亚民研究员作为“2020珠峰高程测量”专项工程技术协调组组长，带领我国科学家团队，首次实现了珠峰高程测量国产装备多传感器优化组合、多维度测量技术并举的历史突破。首次设计并实现了珠峰峰顶及周边区域航空重力、光学和激光遥感测量的历史性突破，在全球最高海拔区域首次实现了全球高程基准，大幅提升了珠峰高程测量的精度。2020年12月8日，习近平主席和尼泊尔总统班达里共同宣布最新珠峰高程。珠峰高程测量这一项目成果成功入选2020年“中国科学十大进展”。

复杂环境远海岛礁测绘是一项世界技术难题，作为国家海岛礁测绘专项工程技术负责人和海岛礁测绘国家重大科技项目负责人，党亚民带领由国内数十家科研单位、高校和相关单位组成的科研攻关团队，系统解决了长期困扰世界涉海各国海岛礁精确测绘技术难题，填补了国家科技成果空白。他首次提出的全海域基准“控制点”和“模型”综合的海岛礁测绘基准构建方法，解决了陆海测绘基准统一与远海基准传递技术难题；首次提出了瞬时水位高程控制的海岛礁无地面控制测图技术，攻克了海岛岸线遥感精细测绘和多尺度岸线综合技术难题。上述研究成果为国家海岛礁专项工程的顺利实施提供了有力的技术支撑。

党亚民力推北斗国家测绘基准技术平台构建，拓展北斗地灾监测应用，先后牵头国家部委北斗测绘基准平台构建和北斗灾害监测应用项目，提出了区域地壳稳定性多因子贡献率辨识与稳定性异常辨识相结合的区域地壳稳定性定量评估方法，拓展了北斗地灾监测应用新领域。

党亚民先后荣获国家和省部级奖 10 多项，其中作为第一完成人获国家科技进步二等奖 1 次，省部级特等奖、一等奖 3 次；发表学术论文 300 余篇，以第一作者出版学术专著 5 部。

席北斗同志简要事迹

席北斗，男，1969年10月出生，中国环境科学研究院，研究员。

席北斗，中国环境科学研究院总工程师、国家环境保护重点实验室主任，研究员，首批国家环境保护专业技术领军人才，“百千万人才工程”国家级人选，从事固体废物处置与资源化20余年。席北斗积极投身于社会主义现代化国家建设新征程，以前沿科技创新提供有力科技支撑，以践行环保科技的人民性为己任，他埋头苦干、敢为人先，为生态文明建设添砖加瓦，实现了一名生态环保工作者的初心和使命。

席北斗紧紧围绕国家生态环境保护重大需求，为生态环境部重点工作提供科技支撑。针对我国固体废物环境污染和资源浪费的突出问题，他主持了国家杰出青年科学基金项目、科技支撑重大项目和科技重大专项项目等20余项项目课题。他从一开始闻到垃圾味道就会过敏、呕吐，到最后整日封闭在高温环境下做实验，和同事日夜攻关，研发了高含水固废快速脱水减量和分类分质、高有机固废生物强化定向腐殖化、高堆填固废污染精准识别与系统防治关键技术装备。

在乡村振兴的大背景下，他带领产学研团队在我国五大典型区域建立村镇环境综合整治科技示范，形成系列村镇环保技术规范指南，其经验被生态环境部推广；研发填埋地下水污染调查、移动式检测、强化修复等系列技术、设备及规范指南，带领团队指导完成全国两千余座填埋场污染调查评估，并在江苏响水“3·21”特别重大爆炸事故、“8·12”天津滨海新区爆炸事故等应急地下水污染防治中发挥作用。

在“十三五”期间，为服务好污染防治攻坚战，席北斗积极投身于长江大保护的科研工作，开展重点城市跟踪驻点研究，提出“固—水—土”协同共治技术模式，建立了郧阳有机废物资源化还田、面源污染控制工程示范，推进了减污降碳协同，该模式被国家发展改革委树为范例，并应用于瑞金等无废城市试点建设。

基于一线工作经验，他与团队提出京津冀、长江经济带、雄安新区等环保相关政策建议 9 项，3 项被中共中央办公厅、国务院办公厅、全国人大采纳，6 项被生态环境部采纳。他积极服务国家战略与环境科技发展，获国家中长期科学和发展规划领导小组及中国工程院、生态环境部表彰。

席北斗发表论文 200 多篇，授权国内外发明专利 80 余项，主编、参编相关标准规范指南 23 项，成果建设成为生态环境部、科技部科技示范，并在中共中央办公厅、国务院办公厅、生态环境部督办的重污染治理工程中发挥关键作用；获国家技术发明二等奖 2 项、国家科技进步二等奖 1 项，以及 2018 年光华工程科技奖，为我国固废减量化、资源化、无害化“三化”协同科技创新作出了贡献。

姚亚波同志简要事迹

姚亚波，男，1961年4月出生，首都机场集团有限公司，正高级工程师。

姚亚波，北京新机场建设指挥部总指挥，北京大兴国际机场总经理，正高级工程师。

作为北京大兴国际机场建设运营的总负责人，姚亚波认真践行“人民航空为人民”的理念，瞄准世界一流，打造亚洲门户枢纽。从2010年开始，他带领团队长期奋战在大兴机场建设一线，创造了大兴机场工程建设和投入运营的非凡业绩，向党和人民交上了一份满意的答卷。

姚亚波是民航机场建设领域改革发展的标志性人物。自20世纪80年代以来，他先后参与主持过数十个国内外机场的设计建设工作。他把这份如琢如磨的心血都凝结在大兴机场的规划建设上。大兴机场地跨北京、河北，是京津冀协同发展、交通先行、民航率先突破的标志性工程。其航站楼五指廊构型、三层出发两层到达设计均为世界首创；一次性建成“三纵一横”四条跑道属全球仅有；多轨道交通纵贯穿越，为世界一流的“零换乘”大型立体综合交通枢纽。全部工程一次验收合格率100%，13项关键建设指标全部达到世界一流。姚亚波高度重视自主创新，大兴机场工程共开发应用 103 项新专利、新技术，65 项新工艺、新功法，国产化率达到 98% 以上，树立了行业绿色航站楼建设标杆。

姚亚波是“建设运营一体化”理念的践行者，他带领团队在 3 个月时间里顺利完成校飞、试飞、8 次大规模综合演练等重大任务，圆满完成大兴国际机场“9 · 25”投运的光荣使命，向新中国 70 周年华诞献礼。投运第一年，大兴机场年旅客吞吐量突破 1 500 万人次，实现了安全运行零事故，重大保障零失误，航班准点率在全国千万级机场排名首位，旅客满意度 ACI①指标为满分，获得 ACI 2020 年度亚太地区最佳机场奖、最佳卫生措施奖、CAPSE② 2020 年度机场创新服务奖第一名等荣誉，并被命名为全国爱国主义教育示范基地。

以“引领世界机场建设，打造全球空港标杆”为目标，姚亚波不辱使命，带领大兴机场建设项目团队先后荣获中国建设工程鲁班奖，国际卓越项目管理大奖金奖，中国钢结构金奖杰出工程大奖，全国绿色建筑创新一等奖，民航科技进步一等奖等国内外知名大奖。大兴机场荣获北京市绿色生态示范区，并于 2020 年 9 月 1 日顺利完成竣工环保验收，成为全国第一个在开航一年内完成竣工环保验收的大型枢纽机场。

姚亚波先后获得全国民航五一劳动奖章和全国五一劳动奖章等荣誉称号，是享受政府特殊津贴人员。他牵头组织开展国家科技支撑计划项目“绿色机场规划设计、建造及评价关键技术研究”，研究成果总体达国际领先水平。他主持了 12 部行业首批绿色标准和规范性文件的编制，主导建立绿色机场实验室，主持编写《绿色机场评价理论与实践》和《解密北京大兴国际机场海绵建设》等著作。

---

① ACI：国际机场协会。

② CAPSE：民航旅游服务测评。

李原园同志简要事迹

李原园，男，1964年9月出生，水利部水利水电规划设计总院，正高级工程师。

李原园，水利部水利水电规划设计总院副院长，正高级工程师。他从事水利规划编制、水资源研究工作37年，是我国水资源水生态学科发展新领域的开拓者、规划技术体系的创建者以及技术政策体系革新的引领者。

作为技术总负责人，李原园主持了全国水资源调查评价、全国水利普查等全国性重大资源环境基础调查评价，摸清了我国水资源、水生态、水环境和水风险状况，揭示了不同类型地区水资源、水生态及干旱洪涝的演变规律与成因，形成了一整套国家水资源、水生态、水环境、水风险动态台账与信息平台。他开创性地开展了关于水资源优化配置与经济社会生态保护协同发展、流域水循环与河湖水系连通、水资源承载能力、干旱洪涝风险识别与调控、气候变化适应措施等科研工作，攻克了一大批水资源开发利用、江河流域综合治理、水生态水环境修复保护的重大关键技术难题。他主持了全国防洪规划、全国水资源综合规划等多项重大水利规划和国家重要功能区区域规划编制，在水利规划理论技术方法以及解决水资源开发治理保护的重大技术问题等方面取得了大量突破性研究成果，形成和完善了我国的水利规划技术体系；主持了多项流域区域水资源调配、江河流域治理、水生态修复治理方案以及重大水工程建设方案论证工作，解决了一批流域区域资源环境协同发展、灾害风险控制、重大水工程建设等重大技术方案与难题；主持了最严格水资源管理、水利发展战略目标布局等多项事关水利发展全局的国家重大资源环境战略与政策研究，成果得到国务院、国家发展改革委、水利部的批准并实施；主持了我国与周边国家跨界河流技术谈判工作，开展大量国际河流涉外谈判基础性研究。他主持和参与多项与国际组织、国外研究机构有关的中国水资源、水环境、水管理等合作项目研究，引进吸收国外先进技术和经验；多次代表政府参与联合国系统及亚洲开发银行、世界银行有关全球可持续发展、水资源水生态保护、气候变化应对、水政策制定等方面的评估与谈判工作，为拓展我国水利国际影响力、维护我国权益作出了突出贡献。

李原园是“百千万人才工程”国家级人选，享受政府特殊津贴人员，荣获“全国水利系统先进工作者”等荣誉称号，先后主持或参加国家及省部级项目 110 余项，获得国家科技进步奖二等奖 1 项、全国优秀工程设计奖（国家级）银质奖 1 项、大禹水利科学技术奖一等奖 5 项、全国优秀水利水电工程勘测设计奖金质奖 3 项、全国优秀工程咨询成果奖一等奖 4 项；出版专著 30 余部，发表论文 60 余篇。

胡培松同志简要事迹

胡培松，男，1964年5月出生，中国水稻研究所，研究员。

胡培松，中国工程院院士，中国水稻研究所所长，研究员。他从事水稻品质遗传改良研究30余年，在种质创制、品质高效评价和优质稻培育等方面取得多项原创成果，为我国籼稻品质遗传改良作出了重要贡献。

胡培松作为水稻品质遗传改良研究创新团队首席科学家，育成一级优质香稻新品种，填补了国内空白。他建立了全球香稻资源圃，系统评价了1 323份香稻种质，323份实现共享；发明了香味特征物质简化测定方法，获发明专利2项。他培育的“中香1号”“中健2号”“中佳3号”等一级优质香稻品种，品质可与著名泰国香稻“KDML105”媲美，产量提高近一倍，填补了我国高档优质香稻品种的空白。“籼型优质香稻品种培育及应用”获2009年国家科技进步二等奖。

胡培松发现和利用品质温度钝感材料创建了优质食用早籼高效育种技术体系，其培育的“中优早3号”“中鉴100”“中鉴99-38”等系列主导品种培育应用改写了长江中下游早籼稻无二级优质米的历史。“中优早 3 号”是国内第一个二级优质米早籼品种，1997 年获国家技术发明四等奖；“优质早籼中优早 5 号”等应用被列为 1998 年中国十大科技进展；1999—2009 年“中鉴 100”一直居优质早籼应用面积前列。“优质早籼高效育种技术研创与新品种选育应用”获 2012 年国家科技进步二等奖。

胡培松育成超高产专用早稻品种“中嘉早 17”，是 1991 年以来唯一单年应用超千万亩的早稻品种。他首次提出了专用早籼稻品种选育高效新方法，研创了米粉专用稻高效育种体系，确立了回生值和崩解值是筛选米粉稻的关键技术指标，培育的专用品种“中嘉早 17”连续 7 年被农业农村部推荐为主导品种，连续 5 年是全国年应用面积最大的籼稻品种。该成果 2020 年获国家科技进步二等奖。

胡培松育成优质食味品种“华浙优 261”，并于 2020 年两次摘获食味评鉴金奖。该品种所有米质指标均达到国优 1 级，是国家区试中首个米质一级、产量排同组首位且中抗稻瘟病的品种。它适应性广，在长江上游、中下游及华南稻区均可种植，市场潜力大。凭借米饭莹润、软韧、清香的特点，在 2020 年第三届黑龙江国际稻米节以籼稻组总分第一名的成绩获得金奖，并获第三届全国优质稻品种食味品质鉴评（籼稻）金奖。

胡培松先后育成以“中嘉早 17”为代表的系列优质专用品种 59 个；以第一完成人获得国家科技进步二等奖 3 项，获国家发明四等奖 1 项，省部级二等以上奖励 10 项；获发明专利 21 项，新品种权 17 项；以第一或通讯作者身份在 Molecular Plant 等 SCI 杂志发表论文 50 余篇。

田周玲同志简要事迹

田周玲，女，1978年3月出生，国家图书馆，研究馆员。

田周玲，国家图书馆研究馆员，国家图书馆古籍馆文献保护组组长，古籍保护科技文化和旅游部重点实验室副主任，国际标准化组织信息与文献标准化技术委员会文献存储要求分委员会和保存条件分委员会专家，北京市档案学会保护技术委员会专家。她从事文献保护科研工作十余年，是我国文献保护科学研究的主要领航员。

田周玲作为文献保护的学科带头人，多年来致力于延续珍贵古籍文献寿命，抢救珍贵文献，开展科研攻关和科技创新。2014年，田周玲负责筹建的古籍保护实验室被评为古籍保护科技文化部（现文化和旅游部）重点实验室。在文献纸张脱酸研究方面，田周玲先后进行了文献纸张酸化的检测技术研究、酸化情况调研、国外批量脱酸技术对比，并在此基础上自主研发了具有创新性的文献纸张脱酸技术。该技术采用无水液相方法进行脱酸，可实现整本、批量、一体化、全自动脱酸。采用的脱酸液体安全、无闪点，脱酸剂粒度更小、渗透性更强、脱酸效果好。文献经过整本脱酸后无液体残留，干燥快，不变形，对各类字迹材料没有影响。该技术价格更低，脱酸效率更高，安全性更强，现已获得两项国家发明专利。《光明日报》和《中国文化报》对此作了专门报道。该项脱酸成果已进行了示范应用，以抢救大量濒危文献，延续中华文脉。

田周玲主持国家及省部级科研项目 10 余项，其中，国家文化科技提升项目 1 项，文化和旅游部重点实验室资助项目 3 项，民国时期文献脱酸研究与脱酸设备研制项目 2 项，广州大典研究中心项目 1 项，民国时期文献保护计划规范制定项目 1 项，国家图书馆课题 2 项。参与修改国际标准 2 项，主持和参与国家及行业标准 7 项；获得发明专利 3 项，实用新型专利 2 项；出版专著 2 部，发表专业论文 30 余篇；自主研发 2 台脱酸设备、1 台文献除尘设备，参与研发的纸浆补书机等设备已在国内外大量推广和使用。2015 年田周玲应邀赴英国国家图书馆进行甲骨保护方面研究交流，2017 年赴德国参加国际标准化组织年会，2021 年参加国际标准化组织网络视频年会。田周玲在《国际保护通讯》（International Preservation News）等国际期刊上发表论文多篇，多次受邀在国内外学术会议上做报告，为北京大学、复旦大学、中山大学、中国社科院和天津师范大学等高校的研究生授课，参与民国时期文献保护计划宣讲活动。田周玲负责组织编写的《文献保护中英双解词语手册》促进了文献保护相关词汇的规范化和标准化，填补了国内空白，为国际交流提供了便利。

徐建国同志简要事迹

徐建国，男，1952年4月出生，中国疾病预防控制中心，研究员。

徐建国，中国工程院院士，医学微生物学家，中国疾病预防控制中心传染病预防控制所研究员，传染病预防控制国家重点实验室主任，“艾滋病和病毒性肝炎等重大传染病防治”科技重大专项技术副总师，中国微生物学学会副理事长，中国疾病预防控制中心传染病预防控制所原所长。

徐建国及其团队从事新发、突发、不明原因性传染病疫情的病原学研究40余年，主持完成了多起在我国有较大影响的传染病疫情或事件的病原学调查，包括1995年山东发生的多细菌协同性坏疽、1997年四川德州星状奴卡氏菌注射感染事件、1999年苏皖肠出血大肠杆菌O157：H7暴发、2003年人工饲养果子狸携带SARS病毒调查、2005年四川人感染猪链球菌暴发、2005年脑膜炎奈瑟氏菌4821序列群暴发、2006年安徽人粒细胞无形体病院内传播、2010年玉树地震灾后鼠疫防控、新冠肺炎疫情处置等。新冠肺炎疫情暴发后，2020年1月8日，徐建国担任国家卫生健康委员会“病原检测结果初步评估”专家组组长，对中国疾控中心、中国科学院、中国医学科学院的病原学结果进行评估。他和专家组成员一起，在科赫氏三原则尚未满足的情况下，依据现代病原学和生命至上理念，初步将病原体认定为新型冠状病毒，为疫情控制明确了方向，赢得了时间。作为国家卫生健康委员会、科技部、工程院等多部委的专家，徐建国参与起草多项疫情防控策略和建议，为国家献计献策。徐建国在我国发现 2 种新发传染病（大肠杆菌 O157 ∶ H7 感染、人粒细胞无形体病），发现 6 种新的发生变异的具有重要公共卫生意义的病原体（脑膜炎奈瑟氏菌 4821 序列群、序列 7 型猪链球菌、福氏志贺氏菌 Xv 血清型、大肠杆菌 O157 ∶ H7 序列型 96、产毒性集聚性粘附弗氏枸橼酸菌、巴黎链球菌等）。10 余年来，徐建国开展了青藏高原野生动物微生物研究，先后提出行为生态传染病观点和反向病原学理论，发现命名了 50 余种新的细菌和一些新病毒。他所取得的科研成果，提高了传染病疫情应急处置的科技水平和控制效果。徐建国非常注重人才队伍的培养和技术储备，具有较强的组织协调能力和团结协助精神，他充分发挥专家的作用，建立了一支处置突发疫情的应急队伍，在历次重大应急事件中，圆满完成了任务，受到了表彰。

徐建国在 JAMA、Lancet、Clinical Infectious Diseases，Journal of Infectious Diseases，Emerging Infectious Diseases 等期刊发表 SCI 论文 200 余篇；1996 年获国家自然科学基金杰出青年科学基金，1997 年获国家科技进步二等奖，2001 年获何梁何利奖，2011 年当选中国工程院院士，2013 年被《健康报》等评为“生命之托 · 希望之诺　医药卫生界 30 年‘生命英雄’”之一，2020 年被中宣部和国家卫生健康委员会授予“中国好医生”称号。

詹庆元同志简要事迹

詹庆元，男，1970年9月出生，中日友好医院，主任医师。

詹庆元，中日友好医院呼吸与危重症医学科四部、五部主任，教授，主任医师，北京协和医学院及首都医科大学博士研究生导师，中国医师协会内科医师分会副会长，中国医师协会呼吸医师分会危重症医学工作委员会主任委员，中国医师学会重症医师专业委员会常委，中国医师学会体外生命支持专业委员会常委，中国心胸麻醉学会体外生命支持专业委员会副主任委员。

詹庆元作为我国呼吸危重症专业领域的学科带头人，在临床领域，建立了系统、规范的呼吸监测与支持体系，建成了国内最大的呼吸体外膜肺氧合（ECMO）救治中心，连续3年收治重症流感病毒性肺炎患者居北京市首位，所在科室为国内最具影响力的呼吸危重症临床救治中心。在教学领域，詹庆元带领团队每年培养呼吸专科医师、重症加强护理病房（ICU）医师约150人次，为全国各地培训专业人员3 000余人，招收博士及硕士研究生40余名（已毕业27名），将科室建设成为国内最大的呼吸危重症专业人才培养基地。在研究领域，詹庆元以呼吸支持技术及重症肺部感染为主要研究方向，对无创正压通气（NPPV）的应用指征、呼吸机相关肺损伤发生机制及防治策略、ECMO 的临床应用及重症感染进行了深入研究，近 5 年承担国家级课题 5 项，省部级课题 4 项，横向课题 3 项，累计获得资助 1 000 万余元，使所在科室成为国内最重要的呼吸危重症研究与创新中心。此外，詹庆元创立了“重症肺言”及“魔肺故事”微信平台进行健康科普，得到广大患者的关注与欢迎；牵头组织实施 207 家医院参与的全国呼吸危重症协作组；应用 ECMO 成功救治武汉市中心医院两位感染新冠肺炎的“黑脸医生”，获得广泛的社会认同。詹庆元多次出席国家卫生健康委员会新闻发布会并接受媒体采访，广泛宣传新冠肺炎临床救治情况及防控知识，取得显著社会效益。

詹庆元共发表论文 180 余篇，其中 SCI 50 余篇；主持撰写指南、共识 7 部，包括我国首部“ARDS 机械通气指南”及我国首部“ECMO 治疗重症呼吸衰竭的临床应用共识”；主译专著 3 部，副主编专著 8 部，副主译专著 1 部，参编教材与专著 30 余部；获北京市科技进步二等奖、中华医学科技一等奖和国家科技进步二等奖各 1 项，是“百千万人才工程”国家级人选，北京市首届十大杰出青年医生。援鄂抗疫期间，詹庆元作为主要负责人之一，带领团队获得全国卫生健康系统新冠肺炎疫情防控工作先进集体、中国青年五四奖章等荣誉。

邢继同志简要事迹

邢继，男，1964年10月出生，中国核工业集团有限公司中国核电工程有限公司，正高级工程师。

邢继，中国核电工程有限公司总工程师，中核集团“华龙一号”总设计师，核电站设计建造技术领域首席专家，正高级工程师。他从事核电工程设计研究及管理工作34年，潜心打造“国之重器”。他先后主持完成我国首座自主百万千瓦级核电站设计（岭澳二期），制定改进型百万千瓦核电标准设计，为中国核电批量化自主建设奠定了基础；以最高安全标准及高效清洁的创新设计，带领团队研发具有我国完全自主知识产权的三代核电技术“华龙一号”，突破一系列技术难题，为我国压水堆核电技术创建自主品牌、实现系列化和跨越式发展作出突出贡献。作为“国家名片”，“华龙一号”带动中高端装备制造业及相关服务“走出去”，对落实我国核电发展规划与“一带一路”倡议起到重要推动作用。

作为岭澳二期总设计师，邢继主持开展500余项技术改进，突破了“翻版加改进”中的技术难题，显著提高核电站安全水平且达到国际同类机组先进水平，实现了国务院提出的依托岭澳二期核电项目掌握百万千瓦级核电机组核心技术的“四个自主化”。

在中核集团研发具有自主知识产权的百万千瓦级压水堆核电型号CP1000（二代改进型）过程中，邢继作为总设计师，确定以“177 堆芯、单堆布置和双层安全壳”为代表的 22 项重大技术改进，进一步提高了安全性，完成了我国首个具有三代特征压水堆核电型号的研发。

邢继担任中核集团“华龙一号”总设计师，主持型号研发和示范工程设计，提出以“能动与非能动相结合”为核心的一整套先进核安全理论并应用于“华龙一号”示范工程，该理论涵盖完善的严重事故预防和缓解措施，可有效应对地震和海啸等极端外部灾害，已被国际原子能机构最新发布的安全标准采纳，其先进性、成熟性、安全性与经济性得到国际普遍认可。“华龙一号”全球首堆工程中核集团福清核电 5 号机组于 2021 年 1 月 30 日成功商运，海外首堆巴基斯坦卡拉奇 K2 机组于 2021 年 5 月 21 日成功商运，标志着中国自主三代核电技术跻身世界前列，使我国成为继美国、法国、俄罗斯之后，世界上第四个具有三代核电技术与自主品牌的国家。

在邢继的带领下，研发团队围绕中核集团“华龙一号”开展了 54 项重大课题的科研攻关，22 项重大技术创新；共申请国内专利 716 件、国际专利 65 件、海外商标 200 多项、软件著作权 125 项，撰写核心科研报告以及科技创新论文 1 500 余篇。研发团队先后荣获中央企业先进集体、国防科技工业十大创新人物（团队）、中国青年五四奖章（集体）。邢继先后荣获国防科学技术进步奖、工程勘察设计奖、工程咨询奖等 20 项；出版专著和主编著作 5 部，申请国内外发明专利 15 项，发表多篇论文。此外，他还荣获全国劳动模范、创新争先奖状、最美奋斗者、最美科技工作者、国资委首届央企楷模、第七届全国优秀科技工作者等荣誉称号。

孙泽洲同志简要事迹

孙泽洲，男，1970 年 11 月出生，中国航天科技集团有限公司第五研究院，正高级工程师。

孙泽洲，中国航天科技集团有限公司第五研究院正高级工程师，我国嫦娥三号、嫦娥四号与天问一号探测器系统总设计师。他长期从事地外天体探测器总体设计和测控通信领域科学理论与试验技术研究，是我国深空探测的领军人物。

孙泽洲在年仅 38 岁时被任命为嫦娥三号探测器系统总设计师。嫦娥三号要实现我国首次月球软着陆，技术难度大，研制、试验、验证等过程充满了挫折。孙泽洲带领研究团队夜以继日地开展技术攻关，在 5 年时间里一一攻克安全着陆、月夜生存等道道关卡，实现我国首次月面软着陆。2016 年，火星探测任务和嫦娥四号探测器任务分别正式立项，孙泽洲成为两大探测器的“双料”总设计师，开始了一边飞“月”、一边奔“火”的超常职业生涯。嫦娥四号任务中，孙泽洲在数十个方案中，锁定“月球背面”，誓破人类首次。着陆月球背面比正面风险大了很多，同时月背无法与地面直接通信。他带领团队沉下心来，开展论证工作，构建了“着陆器 + 巡视器 + 中继卫星”的嫦娥四号探测器系统方案，突破了崎岖地形下精确安全软着陆、全时中继通信等核心关键技术，实现玉兔二号的月背着陆，在国际上引起广泛反响。嫦娥四号圆满成功后，孙泽洲转身又投入到了“探火”的研制工作中。火星探测风险高、难度大，任务面临火星稀薄大气、火面地形地貌等挑战，同时受远距离、长时延的影响，着陆火星阶段存在环境不确定、着陆程序复杂、地面无法干预等难点。国际上火星探测任务成功率仅为52%，完成成功着陆火星任务更是屈指可数。为了追赶世界先进水平，实现航天强国目标，孙泽洲提出了“一步实现绕着巡”的探测器系统方案，并在型号研制中，狠抓关键技术、风险识别控制与试验验证，确保任务成功。天问一号突破了行星际飞行及测控通信、火星稀薄大气进入、数据中继通信等关键技术，迈出了我国星际探测征程的重要一步，实现了从地月系到行星际的跨越，在火星上首次留下中国人的印迹，使得我国成为世界上第二个在火星表面实现着陆巡视探测的国家。

孙泽洲获国家科学技术进步奖特等奖1项、一等奖1项、创新团队奖1项；被原总装备部、人力资源社会保障部等多部委联合授予“首次月球探测工程突出贡献者”和“探月工程嫦娥三号任务突出贡献者”称号；2020年被中共中央、国务院授予全国劳动模范称号；荣获中国青年科技奖、光华工程科技青年奖；出版编著2部，发表论文20余篇，授权发明专利25项。

杜继臣同志简要事迹

杜继臣，男，1971年9月出生，中国通用技术（集团）控股有限责任公司航天医疗健康科技集团有限公司，主任医师。

杜继臣，国际宇航科学院院士，中国通用技术（集团）医学科学技术专家委员会主任委员，航天医疗健康科技集团有限公司总经理、党委副书记、科技委主任，航天中心医院院长、党委副书记、航天医学中心主任，主任医师，北京大学博士研究生导师，享受政府特殊津贴人员，中国航天基金奖获得者，航天报国杰出贡献奖（创新奖）获得者，科学中国人年度人物，我国航天医学领域的知名专家，在国际航天医学研究领域有着较高声誉和影响力。多年来，杜继臣始终致力于航天医学及临床医学的探索和研究，积极推进科技创新工作开展与产学研医一体化平台建设，取得了多项重要成果。

在航天医学领域，杜继臣着力开展航天医学前沿领域和相关技术的研究、转化和推广应用，主持了国际、国内航天医学研究领域多项重大课题项目，参与航天强国战略规划纲要载人航天专题研究报告编制工作，丰富和拓展了新时代航天医学研究范畴；在航天特因环境对人体的影响研究中取得突破性进展，探索研究了航天特因环境下脑功能状态变化组织学机制，阐释了失重状态下脑细胞外间隙与脑血流、颅内压及脑功能的交互作用，为失重状态下脑神经网络调节与保护提供了新方法，建立了新理论；在探索航天在轨空间状态下的疾病诊断治疗体系和急救体系建立中作出了重要贡献。他积极推动航天医学在民用健康产业的有效转化，搭建医学科技创新转化平台，促进产学研医一体化发展。在新冠肺炎疫情关键时期，作为项目副总指挥，他高效完成“应急移动模块化负压方舱医院”等重大项目建设，为重大传染病疫情防控工作作出了积极贡献。

在临床医学领域，杜继臣作为航天中心医院神经内科学科带头人，多年从事神经系统疾病的研究及临床治疗工作，承担多项国家级、省部级重大基础及临床科研项目，参与“中国脑计划”重大项目研究工作，在神经系统疾病的诊断治疗和研究转化工作等方面有较深造诣，在国家高级卒中中心建设、神经系统新药研究等方面开展了大量工作，作出了重要贡献。

杜继臣先后在国内外期刊发表高水平学术论文近 100 篇，获得国家级、省部级荣誉奖励 16 项。他还担任国际宇航科学院生命科学部主席团成员、中国白求恩精神研究会副会长、北京医师协会副会长、北京健康管理协会副会长等学术职务。

汪双杰同志简要事迹

汪双杰，男，1962年4月出生，中国交通建设集团有限公司，正高级工程师。

汪双杰，中国交通建设集团有限公司总工程师，正高级工程师，全国工程勘察设计大师，高寒道路国家重点实验室主任、高原冻土国家野外站负责人。他扎根青藏高原多年冻土区公路建设养护一线38年，针对新建公路冻土融沉防控和在役公路冻土病害处治两大世界级技术难题，持续开展理论、技术研究及工程实践。其成果广泛应用于多年冻土地区公路、铁路、机场、国防工程等重大项目，是我国公路冻土领域带头人，冻土高速公路技术的开拓者。

汪双杰创建了新建高速公路冻土融沉防控理论、方法与技术，突破了制约多年冻土区高速公路建设的瓶颈。针对沥青路面吸热、储热导致冻土地基50 cm以上大融沉，严重影响高速公路路基稳定的根本难题，他创立了公路冻土工程尺度效应理论，形成了公路冻土融沉防控的理论基础；创建了公路冻土融沉防控能量平衡设计方法，突破了冻土融沉防控设计瓶颈；研发了路基能量导阻调复合互馈融沉防控技术，解决了宽幅路基融沉差异大变形控制关键技术难题。

汪双杰发展了在役公路冻土病害诊断预警、处治决策及处治技术，为降低冻土融沉高病害率起到了科学保障作用。他针对在役公路冻土复杂病害，导致公路使用性能丧失的难题，建立了冻土病害分级预警技术，解决了病害处治诊断难题；建立了病害处治决策技术，解决了病害处治实际难题；创新了公路冻土病害处治工程技术，解决了冻土公路高病害率难题。

汪双杰建立了从研究到工程的中试验证体系，解决了多年冻土区公路建设与养护重大工程技术难题。建立的公路冻土工程研究中试体系，支撑全球首条多年冻土共玉高速公路建设，使高速公路挺进 4 300 m 海拔；支撑我国在役寿命最长青藏公路养护，成功降低病害率。其各项成果广泛应用于多年冻土地区公路、铁路、机场、国防工程等重大项目。

汪双杰主持国家级、省部级重大科技项目 30 余项，获国家科技进步一等奖 1 项、二等奖 1 项；省部级科学技术特等奖 5 项，一等奖 10 项、二等奖 8 项；国家优秀设计金、银奖 3 项；以第二完成人获省部级一等奖以上 7 项；代表我国首获国际路联（IRF）全球道路研究成就奖。他主编、参编国家标准、行业标准 11 部，出版专著 13 部，发表论文 100 余篇，授权专利 27 项。汪双杰是享受政府特殊津贴人员，“百千万人才工程”国家级人选，获全国优秀科技工作者、全国勘察设计杰出人物、首届全国创新争先奖、何梁何利基金科学与技术进步奖。

张金涛同志简要事迹

张金涛，男，1964年4月出生，中国计量科学研究院，研究员。

张金涛，中国计量科学研究院首席研究员，中国温度计量领域的领军人才。

张金涛长期深耕于科研一线，始终瞄准世界计量科技前沿，以国家战略需求为导向，致力于国际温度计量基础前沿课题研究，多次跨越计量科研事业高峰，成功研制出国内首个气体声学原级测温系统。他在国际上首次提出定程圆柱声学原级法测定玻尔兹曼常数的设想，设计了系统的核心部件、腔长原位精密测量的方案以及套管式标准铂电阻温度计稳定性组件和精密电测方案，建立了虚拟定程圆柱声学原级法的物理模型和具有参数相关性的测量不确定度分析矩阵等，对玻尔兹曼常数的最终定值和温度单位的重新定义，起到了关键作用。上述结果，使我国与美国、英国、德国、法国、意大利一起，成为对玻尔兹曼常数的最终定值和温度单位的重新定义有贡献的六个国家之一，是自米制公约以来，我国首次对国际单位制基本单位的定义作出的重要贡献。张金涛开启推动了中国计量院原级接触测温技术的研究，定程圆柱气体声学原级法的技术潜力得到国际同行的高度认可，也使我国成为全球少数几个能够在新定义下，对温标的定义固定点进行热力学温度赋值的国家。他前瞻性地布局温标基本问题的研究，提出和推动开展国际温标内插仪器标准铂电阻温度计的研制。从而推动中国计量院成为全球唯一、自主掌控标准铂电阻温度计性能的物理机制和制备工艺的国家计量机构，对国际温标三要素有完全的自主控制权。他开展了替代汞三相点的新温标研究，首次分析了同位素对二氧化碳三相点的效应，明显改善了二氧化碳三相点温坪的计量特性。张金涛关注实际场景中的计量问题，研究医用灭菌锅参数放行的可行性、高耗能企业能效的计量不确定性，负责制定了首个医用高温蒸汽灭菌锅的温度和压力计原位校准、水泥企业能效的国家计量技术规范。

张金涛培养了一批优秀的计量人才。在他担任中国计量院温度计量基础研究创新团队负责人期间，团队成员相继成为科研骨干和管理人才，先后入选“国家百千万人才工程”、青年人才托举工程，获得中国青年科技奖、亚太计量组织青年计量科学家奖等。

张金涛先后主持国家级科研项目和课题 3 项，作为第一获奖人获得 2018 年国家科学技术进步一等奖 1 项，作为主要获奖人获得 2015 年国家科学技术进步二等奖 1 项，是享受政府特殊津贴人员；以第一作者或通讯作者身份发表 SCI 论文 30 余篇，其中 3 篇被国际计量顶级学术期刊 Metrologia 选为年度亮点。

牛睿同志简要事迹

牛睿，男，1980年7月出生，中广电广播电影电视设计研究院，正高级工程师。

牛睿，中广电广播电影电视设计研究院中心所（融媒体研究中心）副所长，正高级工程师，注册咨询工程师，国家一级建造师，参与广播电视和媒体融合建设项目设计工作，技术理论和工程建设领域国内知名专家，在行业内有较大影响力。

牛睿长期主持和参与工程设计工作，工程项目遍及全国，总计百余项。其设计的多个项目都代表着不同时期的广电制播领域高清化、网络化建设国内外最高技术水平，在广电行业技术迭代和持续发展过程中具有里程碑意义。牛睿多次赴亚洲、非洲、南美洲参与广电项目援外工作，在赴外工作中，努力克服卫生条件恶劣、各种疾病横行甚至当地战乱不断的不利条件，以身作则，圆满完成任务。为了响应媒体融合工作推进要求，在中宣部和国家广播电视总局指导下，牛睿作为编制组长组织20余家单位负责《县级融媒体中心建设标准》编制工作，在政治任务重、时间要求紧、技术难度高的挑战下，发扬敢于担当、勇于奉献的工作热情，顺利完成标准编制并发布，标准的发布在媒体融合领域意义重大，是迄今为止唯一的国家层面技术标准文件，创新且系统性地为全国县级融媒体中心建设提供了指导性强、操作性强的建设指引，从先进性、合理性、经济性等多方面为各地县级融媒体中心建设提供了有效引导。根据媒体融合建设工作要求，牛睿作为中宣部专家组成员，全程参加了全国省市融媒体调研工作，此外还参与了各地标准宣讲和培训工作数十次，实地解决了基层融媒体中心在对国家标准规范理解和学习中遇到的困难，纠正了很多建设过程中的弯路。

牛睿 2014 年被中直机关团工委 / 中直机关青联选为“中直机关第九届青年岗位能手”；2019 年获中广电设计院“突出贡献奖”；2020 年被国家广播电视总局评为全国广播电视和网络视听行业青年创新人才；2021 年 3 月被中共国家广播电视总局机关委员会评为“总局两优一先优秀共产党员”；2021 年 6 月被国家广播电视总局评为优秀共产党员；先后主持和参与国家级、省部级科技项目 10 余项，获得省部级科技创新奖一等奖 3 项、二等奖 3 项、三等奖 2 项。

牛睿在广电制播工艺设计领域具备国内领先的专业技术水平，多年来在核心期刊发表 10 余篇技术论文；作为副主编和主要撰写人编著并出版了《电视中心工程工艺设计》，该书填补了广电工艺设计领域的空白，满足了行业内技术人员多方面的需求。

周继红同志简要事迹

周继红，女，1965 年 1 月出生，国家体育总局游泳运动管理中心，国家级教练。

周继红，国家体育总局游泳运动管理中心副主任、纪委书记兼国家跳水队领队，国家级教练，中国游泳协会主席，中国跳水协会主席，国际游泳联合会副主席，亚洲游泳联合会副主席，跳水国际 A 级裁判。

周继红担任中国跳水队领队伊始，也是中国跳水处于低谷时期，她迎难而上，刻苦钻研，严格管理，勇于创新，调动跳水界的各种积极因素和力量，重振中国跳水队雄风，不断创造出一个又一个的辉煌。在她的带领下，中国跳水队共计获得 38 枚奥运金牌，其中东京奥运会获得 7 枚金牌，为缔造中国跳水“梦之队”厥功至伟。

周继红以务实的工作态度，严抓运动队伍管理。她坚持“重在教育，严肃纪律，一视同仁”的管理理念，即使是明星运动员、奥运会冠军，也必须严格遵守纪律规定，从而推动队伍训练水平逐步提高。她深入开展思想教育工作，找准运动队政治工作和业务工作的结合点，始终把既抓技术又抓思想作为队伍管理的首要原则。她每天深入训练场，及时了解运动员的思想和训练情况，做有针对性的思想工作，明确队伍训练指导思想。奥运会上出现的她与教练员、运动员共命运、同拼搏的感人场面，就是队伍团结拼搏整体风貌的缩影。

取得成绩的同时，周继红认真研究跳水项目的训练规律和制胜法则，做好项目战略布局和规划，努力保持中国跳水项目优势。她研究制定鼓励发展难度的有关措施，在全国比赛中设立突破奖和难度奖，提高我国跳水项目难度储备。在运动员和教练员的使用上，她既坚持沿用老运动员，又大胆起用年轻教练员和运动员，以老带新，以新促老。在项目安排和布局上，她始终坚持突出双人项目，搭配好“双保险”，对跳水项目在奥运会取得优异成绩起到了关键作用。

周继红精益求精、开拓创新，积极引进新理念，大胆突破跳水训练中经验教学的现状，逐步将科研工作引入跳水训练中。同时，加大科研力度，扩大适用范围，将高精尖的科技成果与跳水训练更好结合起来，以科研保障和科技服务等手段促进跳水项目训练水平不断提高，取得了显著成效。

周继红曾荣获湖北省特等劳动模范、湖北省新长征突击手标兵、全国五一劳动奖章、全国三八红旗手、中央国家机关十大杰出青年、全国体育系统先进工作者等荣誉称号，多次获得国家体育运动荣誉奖章。

傅伯杰同志事迹材料

傅伯杰，男，1958年1月出生，中国科学院生态环境研究中心，研究员。

傅伯杰，中国科学院院士，中国科学院生态环境研究中心研究员，学术委员会主任，美国人文与科学院外籍院士、第三世界科学院院士和英国爱丁堡皇家学会外籍院士，自然地理学、景观生态学家，我国景观生态学和生态恢复的学术带头人，为我国脆弱生态区生态保护与恢复作出了重大贡献。

傅伯杰长期潜心在生态保护与恢复科研一线，开展了卓有成效的科学研究与实践应用，取得了重大创新成果并应用于生态建设实践，产生了广泛的学术和社会影响。他针对黄土高原水土流失等重大生态问题，开创了土地利用格局与生态过程耦合研究的新方向，揭示了黄土丘陵沟壑区土地利用格局对土壤水分、养分和土壤侵蚀的影响机理，建立了黄土丘陵坡地土壤水分空间分布模型，提出了黄土丘陵沟壑区合理的土地利用结构，为黄土高原水土流失治理和植被恢复提供了科学依据。他率先开展了黄土高原生态系统服务权衡与集成研究，揭示了生态系统结构、重要生态系统过程以及生态系统服务的相互作用关系，研发了具有多功能的区域生态系统服务综合评估与优化模型系统，阐明了黄土高原退耕还林的阈值和黄河泥沙剧烈减少的驱动因素，为退耕还林还草工程的有效实施提供了科学依据，将我国生态系统服务研究推进到国际前沿水平。他主持完成了中国生态区划并参与完成全国生态功能区划，明确了保障国家生态安全的重要生态功能区和保护目标，构建了国家生态安全格局框架，为我国构建国土空间生态安全格局提供了重要的科学依据；领导和指导了我国脆弱生态区生态保护与恢复科技创新与实践应用工作，取得了显著的生态效益和经济效益；发起全球干旱生态系统国际大科学计划，发挥了中国科学家的引领作用；向国家提出了 10 多个生态保护和恢复政策建议，为我国生态文明制度建设作出了重要贡献。

傅伯杰严于律己，无私奉献，长期扎根西部和脆弱生态区，成果卓著。他发表学术论文 400 余篇，出版著作 10 余部，论文被国内外引用 4 万余次；获国家自然科学二等奖 2 项，国家科技进步二等奖 1 项；获中国科学院杰出科技成就奖，何梁何利基金科学与技术进步奖，国际景观生态学会杰出贡献奖，欧洲地球科学联合会洪堡奖章等，被评为科技盛典——CCTV 2019 年度科技创新人物。

陈发虎同志简要事迹

陈发虎，男，1962年12月出生，中国科学院青藏高原研究所，研究员。

陈发虎，中国科学院院士，中国科学院青藏高原研究所所长，研究员，发展中国家科学院院士，中国地理学会理事长，国际地理联合会环境演变委员会副主席，中国青藏高原研究会和中国第四纪科学研究会副理事长。

陈发虎30年如一日，扎根我国西部，长期从事晚第四纪气候和环境变化、史前文明演化与气候环境变化相互作用研究。目前他主要从事气候环境变化与丝路文明兴衰、史前人类定居青藏高原的过程和机制、亚洲夏季风和西风区气候变化研究。

陈发虎在黄土研究、气候环境变化、环境考古与史前文明演化等方面取得了系列创新性研究成果，主要包括：系统开展了黄土高原西部地区的黄土地层和气候记录研究，建立了适用于区域对比的黄土—古土壤序列；较早提出我国末次冰期冬、夏季风均存在快速变化；发现我国季风边缘区全新世气候也存在千－百年尺度的气候快速变化，表现为多次重大干旱事件；系统重建了亚洲中部干旱区的全新世湿度（降水）时空变化，发现中全新世东亚夏季风最强盛，西风核心区则中晚全新世最湿润，提出了全新世气候变化的“西风模态”及其解释机制新观点；系统推进了史前人类定居青藏高原历史过程研究，发现已消失的丹尼索瓦古老型智人在16万年前已生活在青藏高原东北部，提出农业传播和发展促进了史前人类在晚全新世才大规模长年定居青藏高原的新观点；较系统开展了全新世东亚夏季风变化历史研究，定量重建了末次冰消期以来我国华北降水变化，发现历史时期人类活动对季风边缘区的影响已经超过自然因素，导致强夏季风阶段同时出现强沙尘暴现象。

陈发虎相关研究成果获国家自然科学二等奖2项（均为第一完成人，2007，2018）、省部级科技奖13项（含一等奖7项）；编辑英文专刊5本，在Nature、Science及子刊、PNAS、《中国科学》等国内外学术刊物发表论文640多篇，其中SCI论文390多篇，总引2.5万次，SCI刊物引用超过1.5万次，H指数（H-index）63，是国际高被引科学家。研究成果入选Science杂志评选的2019年世界十大科学突破、Archaeology杂志评选的2019年世界十大考古发现、Science News评选的世界十大科学新闻和2019年中国科学十大进展，以及2015年中国高等学校十大科技进展。他曾荣获2020年全国创新争先奖、2005年全国先进工作者与1996年中国青年科技奖等荣誉。

周向宇同志简要事迹

周向宇，男，1965年3月出生，中国科学院数学与系统科学研究院，研究员。

周向宇，中国科学院院士，中国科学院数学与系统科学研究院研究员，发展中国家科学院院士，俄罗斯科学博士。他主要从事多复变函数论等方面的研究，是当今国际多复变领域的一位领军人物。他在该领域长期探索，提出了自己的思想与方法，解决了该领域中多个根本核心问题，作出了处于最高数学水平的成果，贡献了新知识，开辟了新方向，推动了该领域的发展。

周向宇解决了在苏联《数学百科全书》中列为未解决问题的扩充未来光管猜想。该成果被俄罗斯科学院院士和瑞典皇家科学院院士分别写入重要史料性文献《20世纪的数学大事》和《数学的发展：1950—2000》，被作为例子说明“数学如何帮助物理获得隐藏在公理中的新知识”，被认为是“20世纪下半叶数学发展的亮点之一”。

周向宇与合作者解决了最优L2延拓问题，建立了最优L2延拓定理，发现了与复几何的重要联系，作为推论解决了包括40年前提出的著名的 Suita 猜想等一系列问题。相关成果发表于国际顶尖数学杂志 Ann. of Math.。国际多复变领军人物 Ohsawa 在其最近专著的前言中先回顾了数学大师的历史性先驱工作，之后陈述周向宇等的近期进展，并写道（周向宇等的工作）“给作者决定性动力来写本书以介绍这些令人瞩目的成就”。

周向宇与合作者解决了“被认为相当难以企及的”、Demailly 提出的关于乘子理想层的强开性猜想；作为推论解决了许多重要问题，包括在代数几何重要著作中列为未解决问题的 Demailly-Ein-Lazarsfeld 猜想。相关成果发表于 Ann. of Math.。该工作被《美国数学评论》评价为“近年来多复变与代数几何交叉领域中最重大的成就之一”。

周向宇与合作者解决了关于多次调和函数奇点集测度估计的 Demailly-Kollár（均为 ICM[①] 大会报告人、分别为法国与美国科学院院士）猜想及 Jonsson-Mustata 猜想，成果发表在顶尖数学期刊 Invent. Math.。作为解决强开性猜想的应用，周向宇与合作者发现了具 Lelong 数为 1 的乘子理想层的刻画，被《美国数学评论》评价为“一个重要定理”，被 Ohsawa 在其专著中称为“一个基本结果”。

周向宇发表论文 70 余篇，于 1998 年获得求是杰出青年学者奖；1999 年获中国科学院自然科学一等奖；2001 年获陈省身数学奖；2004 年获国家自然科学二等奖；2016 年获陈嘉庚科学奖；2017 年获全国创新争先奖。2002 年他应邀在国际数学家大会做邀请报告；2013 年应邀在高水平的 Abel 国际会议上做主旨演讲，并应邀作为世界顶尖专家为会议文集撰写文章。

① ICM：国际数学家大会。

赵汀阳同志简要事迹

赵汀阳，男，1961年6月出生，中国社会科学院哲学研究所，研究员。

赵汀阳，中国社会科学院学部委员，哲学研究所研究员，从事存在论、政治哲学、伦理学和历史哲学研究。

赵汀阳30多年来提出了多种具有原创性的理论，包括天下体系、共在存在论、facio（我行）理论、双票两轮的智慧民主、“中国旋涡”生长模式、预付人权理论、改进版的道德金规则、否定词作为第一个哲学词汇的本源理论等；出版个人学术专著11部，外文著作6部（其中2部为合著，合著者分别是A. Le Pichon和R. Debray），在国内权威和核心期刊发表论文80多篇，在西方刊物或专业文集上发表论文28篇。其专著《天下的当代性》被翻译为英、法、德等多种语言，该书论证的天下体系理论包括三个原理：世界内部化、关系理性和孔子改善，是一个优于“康德和平”的世界理论，也是有望解决亨廷顿的“文明冲突”困局的理论方案，在国际上有广泛影响，被认为是“中国学派”代表作。其专著《第一哲学的支点》论证了facio（我行）的本源性，以facio ergo sum（我行故我在）替代cogito ergo sum（我思故我在）成为哲学基本命题，进而推论出“共在先于存在”原理，将传统的存在论转换为共在存在论。这是一种新型哲学的奠基研究。

赵汀阳获奖（省部级）的项目有:《语言与语言之外》(论文)获中国社会科学院青年优秀论文奖三等奖;《美学与未来美学》(专著)获中国社会科学院青年优秀成果二等奖;《道德金规则的最佳方案》(论文)获中国社会科学院优秀科研成果奖三等奖;《共在存在论》(论文)获中国社会科学院优秀科研成果奖三等奖;《第一哲学的支点》(专著)获中国社会科学院优秀科研成果奖一等奖。赵汀阳获其他专项奖的项目有:《论可能生活》(专著)获第二届罗国杰伦理学优秀著作奖;《论可能生活》(专著)获第一届唐凯麟伦理学奖等。自 2005 年来，英国《经济学家》、德国《法兰克福汇报》、瑞士《本刊》、意大利《太阳报》、法国《世界报》、德国《明镜》、美国《华盛顿邮报》等国际主要媒体专题报道过赵汀阳的天下理论、预付人权理论和政治哲学。其中，瑞士《本刊》以赵汀阳作为封面故事，称赵汀阳是“中国的哈贝马斯”。2019 年，赵汀阳被法国《新文学》杂志评为“影响世界 35 个思想家”之一。

张小曳同志简要事迹

张小曳，男，1963年6月出生，中国气象科学研究院，研究员。

张小曳，中国工程院院士，中国气象科学研究院研究员，中国气象局温室气体及碳中和监测评估中心主任。他长期致力于并开拓性开展人类活动对天气气候变化影响研究，是环境气象领域新兴交叉学科学术带头人。

张小曳在亚洲沙尘暴形成机制与数值预报技术、中国大气气溶胶及其气候效应、雾－霾联系机制及雾－霾数值预报技术等方面取得了系统性创新成果，并应用于工程实际。他主持建立了中国气象局大气成分观测系统、亚洲沙尘暴数值预报系统、中国雾－霾数值预报系统，并在行业、军队、地方和重大活动气象保障业务中得到广泛推广应用，在气象防灾减灾、应对气候变化和生态文明建设气象保障服务等方面作出了突出贡献。目前他正承担国家化学天气预报“卡脖子”核心技术研发，在国家碳中和重大战略核心技术上担负新的重任。张小曳在国内外学术界具有重要影响力，先后任世界天气研究计划/国际沙尘暴研究发展计划科学指导委员会主席、世界气象组织国际沙尘暴预警咨询系统亚洲区域科学咨询委员会主席、国际环境污染与大气化学计划科学指导委员会委员、全球大气观测计划 / 气溶胶科学咨询委员会委员、世界气象组织国际沙尘暴预警咨询系统科学指导委员会委员、国际开放领域专家组环境污染与大气化学计划联合科学指导委员会委员。他曾任中国工程院“大气国十条”、国家自然科学基金委员会中国大气复合污染重大研究计划、大气重污染成因与治理攻关计划、环保部清洁空气研究计划总体专家组成员，以及环保部全国环境监测技术委员会委员等。

张小曳是国家自然科学基金杰出青年基金项目获得者，荣获首届全国百篇优秀博士论文，是享受政府特殊津贴人员。他主持国家自然科学基金重大项目 1 项、“973 计划”重大项目 2 项、国家重点研发计划重大项目 1 项；获国家自然科学二等奖 1 项、三等奖 1 项，省部级一等奖 4 项，诺贝尔和平奖 - 集体奖 1 项；完成国家标准 1 项、行业标准 9 项；已发表学术论文 400 余篇，SCI 收录 240 余篇，SCI 他引 1.3 万余次，9 篇为 ESI[①] 高被引论文，过去十年间发表论文被引频次在 Web of Science 中位于同学科前 1%；2021 年入选全球前 2% 顶尖科学家榜单。

① ESI：基本科学指标数据库。

张守攻同志简要事迹

张守攻，男，1957年7月出生，中国林业科学研究院，研究员。

张守攻，中国工程院院士，中国林业科学研究院研究员，森林培育和森林经理专家，第十三届全国人大环境与资源保护委员会副主任委员，中国林学会森林培育分会主任委员，中国林学会自然与文化遗产分会主任委员。

张守攻作为我国人工林培育集成技术体系和森林可持续经营研究领域主要学术带头人之一，致力于针叶树人工林品质改良、繁育工程、定向培育和林分可持续经营技术及其应用基础研究。在林分经营模型的原理与应用领域，他创立了良种良法配套、模式目标协调的人工林资源定向培育技术支撑体系；提出了新的生长模拟和动态经济评价一体化模型构架，完善了森林经营方案技术经济优化评价方法；研制出我国首套通用型森林经营模型系统，首次在森林经营模型中实现了生物数学模型系统与产品预估模型的完全重构；完成了落叶松生态育种区划分，建立了长期育种和良种生产基地，构建了以优良种质资源为基础的高效育种平台，完善了覆盖全国落叶松栽培区的落叶松生态育种体系；构建完善了落叶松良种规模化繁育及落叶松人工林资源定向培育工程体系；推动了我国森林可持续经营理论与指标体系及技术体系的构建。他倡导并组建了我国林业生物技术研究队伍；参与制定和编写《中国21世纪议程林业行动计划》，是全球最早的国别林业行动计划之一；出版了《森林可持续经营导论》专著；主持制定了《中国森林认证 森林经营》国家标准和《中国森林可持续经营的标准与指标》林业行业系列标准；在国内率先开展森林可持续经营实践，积极推动森林经营规范与国际接轨。

张守攻先后主持国家科技支撑（攻关）计划“高产优质多抗松杉新品种选育”“北方针叶树种高世代育种技术研究与示范”，国家重点研发计划“落叶松高效培育技术研究”等国家级项目研究，逐步建立起落叶松品质改良和资源培育技术支撑体系；国家自然科学基金重点项目“落叶松人工林长期生产力形成与维护机制研究”，国家“973计划”，“速生优质林木培育的遗传基础及分子调控”等项目的研究，深化了落叶松培育基础研究，拓展了生物技术应用；获国家科技进步二等奖3项，省部级科技进步一等奖2项、二等奖1项；获国际发明专利1件、国家发明专利13件；审（认）定国家级良种8个，发表学术论文280多篇，出版专著7部。他曾获中国青年科技奖，被评为“九五”国家重点科技攻关计划先进个人、“百千万人才工程”国家级人选、国家自然科学基金管理先进个人、中央国家机关优秀共产党员等荣誉。

全小林同志简要事迹

全小林，男，1956年1月出生，中国中医科学院广安门医院，主任医师。

全小林，中国科学院院士，中华中医药学会副会长，中国中医科学院广安门医院代谢病研究所所长，主任医师。

全小林长期致力于中医药传承与创新研究，构建了以“核心病机—分类分期分证—糖络并治”为框架的糖尿病中医诊疗新体系。经方新用，研发了针对糖尿病各阶段的系列方药，并为其有效性和安全性提供了高级别循证依据。其系列成果形成首部《国际中医药糖尿病诊疗指南》和《糖尿病中医防治指南》，并被整体纳入《中国2型糖尿病防治指南》。作为“973计划”项目首席科学家，他带领团队以临床评价为核心，针对急危重难代表性病种开展了系列临床研究，证实方药具有明确的量效关系及较宽的用量范围，并结合文献、药物实测、煎煮、药理、临床评价等方法，明确了经方“一两”的现代应用折算标准，构建了以“随症施量和剂量阈”为核心的方药量效理论框架，为安全有效、合理用量提供了理论和循证证据，填补了方药量效研究的空白。新冠肺炎疫情期间，他作为国家中医药管理局应对新冠肺炎疫情联防联控工作专家组组长，第一时间抵达武汉，组织制定了第三版至第八版国家《新型冠状病毒肺炎诊疗方案》的中医部分，覆盖医学观察期、轻型、普通型、重型、危重型、恢复期疾病全过程；推动中医药纳入“四早”，实施了以“中医通治方 + 社区 + 互联网”为框架的社区防疫“武昌模式”，第一时间为集中隔离点的疑似病例、发热病人、密切接触者广泛配发中药汤剂和中成药，早期干预增强抵抗疾病和防止病毒感染的“正气”，为在武汉加快构建社区防控新发突发传染病的第一道防线进行了积极探索和实践，创造了可复制、可推广的成功经验。

仝小林被中宣部等授予全国最美科技工作者、被中国科协等授予第二届全国创新争先奖奖章和全国抗击新冠肺炎疫情先进个人荣誉称号；获何梁何利基金科学与技术进步奖，以第一完成人获国家科技进步二等奖 2 项、省部级科技进步一等奖 4 项、省部级著作一等奖 3 项、国家图书特别奖 1 项；作为第一负责人主持国家自然科学基金重点项目、“973 计划”、“十一五”科技攻关课题等国家级、省部级课题 30 余项，编著《新冠肺炎中医诊疗与研究》《糖络杂病论》《方药量效学》等 26 部专著；以通讯或第一作者身份发表相关学术论文 304 篇，其中，SCI 收录论文 76 篇；获药物发明专利 24 项，转让 20 项。

蒋海昆同志简要事迹

蒋海昆，男，1964年3月出生，中国地震台网中心，研究员。

蒋海昆，中国地震台网中心科技委主任，研究员，博士生导师。作为行业牵头专家和中国地震局地震预报创新团队负责人，他长期从事地震预测研究和地震预报实践，是我国地震预报事业一线领军人才。

蒋海昆先后担任中国地震台网中心地震预报部副主任、主任以及华东南构造片区、西北和新疆构造片区首席预报员。他带领预报部承担全国年度地震危险区综合判定、强震短临跟踪、震后趋势研判及全国重大活动地震安全保障等工作。他参加过汶川8.0级、玉树7.0级、玛多7.0级等十余次中强以上地震的震后趋势现场判定工作，为高效有序处置震情灾情提供了科学依据，并带领预报部对大量突发中小地震事件的后续趋势作出了较为准确的判定。蒋海昆在多次大震应急期间承担新闻发言人工作，积极稳妥应对媒体，做好应急宣传，为安定震区社会生活发挥了重要作用。

在科学研究方面，蒋海昆长期致力于余震预测及余震机理、外因触发/诱发地震活动的定量检测、地震统计模型等研究，主持完成了国家科技攻关、科技支撑、重点研发专项、地震行业专项、地震联合基金等各类国家级和省部级项目或课题 13 项，中国地震局任务性科研课题多项。目前他承担了国家重点研发专项“地震亚失稳阶段识别的实验、理论与野外观测研究”课题五的研究工作。以大量基础研究为支撑，蒋海昆积极开展科技成果转化，牵头组织开展震后趋势快速研判技术系统研制；系统上线以来，为快速高效应急提供了技术保障，在中国地震台网中心及全国各省级地震局震后趋势快速研判工作中发挥了重要的技术保障作用。蒋海昆着力培养地震预报后备力量，作为研究生导师已培养毕业硕士研究生 7 名、博士研究生 1 名；担任《地震》副主编，《地震学报》《中国地震》等多个科技期刊编委。

蒋海昆以第一作者或通讯作者身份发表论文 140 余篇，其中 SCI、EI 收录 33 篇，出版专著 4 部；主持编写的 2002—2015 年《中国震例》为我国地震科学研究积累了 70 多次系统规范的震例资料；获省部级科技进步及防震减灾优秀成果奖一等奖 1 项、二等奖 7 项、三等奖 2 项，获李善邦青年优秀地震科技论文二等奖及马塔切纳青年优秀论文奖；入选中国地震局新世纪“百人计划”第一批次人选。2013 年他被人力资源社会保障部、中国地震局授予“全国地震系统先进工作者”荣誉称号，是享受政府特殊津贴人员。此外，以蒋海昆为负责人的地震预报科研团队于 2018 年入选中国地震局创新团队。

全国专业技术人才
先进集体简要事迹

北京量子信息科学研究院简要事迹

北京量子信息科学研究院（以下简称量子院）成立于 2017 年 12 月，由北京市政府联合北京大学、清华大学、中国科学院等高校和院所共同组建。量子院实行理事会领导下的院长负责制，理事长由北京市政府主管科技的副市长担任，薛其坤院士和向涛院士为联合院长。量子院主要从事量子计算、量子通信、量子物态科学、量子材料与器件、量子精密测量等五大领域研究工作。截至 2021 年 9 月底，量子院拥有专兼职人员 339 名，已入职全职人员 226 名，包括首席科学家 2 名、研究员 5 名、副研究员 15 名、助理研究员 54 名等。科研人员平均年龄 33 岁，博士占比 88.7%；外籍与海外留学回国人员 50 名，占比 25.8%；享受政府特殊津贴人员 2 名。

量子院已组建 18 支科研团队，部分团队取得突破性进展。超导量子计算团队“长寿命超导量子比特芯片”和量子直接通信团队“量子直接通信技术”，作为全国科技创新中心建设的重大成果，分别在 2020 年和 2021 年中关村论坛重磅发布。同时，超导量子计算团队已制备出自主知识产权超导量子芯片；发布了北京首个超导量子计算云平台。高温超导团队通过制备具有原子级平整界面的高质量约瑟夫森结，发现铜氧化物中 s- 波配对占主导地位，该结果颠覆了铜基高温超导是 d- 波配对的主流认识，为破解高温超导机理这一科学难题指明了正确方向。拓扑量子计算团队已制备出国内第一个基于超导－半导体纳米线的量子比特。低维量子材料团队制备了世界首个单层 IV-VI 族二维材料面内异质结，并观察到对二维铁电材料电极化的量子调控效应。全光量子源应用研发团队研发的“工业级超紧凑超短超强太瓦激光器以及桌面同步辐射光源样机”，作为北京 20 项新产品之一，在 2021 中关村论坛中关村国际技术交易大会发布。

2019 年，团队完成的“量子反常霍尔效应的实验发现”项目获国家自然科学奖一等奖。量子院已承担国家自然科学基金项目 20 项，中国博士后基金项目 6 项，北京市自然科学基金项目 2 项，北京市博士后基金项目 4 项，与企业联合攻关项目 2 项。全职人员累计发表 SCI 论文 80 余篇；申请国家发明专利 22 个，其中授权 1 个。

量子院将继续坚持改革与创新，面向国家战略急需和国际科技前沿，以提高科研组织效率为目标，整合北京优势资源，积极探索科研管理和组织机制新路子，为率先建成国际科技创新中心厚积力量。

北京市疾病预防控制中心简要事迹

北京市疾病预防控制中心（以下简称北京市疾控中心）是北京市卫生健康委员会直属公益一类事业单位，承担着疾病预防与控制、公共卫生健康风险因素监测与管理、健康教育与健康促进等业务、科研及教学，以及首都重大活动保障、卫生应急等职责。北京市疾控中心出色地完成了各项工作任务，成为守卫首都市民健康和支撑首都城市运行的重要力量。现有人员 644 人，其中专业技术人员 602 人，占 93.5%；具有高级职称人员 213 人，占专业技术人员的 35.4%；具有硕士以上学历人员 313 人，占总人数的 48.6%。

面对 2020 年突如其来的新冠肺炎疫情，北京市疾控中心是全国最早对病毒成功进行基因组测序的省级疾控中心之一。在应对北京新发地疫情中，专业技术人员在 16 小时内成功溯源，为 25 天控制疫情赢得了宝贵时间；在北京顺义疫情、大兴疫情中，准确判断病例代际关系，梳理分析传播链，14 天高效控制英国变异株引发的本地聚集性疫情，为首都防控作出了突出贡献。

多年来，北京市疾控中心积累了大型国际活动公共卫生保障工作的丰富经验，圆满完成了包括每年“全国两会”、国庆阅兵、北京奥运会、亚太经合组织（APEC）领导人非正式会议、“一带一路”高峰论坛、世园会等保障工作。经过北京市疾控中心持续努力，北京市居民健康素养水平达到32.3%；全市已实现连续34年无脊灰状态、22年无白喉病例报告，人均期望寿命达到82.03岁，率先进入发达国家行列；全人群乙肝表面抗原携带率由1992年的6.03%下降到2.73%，25岁以下人群乙肝表面抗原携带率降至1%以下，处于全国最低水平。

近五年来，北京市疾控中心先后承担省部级以上项目101项；作为主持单位获得北京市科学技术奖3项，中华预防医学会科学技术奖二等奖2项、三等奖3项；获批发明专利7项、实用新型专利1项；以第一单位发表科技论文793篇，其中SCI/SSCI[①]论文107篇，SCI论文累计影响因子318.09；招收培养博士后研究人员8名，研究生51人。

近五年来，北京市疾控中心有2人获评国家卫生健康突出贡献中青年专家，4人获聘北京市级首席公共卫生专家，2人获评北京市有突出贡献的科学、技术、管理人才，1人获评享受政府特殊津贴人员。北京市疾控中心先后荣获“全国抗击新冠肺炎疫情先进集体”“全国疾病预防控制工作先进集体”“抗震救灾重建家园工人先锋号”“埃博拉出血热疫情防控先进集体”“北京市奥运安保先进集体”等荣誉。

① SSCI：社会科学引文索引。

天津七一二轨道交通专业无线通信系统研发与产业化创新团队简要事迹

天津七一二轨道交通专业无线通信系统研发与产业化创新团队成立于2011年，由天津七一二移动通信有限公司核心研发人员8人组成，其中正高级工程师2人，具有副高级职称人员6人；博士1人，硕士3人；“百千万人才工程”国家级人选1人，享受政府特殊津贴人员1人；是专注于铁路、城市轨道交通等专用无线通信领域、拥有自主知识产权和产业化能力的科技创新型团队。

团队研发的产品包括铁路无线通信设备和城市轨道交通无线通信设备。铁路无线通信设备现已广泛应用在高铁列车和普通列车上，主要产品机车综合无线通信设备更是在首批全部100列复兴号高铁上成功应用，同时远销古巴、南非、土库曼斯坦等7个海外国家。新一代LTE-R制式的机车综合无线通信设备已成功应用在神华集团朔黄铁路全线和陕西物流集团靖神铁路全线，在全球范围内首次实现了LTE技术在重载铁路上的应用，在国内首次实现铁路视频调度通信，对中国乃至全球铁路的LTE宽带无线市场起到极大的示范和引领作用，同时也推动了LTE技术应用于重载铁路相关标准的制定。城市轨道交通无线通信设备现已成为业内的标杆，技术已达到国际先进水平。团队通过自主创新，实现了无线系统国产化、智能调度、无人驾驶通信等关键技术的突破。团队通过上述关键技术的研究，开发了无线交换系统、调度系统以及车载台、宽带车载数据终端等设备，现已应用到天津、北京、上海、重庆、成都、广州等 20 多个城市 40 多条线路，其中成都地铁 9 号线为西南地区首条无人驾驶线路，北京大兴新机场线是国内首条时速 160 km 无人驾驶线路，上海 15 号线是国内首条采用 IPH 音视频的无人驾驶线路。

近年来，团队承担了 10 余项国家及省部级项目，累计获得科研资金 5 000 余万元，包括：国家发展改革委电子信息产业振兴和技术改造专项，工业和信息化部电子信息产业发展基金项目，科技部国家重点研发计划项目，天津市科技局新一代人工智能科技重大专项、“小巨人”领军企业重大专项，天津市工业和信息化局智能制造专项资金项目等；自主立项研发了轨道交通无人驾驶通信设备、轨道交通 LTE 调度系统、基于 4G 网络的机车综合无线通信平台等新产品；新培养了铁路及城市轨道交通无线通信领域专业人才 30 余名，授权专利 200 余项，其中发明专利超过 50 项，发表论文 20 余篇，自主研发的“机车综合无线通信设备”获得了 2017 年度天津市科技进步一等奖。自团队成立以来，累计为国铁、地方铁路、海外市场供货铁路设备超过 5 万台，实现销售额超 10 亿元；城市轨道交通设备已实现销售收入超过 5 亿元，正在进军海外市场。

天津红日药业股份有限公司研究院简要事迹

天津红日药业股份有限公司研究院是由天津红日药业集团各板块研发领军负责人组成的一支科研攻坚团队，负责红日药业集团科研顶层设计，长期致力于创新研发，增强企业活力和提升市场竞争力。目前团队主要成员中有博士 3 人，硕士 5 人；具有正高级职称人员 5 人、副高级职称人员 1 人。研究院拥有国家企业技术中心、中药配方颗粒关键技术国家地方联合工程研究中心两个国家级技术平台，CNAS（中国合格评定国家认可委员会）认证实验室、技术转化中心、博士后工作站，天津市企业重点实验室等多层级、多类型的科研技术平台，促进科技成果向现实生产力转化，并与国内顶尖科研院所、高校等建立产学研联盟，开创研发新模式。通过技术转移、资本市场操作等途径，促进创新药物的研发成果从上游向下游过渡，实现企业、科研院所和科学家的双赢。

研究院始终站在科技最前沿，围绕解决危重症难题，以挽救生命、降低病死率为价值追求，以打造血必净注射液为代表的撒手锏产品群为创新方向，其中具有独立知识产权的产品——血必净注射液，填补了世界脓毒症治疗领域的空白。2019 年，研究论文在国际顶级期刊《重症医学》发表，血必净使重症肺炎病死率降低了 8.8%，得到国际权威专家的认可，被钟南山院士称为“中医药走出国门的典范”。在抗击新冠肺炎疫情过程中，紧紧围绕为抗疫攻坚战一线服务的宗旨，血必净作为中医和西医治疗方案中都推荐使用的唯一中成药，连续纳入多版《新型冠状病毒肺炎诊疗方案》，被列入中国方案“三药三方”向世界推广。疫情期间，天津红日药业股份有限公司向 1 000 余家定点收治医院捐赠和供应血必净，直接参与救治新冠肺炎患者约 1.6 万人。

研究院立足科技前沿的同时，不断进行技术突破，目前已拥有 KB、PD-L1 等 5 个 I 类新药，在研项目 30 余个，有效专利 500 余项。多年来，研究院始终按照习近平总书记精准扶贫工作的指示精神和中央的重大部署，在多个国家级贫困县建设产业扶贫基地，用于配方颗粒等的研发与生产；累计投资超过 10 亿元，带动参与中药材种植与车间直接就业的人口近 1 万人，其中工业用工 1 530 人，户均年增收 3 万元以上，通过工业用工和种植收购带动建档立卡贫困户 233 户，平均每年在多地收购中药材超 2 亿元；荣获“全国脱贫攻坚先进集体”荣誉称号，同时团队带头人姚小青博士获得“全国脱贫攻坚贡献奖”。在抗击新冠肺炎疫情过程中，由姚小青博士担任第一完成人与钟南山院士合作的临床研究项目，获得 2020 年度天津市科学技术进步一等奖。

河北医科大学骨科创新团队简要事迹

河北医科大学骨科创新团队成立于2000年，核心专业技术成员5人，均为博士及正高级职称。其中，“长江学者”特聘教授1人、青年长江学者1人，“百千万人才工程”国家级人选1人，享受政府特殊津贴人员2人，科技部“国家重点研发计划”首席专家1人，7人次获河北省杰出青年科学基金、优秀青年科学基金、青年拔尖人才、河北省“三三三人才工程”第一层次人选称号。团队面向教育、科研及临床一线，勇于攻克世界医学难题，在医疗卫生领域取得了重要创新成果。

团队首创提出髋臼骨折三柱分型理念，并建立了相应的精准治疗体系，发明了椎弓根轴位辅助骶髂螺钉置入和腰小肌止点作为标志等手术技术，原创研发了符合国人解剖特点的髋臼方形区解剖接骨板，开展了髋臼骨折地形图研究。团队开展了中国骨折及相关并发症流行病学调查，建立了世界上样本量最大的骨折及相关并发症数据库，填补了该领域空白；首次发现了一种特殊的、有规律性的骨折类型“胫骨螺旋骨折合并后踝骨折”，并阐明其损伤机制，制定了分型标准、诊断程序及治疗原则；创建骨折微创复位固定核心技术体系，减少患者创伤；原创发明了四肢长骨骨折快速牵开复位器、髓内复位器，发明股骨头干三维互动复位技术治疗难复位性股骨颈骨折，率先利用腱鞘造影证实跟骨术后疼痛原因，提出“内加压理论”

并研发微创内固定系统。针对老年髋部骨折，团队大样本前瞻性研究证实股骨颈 Garden I 型骨折不存在；创新手术器械和技术，注重围手术期治疗研究，对于老年患者超高龄患者，改善了预后和降低了死亡率。针对传统骨筋膜室综合征落后理念，团队原创性提出“肌释扼新定律”，并开展了一系列针对筋膜结构组成、细胞及分子水平研究，精确指导软组织损伤的临床治疗。

团队获国家技术发明二等奖 1 项、科技进步二等奖 2 项，河北省科技进步一等奖 4 项、二等奖 1 项、三等奖 3 项，中华医学科技奖一等奖 3 项，河北省教学成果二等奖 1 项；主持国家级科研课题 10 余项；发表 SCI 收录文章及中文核心文章各 300 余篇；近五年获授权国家专利 41 项、美国专利 1 项。团队成员侯志勇率队斩获第九届全国高等医学院校大学生临床技能竞赛特等奖；陈伟在第九届河北省创新创业大赛中获高端装备制造行业赛决赛冠军。河北医科大学骨科创新团队专业丰富、年龄合理，团队成员在行业内具有较大影响力。面向教育、科研及临床一线，团队在行业内均起到了示范引领作用。

微生物杀菌剂产品创新与产业化创新团队简要事迹

微生物杀菌剂产品创新与产业化创新团队成立于 2004 年，隶属于河北省农林科学院植物保护研究所，主要从事微生物杀菌剂的创制与应用技术研究。团队现有人员 30 余人，核心成员 10 人，其中研究员 4 人，副研究员 4 人，博士 6 人，享受政府特殊津贴人员 2 人，全国农业科研杰出人才 1 人，全国五一劳动奖章获得者 1 人，河北省高端人才 1 人，河北省省管优秀专家 1 人，河北省“三三三人才工程”二层次人选 2 人。2012 年团队被农业部遴选为“全国农业科研杰出人才及其创新团队”，2015 年被河北省委、省政府遴选为第二批河北省“巨人计划”创新创业团队。

团队针对我国农业生产中难以防治的作物土传病害和易于产生抗药性的气传病害，通过定向筛选，构建了 5 万余株的生防微生物资源库，研发出微生物杀菌剂新产品 25 个，通过国家农药登记产品 4 个（次）、微生物肥料登记 7 个，2 个产品被评为“国家重点新产品”。其中，“10 亿芽孢 / 克枯草芽孢杆菌（NCD-2 菌株）可湿性粉剂”是国际上率先登记的防治作物黄萎病的微生物杀菌剂，相关成果整体达到国际领先水平；微生物杀菌剂“80 亿 CFU/ 毫升枯草芽孢杆菌（BAB-1 菌株）悬浮剂”高效防治蔬菜白粉病、灰霉病、叶霉病等气传病害，已转让 2 家企业完成了农药登记，相关成果整体达到国际先进水平，其中制剂研究达国际领先水平；“100 亿

CFU/ 克枯草芽孢杆菌（NCD-2 菌株）可湿性粉剂”以辣椒枯萎病为防治对象通过农药登记，丰富了微生物杀菌剂的种类。团队注重研究成果的落地转化，与浙江泰达作物科技有限公司、保定市科绿丰生化科技有限公司等 5 家农药企业合作，共登记农药和微生物肥料新产品 11 个，在棉花、马铃薯、番茄、黄瓜、甜瓜、辣椒、香蕉和中药材等重要经济作物上大面积应用，经济效益、社会效益和生态效益显著。特别是与跨国农药企业浙江泰达作物科技有限公司合作，在南美和欧盟等地开展农药登记工作，为研制的微生物杀菌剂产品打入国际市场奠定了基础。

团队共承担国家和省级科研项目 30 余项，其中主持国家“863 计划”项目课题 2 项、国家公益性行业（农业）专项 1 项、国家自然科学基金项目 9 项、国家棉花产业技术体系岗位科学家项目 1 项、国家重点研发计划课题 1 项；获得国家科技进步二等奖 1 项、河北省技术发明一等奖 1 项、河北省科技进步一等奖 2 项；申请国家发明专利 50 余件，获得授权专利 27 件；发表学术论文 180 余篇，其中 SCI 源论文 15 篇；培养研究生 40 余名，其中博士研究生 3 名。

山西大学量子精密测量团队简要事迹

山西大学量子精密测量团队依托山西大学激光光谱研究所建立。山西大学激光光谱研究所成立于2000年，现有专业教师40人（其中教授22人），具有博士学位的研究人员40人，海外特聘教授8人；其中，国家重大研究计划首席科学家1人，国家重点研发计划首席科学家1人，“长江学者”特聘教授2人，享受政府特殊津贴人员3人，国家自然科学基金优秀青年基金获得者3人，国家级其他高层次人才2人，德国科学院院士1人，教育部跨世纪、新世纪优秀人才基金获得者3人。山西大学量子精密测量团队已形成一支以中青年教师为主、结构合理且相对稳定的优秀教师团队，先后被评为教育部创新团队、山西省高等学校优秀创新团队。团队先后获得山西青年五四奖状、先进党支部、工人先锋号等集体荣誉，多人荣获山西省五一劳动奖章等荣誉称号，典型模范事迹被山西新闻联播、《中国教育报》、《科技日报》等新闻媒体广泛报道。

近年来，团队围绕量子科技等国家重点战略布局领域，提出可控里德堡原子缀饰态与微波电场相干耦合进行微波测量的新方法，在国际上首次研制了里德堡原子微波超外差接收机；微波探测灵敏度达到55 nV/（cm · $Hz^{1/2}$），优于之前国际最好水平1 000倍，最小可探测微波场强达到了400 pV/cm；首次实现了微波电场相位和频率量子精密测量。同时完成了 X 波段雷达测速样机的功能演示，可用于对超低速度运动目标到超高速飞行器的探测。研究成果入选教育部“2020 年度中国高等学校十大科技进展”以及“2020 中国光学领域十大社会影响力事件（Light 10）”。

团队主持承担了国家重大研究计划（“973 计划”）项目、国家重点研发计划项目、国家“863 计划”、科技部国际科技合作与交流专项、国家重大仪器研制项目、国家杰出青年科学基金、优秀青年科学基金、重点项目以及军委科技委创新特区项目等国家级项目共 89 项；在《自然·物理学》及《物理评论快报》等期刊发表学术论文 340 余篇，获国家 / 国际授权发明专利 105 项；获中国通信学会科学技术奖一等奖 1 项，山西省科学技术奖自然科学类一等奖 2 项，山西省科学技术奖技术发明类一等奖 2 项，山西省科学技术（科学技术合作类）奖一等奖 1 项。团队广泛开展了与航天科工集团、中国电科集团、中国工程物理研究院、中国计量科学研究院等单位的合作研究，共同研发基于原子传感器的新体制雷达、新体制太赫兹传感器、中远红外电磁波探测装置等，研究成果对国防态势感知、预警、深空通信等领域具有重要的价值。

山西医科大学第二医院骨科简要事迹

山西医科大学第二医院骨科（以下简称科室）成立于1958年，是国内第一批成立骨科专业学科的机构，是山西省骨科的发源地，硕士、博士学位授予单位，历经多年的发展，成为国家首批临床重点专科单位、山西省骨科住院医师规范化培训基地、山西省骨与关节疾病临床医学研究中心、山西省骨科专科联盟理事长单位、山西省“136”兴医工程领军临床专科建设单位。近几年，骨科细化专业，形成了7个亚专业、14个子专业、1个辅助专业，拥有500张床位，348名医、技、护人员，骨科医师146人。其中博士后5人，博士64人，硕士52人；具有高级职称人员81人；享受政府特殊津贴人员6人，国内聘任的客座教授6人，“三晋英才”31人；博士生导师8人、硕士生导师39人；中华医学会国家二级学会任职16人，专业学组任职21人，中华级期刊编委14人，国家级期刊编委29人；50%以上的中青年医生在美国、澳大利亚、日本、欧洲等医学先进的国家和地区接受过培训或研修。科室已培养博士后4人，博士研究生20余人，硕士研究生500余人。在省委省政府“136”兴医工程支持下，科室柔性引进邱贵兴院士、张英泽院士及“长江学者”冯世庆教授等10名国内顶尖专家助力学科发展。2012年和2017年科室两次荣获“全国卫生系统先进集体”荣誉称号。

科室购置先进医疗设备，陆续开展了一系列省内乃至国内领先的新技术新项目30余项，年门诊量21万人次、手术量1.8万余台，占到全院年手术量的1/2。

山西医科大学第二医院骨科拥有骨与软组织损伤修复山西省重点实验室、山西省骨与关节疾病工程实验室，总面积1 000平方米，包括1个公共实验室、7个功能实验平台，是一个面向全省开放的资源共享平台。科室设立院士专家工作站和诺贝尔奖得主George Fitzgerald Smoot教授3D打印工作室，并入选山西省“1331工程”重点实验室建设计划、山西省双创联盟机构，荣获山西省高等学校优秀创新团队和骨关节病诊断与治疗科技创新重点团队称号。近五年科室承担国家和省部级科研项目72项，科研经费达1 300多万元，国际合作项目1项、中央引导地方科技发展专项资金项目1项，国家自然科学基金项目10项（3项基础研究向临床应用转化）；科室成员发表学术论文361篇，其中SCI收录95篇（最高影响因子IF=9.64），中华级论文89篇；出版学术专著16部；获国家专利43项，实现成果转化2项；荣获山西省科技进步奖8项，其中一等奖2项、二等奖5项、三等奖1项；科室在中国医院科技量值（STEM）排名（全国100家医院）第40名。

内蒙古大学牛遗传改良与生物育种技术团队简要事迹

内蒙古大学牛遗传改良与生物育种技术团队组建于2007年，前身内蒙古大学实验动物研究中心曾于1989年成功培育出我国首例、首批“试管绵羊”和“试管牛”。2017年，团队经科技部批准成立“省部共建草原家畜生殖调控与繁育国家重点实验室”。团队目前共有9名教师，其中具有正高级职称人员3人，博士7人，教育部“长江学者”特聘教授1人，全国“先进科技工作者”1人，内蒙古自治区“草原英才”1人。团队多年来致力于创新和开发家畜种质资源、攻克良种自给自足的“卡脖子”难题，在家畜生物育种研究与应用方面填补了国际空白，并在基础研究领域取得了一系列具有影响力的原创性研究成果，为我国家畜生物育种奠定了理论基础。

团队针对我国本土肉牛生长速度慢、产肉性能差等长期未能破解的难题，通过基因编辑和体细胞克隆等现代生物育种手段，成功培育出有自主知识产权的高产、优质“双肌蒙古牛”“双肌鲁西牛”“双肌西门塔尔牛”3个新品系。该成果不仅保护了蒙古牛种质资源，还得到了产业开发应用。相关研究成果获得了农业农村部“对于我国黄牛种质资源保护、开发和利用具有里程碑意义，对于增强我国畜牧种业自主创新具有重大战略意义”的科技评价。

团队通过体细胞克隆和现代生物育种技术，与圣牧和圣泉牧业公司分别建立了“良种牛繁育中心”，已形成了2个“万头牛标准化养殖基地”。在团队与内蒙古赛诺草原羊业有限公司建立的“杜蒙羊生态型养殖模式”下，羔羊平均早出栏4~5个月，实现了两年三产，带动当地近3 000户牧民增收致富，极大地助力了脱贫攻坚目标任务的完成。此外，团队还在推进“内蒙古大学—蒙天然奶绵羊合作研究项目”，培育适应本地气候条件的乳肉兼用奶绵羊新品系，目前已形成4 000余只的“蒙古奶绵羊”新品种核心群。

团队先后主持国家科技重大专项课题“高产优质肉牛新品种培育”、“973计划”项目“动物体细胞重编程机制研究”、“863计划”课题“动物基因删除技术与育种应用研究”、国家发展改革委“雪龙黑牛生物育种高技术产业化示范工程”及自治区重大课题“蒙古牛遗传种质解析与品系培育”、“优秀种畜克隆及产业化”、“高效草原生态畜牧业示范集成与推广”等。“良种牛羊高效克隆技术”获国家技术发明二等奖。团队发表论文200多篇，其中高水平论文100余篇；主编及参编学术著作8部。

内蒙古工业大学自治区煤基固废高效循环利用科技创新团队简要事迹

内蒙古工业大学自治区煤基固废高效循环利用科技创新团队成立于2014年，现有专业教师32人，其中具有高级职称人员14人，博士26人，教育部新世纪优秀人才1人，内蒙古自治区突出贡献专家1人，内蒙古自治区“草原英才”3人。团队以煤基固废高值化利用的基础理论研究和技术开发为核心，针对内蒙古自治区的煤基固废资源特征，结合我国煤基固废资源开发利用现状，以特色环境与节能材料开发为主线，开展基础性、前沿性和探索性的科学研究和技术开发示范，持续开发煤基固废高值化利用核心技术和装备；不断研发具有广阔市场前景和重要产业化价值的新材料和新产品，孵化培育自治区节能环保战略性新兴产业，构建煤炭高效转化与循环经济产业链条。

围绕煤基固废综合利用和多尺度－多介质污染协同治理重大科学问题，团队面向环境材料制备及PM2.5污染控制、新型功能化工填料和微生物环境技术三个特色研究领域开展工作，构建利用煤基固废制备硅基环境材料和新型化工填料、吸附材料应用于污染控制和吸附材料微生物再生制备生物地质肥料的循环闭合技术链。团队研发的硅基环境材料采用水热合成和表面负载等关键技术，具有生产成本低、工艺技术可靠和协同脱除污染物等特性；研发的新型化工填料采用气流解聚、包覆改性和浸渍等关键技术，填料表面具有双亲性能和吸附固定特性，可作为橡塑材料的绿色功能填料或特殊功能材料；研发的微生物再生与生物地质肥料采用细胞固定化微生物再生吸附材料生产保水保肥生物肥料和缓释肥料，营养成分保持率高，且不排放 NO_x 废气。团队陆续获批国家发展改革委和自治区发展改革委工程研究中心、内蒙古自治区重点实验室和内蒙古自治区工程研究中心等平台，不断在煤基固废高值化利用的过程中解决大气污染、水污染和固废利用难题，形成固废循环、污染控制和回归自然的理念与技术模式，实现了大宗固废的循环综合利用和污染控制成本降低。

团队及其成员承担国家重点研发计划项目 1 项，国家自然科学基金项目 7 项，内蒙古自治区科技重大专项 2 项，累计发表高水平论文 90 余篇，申请和授权国家发明专利 15 项，出版专著 1 部；获得国家科技进步二等奖 1 项，内蒙古自治区科技进步一等奖 2 项，内蒙古自治区科技进步二等奖 1 项。团队针对工业固废制备纳米微孔环境材料、纳米微孔环境材料改性与造粒及其相关应用技术和煤基固废制备肥料利用技术及水处理相关技术应用，与深圳伊晨环境科技有限公司进行了成果转化，实现科技成果转化收益 600 万元。

沈阳芯源微电子设备股份有限公司前道涂胶显影设备研发团队简要事迹

沈阳芯源微电子设备股份有限公司成立于2002年，主要从事半导体专用设备的研发、生产和销售，产品包括光刻工序涂胶显影设备和单片式湿法设备，2019年在上交所科创板上市，是辽宁省科创板第一股，光刻设备第一股。前道涂胶显影设备研发团队以宗润福为技术带头人，包含陈兴隆、王绍勇、赵乃霞、程虎等5名核心人员，专业领域涵盖了集成电路单片处理设备的机械设计制造、工艺应用开发、控制系统设计及软件开发等多种学科，是一支梯队合理、专业互补的高水平创新团队，能紧密跟踪国际先进技术发展趋势，具有较强的科研发展潜力及较高的学术水平。

前道涂胶显影设备通常与光刻机配合作业，共同保证光刻线宽和良率，是集成电路制造不可或缺的关键工艺设备，但目前该类设备的市场和工艺技术几乎100%被国外巨头垄断，是“卡脖子”短板。团队通过自主研发，先后攻克了叠层式架构开发、核心工艺单元优化设计、机台内部温度场与流场微环境控制、多机械手调度及控制软件开发等多项核心关键技术，成功开发出了国内首台集成电路前道芯片制程领域的集束型多层涂胶显影机，可与光刻机设备联机作业或者独立作业，适用于ArF、KrF、I-Line、Standalone BARC、SOC、SOD、SOG等多种涂覆工艺。该产品已顺利通过上海华力、厦门士兰集科等客户工艺验证，产品性能稳定，膜厚均匀性、热板温度均匀性等主要性能指标达到同类产品国际先进水平，填补了国内空白，满足 12 英寸集成电路前道芯片制程生产线的工艺要求，在集成电路制造领域具有广泛的应用前景。通过在客户端的验证与持续改进，该产品在多个关键技术方面取得重大突破，各项指标均得到明显改善或提升，技术成果已成功应用到新产品中，并陆续获得上海华力、中芯国际、上海积塔、青岛芯恩、昆明京东方等多个前道大客户的订单及应用。

团队曾先后承担并完成“02 专项”国家重大专项项目 2 项，省（区、市）研发项目数十项；累计获得授权专利 34 项，软件著作权 15 项；主持制定行业技术标准 2 项，并多次获得国家战略性创新产品、国家重点新产品、辽宁省科技进步奖、辽宁省优秀新产品奖、辽宁省企业重大研发成果奖等荣誉。截至目前，团队核心成果前道涂胶显影设备累计新增合同额近 4.2 亿元，成功突破“卡脖子”短板，实现小批量国产替代，取得了显著的经济效益和社会效益。

沈阳农业大学设施园艺创新团队简要事迹

沈阳农业大学设施园艺创新团队是我国最早从事日光温室蔬菜栽培研究的团队，由 1952 年建立的蔬菜栽培研究组于 1978 年调整而成。团队现有专业教师 24 人，有目前中国设施农业领域唯一的中国工程院院士李天来教授，以及其他教授、副教授 15 人。其中，具有博士学位 19 人，具有海外留学经历 12 人，博士生导师 11 人，硕士生导师 19 人，享受政府特殊津贴人员 2 人，国家教学名师和全国教书育人楷模 1 人，现代农业产业体系岗位专家 2 人，荣获国家级人才称号 6 人次、各类省市级人才称号 18 人次。

团队为日光温室技术从辽宁推向全国，成为我国农业种植业中效益最好的产业作出了重要贡献，日光温室使用面积现已发展至 60 余万公顷。团队研制出我国第一代节能日光温室及其蔬菜栽培技术体系，开创了 −20 ℃以上地区冬季不加温生产果菜的先例，解决了我国北方居民“冬季吃新鲜蔬菜难”问题；率先创建了日光温室节能设计理论与方法，研制出第三代系列节能日光温室，构建了节能日光温室蔬菜栽培模式与技术体系，实现了 −28 ℃以上地区冬季不加温全季节高产优质生产果菜，将日光温室果菜冬季不加温生产区向北推移 3 个纬度，创造了北方寒区日光温室番茄和黄瓜年亩产 2.5 万千克的高产纪录，引领了我国日光温室技术的发展方向，推动了日光温室产业的形成、发展和壮大。

多年来，团队教师立足教学科研岗位，积极服务社会并开展扶贫工作，承担辽宁省村级服务平台项目，组建省、市级科技特派团 8 个，为山西省岚县、云南省普洱市、内蒙古自治区宁城县、青海省海西州、甘肃省靖远县、江西省井冈山市等国家级贫困地区蔬菜产业长远发展提供决策咨询、技术支撑和定点帮扶，助推当地设施园艺产业发展，助力脱贫，促进乡村振兴。

团队于 2009 年入选国家级教学团队，2017 年获评农业部优秀创新团队，2018 年获评首批“全国高校黄大年式教师团队”称号，2019 年设施园艺党支部被评为“全国党建工作样板支部”。研究成果先后获国家科技进步二等奖 1 项、全国创新争先奖 1 项、中华农业英才奖 1 项，省部级科技进步一等奖 10 项、二等奖 8 项，先后出版《日光温室蔬菜栽培理论与实践》等 10 余部著作，获授权专利 70 余件。“十二五”以来，团队共承担科研项目 112 项，其中国家级课题 65 项，国家自然科学基金项目 42 项，发表论文 397 篇，其中 SCI 收录 152 篇。这些研究成果在我国北方地区大面积推广应用，累计创造经济效益 650 余亿元，不仅丰富了城乡居民的“菜篮子”，还鼓起了菜农的“钱袋子”，推动了我国日光温室园艺产业的发展壮大。

长春理工大学空间目标光电探测与光信息传输技术团队简要事迹

长春理工大学空间目标光电探测与光信息传输技术团队成立于2006年，现有科研教师98人，其中具有高级职称人员59人，博士85人，中国工程院院士1人，其他国家级人才21人，获得首批“全国高校黄大年式教师团队”“全国工人先锋号”等多项国家和省部级荣誉称号。团队以光学工程国家重点学科为依托，以光电测控与光信息传输技术教育部重点实验室、空间光电技术国家地方联合工程研究中心为依托，设有空间目标光电信息探测、空间目标光电精密检测、空间信息高速传输应用、探测核心器件与新技术等四个研究方向。

在空间目标光电信息探测方向，团队在国内首次研制成功车载光电系统动态性能测试、机载多维度高分辨率光学成像、全偏振分时和同时成像探测等复杂光电目标探测系统，在陆、海、空多种装备定型测试中广泛应用，获国家科技进步二等奖1项、部省级科技一等奖5项。在空间目标光电精密检测方向，研制成功激光特殊性能测试系统、空天飞行器结构检测与评估系统、星模拟器等，广泛应用到航空、航天、气象等领域，在北斗、高分、实践、风云等国家重点卫星型号，神舟、天宫等载人航天，嫦娥、火星深空探测等国家重大工程及吉林一号卫星研制中发挥了重要作用，获省部级科技一等奖5项。在空间信息高速传输应用方向，团队成功进行了船与车、飞艇与船、两直升机、两固定翼飞机间高速率、远距离激光通信试验，在国内首次实现激光通信“地面动中通”“航空飞中通”和“双动态”，高速率机载激光通信实现国际最远距离；获国家技术发明二等奖 1 项、省部级科技一等奖 4 项。还在国内外首次提出“一对多”同时激光通信新原理并研制成功通信装置，完成国家自然科学基金重大项目外场试验，国家自然科学基金委员会在简报中评价为在国际首次实现了一点对多点同时激光通信，实现三点间通信速率 2.5 Gbps，通信距离 2 km。在探测核心器件与新技术方向，团队在多光谱芯片、快速反射镜、双谱段红外探测器、偏振探测器研制方面取得突破性成果，已成功应用于目标探测、环境监测、城市安防、道路交通等多个领域，为空间目标光电探测技术的发展提供了重要理论和技术支撑。

团队紧密围绕国家重大战略规划、地方经济社会发展重大需求，承担国家重点研发计划、国家自然科学基金等重大科研项目 1 167 项，获得国家级科技奖励 2 项、省部级科技奖励 92 项（其中一等奖 16 项），出版学术著作 70 部，发表的学术论文被 SCI、EI 收录 1 793 篇，授权发明专利 303 项，制定国家标准 2 项。

长春中医药大学附属医院简要事迹

长春中医药大学附属医院始建于1958年，设有本部红旗院区、经开院区妇产诊疗中心、儿童诊疗中心和烧锅院区，总建筑面积15.17万平方米，开放床位2 003张，是吉林省唯一一所集中医医疗、教学、科研、预防、康复、保健于一体的综合性三级甲等中医院。医院拥有国医大师3人，双聘院士1人，全国名中医2人，“长江学者”特聘教授1人，“百千万人才工程”国家级人选1人，国家中医药传承与创新“百千万”人才工程（岐黄工程）岐黄学者2人，终身教授5人，“长白山学者”特聘教授2人，长白山技能名师2人，省市名医55人，博士生导师42人、硕士生导师156人，具有高级职称人员358人，吉林省有突出贡献中青年专业技术人才25人，吉林省拔尖创新人才19人。

医院有国家中医药多学科交叉创新团队1个，国家区域中医诊疗中心5个，国家临床重点专科7个，国家中医药管理局重点学科15个，国家中医药管理局重点专科13个。“十三五”期间，医院主持承担科技部国家重点研发计划项目5项，获得吉林省科技进步一等奖3项，二等奖18项，三等奖24项。医院获评国家中医临床研究基地、国家中医传承创新中心、国家区域诊疗中心、全国卫生系统先进集体、全国援外医疗工作先进集体等荣誉称号。

医院始终坚持中医院“姓公姓中”的办院根本，聚焦统领性和公益性，走出了一条集聚人才、培育名医、创建名科、推广名药、打造名院的医教协同育人的创新之路；成功获批吉林省首家中医互联网医院，建设具有吉林范式的智慧医院，充分整合医院优势科技资源，积极推动地方中医药产业发展。

2020 年，在抗击新冠肺炎疫情中，长春中医药大学附属医院坚守中医人的担当和责任，彰显了家国情怀和社会价值。从前方的逆行武汉、吉林、新疆、通化到后方的护航守家，医院以丰厚的中医药底蕴为根基，传承精华，守正创新，发挥中医药在抗疫中的优势，打出了同心抗疫组合拳，跑出了中医战疫加速度。医院被评为“全国先进基层党组织”“全国抗击新冠肺炎疫情工作先进集体”，这是医院首次获得党中央表彰嘉奖，也是全国中医药系统唯一获得两项集体荣誉的大学附属医院。同时，医院是首批国家中医应急救援队之一，被授予“国家中医应急医疗队伍”“国家疫病防治及紧急医学救援基地建设单位”称号。2021 年 3 月，全国三级公立中医医院绩效考核公布，医院以总分 900 分的优异成绩排名全国第五名，持续领跑吉林省和东北地区，位列国家第一方阵。

哈尔滨医科大学附属第二医院心血管团队简要事迹

哈尔滨医科大学附属第二医院心血管团队成立于1954年，拥有医生、技师及实验室科研人员131人、护士265人。其中具有正高级职称人员51人，博士生导师19人，培养了“国家优青”等4名国家级优秀人才、“省杰青”及“龙江学者”等省部级人才10人。团队主要从事心血管疾病的诊断、治疗及科研工作，近几年，在学科建设和人才培养方面均取得蓬勃发展，临床、教学、科研硕果累累，现已成为国内一流、国际先进的学科，连续7年在复旦大学中国最佳医院专科声誉排行榜前十，2019年度和2020年度蝉联第七名。

团队始终秉承为民攻关、为民坚守的光荣传统，长期聚焦冠心病领域研究，在攻克现代冠心病诊疗三大世界性难题（精准诊疗、高危斑块预警及再发事件预测）方面取得一系列突破性原创成果：国际上首次实现了冠心病急性事件基于病因的精准诊疗，突破了冠心病急性事件病因在体诊断的瓶颈，开了基于病因冠心病精准治疗的先河，降低1/4支架植入率，转变了冠心病传统治疗模式；构建了急性冠脉综合征（ACS）高危斑块破裂或侵蚀的预警体系，推动了冠心病定向精准防控，为降低急性事件发生率指明了方向；最先提出新生动脉粥样硬化斑块（ISNA）破裂是晚期冠脉支架致死性并发症的重要原因，建立了冠心病介入后再发事件的影像学预警指标，为精准优化支架植入提供了标准。在此研究成果基础上，结合中国冠心病诊治现状，团队创立了冠心病精准介入诊疗体系并推广至全国，显著降低了冠心病急性事件支架植入率及院内死亡率；自主研发了国际领先的原创冠脉腔内影像设备，开创性地实现了高速、光声双模同步兼备，技术指标国际领先，解决了我国冠状动脉多模成像"卡脖子"问题，引领我国冠心病介入诊疗走向精准优化。

近五年，团队在科研领域大放光彩，硕果累累，荣获国家科技进步二等奖、何梁何利基金科技奖、中华医学科技奖一等奖、华夏医学科技奖一等奖及黑龙江省科技进步一等奖在内的近 20 项省部级以上科研奖励。作为牵头人或课题负责人，团队承担国家级重点专项研究项目 5 项、主持国家自然科学基金面上项目及青年基金项目 41 项；累计发表 SCI 文章 178 篇，其中影响因子大于 20 的论文 5 篇，影响因子 10~20 的论文 10 篇，其中 2 篇入选爱思唯尔当年高被引论文，1 篇被 F1000 Prime 评为本领域最有影响力的研究成果之一；研究成果 8 次被写入中外指南，牵头编写指南 2 部；研究成果 10 次被编入国际权威内科学和心血管病学教科书。

黑龙江省农业科学院水稻研究所生物技术育种团队简要事迹

黑龙江省农业科学院水稻研究所生物技术育种团队成立于2000年，主要从事寒地早粳稻新品种选育研究。现有专业技术人才9人，其中农业农村部水稻专家组副组长，全国五一劳动奖章获得者、全国优秀科技工作者、全国农业科技推广标兵、全国创新争先奖获得者、黑龙江省作物品种审定委员会水稻首席专家1人；省级领军人才梯队水稻育种学科带头人、后备带头人各1人；二级、三级、四级研究员各2人，副研究员3人；博士3人，硕士6人；享受政府特殊津贴人员1人，黑龙江省人民政府特殊津贴2人，黑龙江省杰出青年科学基金获得者1人，黑龙江省青年科技奖获得者2人。

团队研发出我国具有自主知识产权的最大粳稻品种“龙粳31”，成为全国年种植面积最大的粳稻品种，也是近20年全国第一大水稻品种，仅黑龙江省累计推广面积就达1.04亿亩，近15年全国第一，彻底取代了“称霸”黑龙江省十余年的日本品种“空育131”，改变了国外品种主导寒地早粳稻区水稻生产的局面，解决了黑龙江水稻生产的种源“卡脖子”问题。“寒地早粳稻优质高产多抗龙粳新品种”入选国家“十三五”农业科技十大标志性成果，处于国际领先地位。团队培育出我国北方稻区主导品种“龙粳14”“龙粳21”“龙粳25”。其中，“龙粳14”为黑龙江省第一个早熟超级稻品种；“龙粳21”后熟快、优质、抗倒，在插秧直播兼用新品种选育上取得了新突破；“龙粳25”利用籼粳杂交集聚亚种间有利基因等综合育种技术取得了新突破。团队首次提出并创建了具有独特性的“寒地早粳稻早期繁茂多抗新株型”育种理论，破解了寒地早粳稻育种理论的重大科学问题，为我国寒地早粳稻育种开辟了一条新途径，引领寒地早粳稻育种进入了新时代。

近五年，团队承担国家和省部级课题11项，获专项资金2 145万元；获各类科研奖励35项，其中国家科技进步二等奖1项、省部级奖13项。“寒地早粳稻优质高产多抗龙粳新品种选育及应用”于2017年获国家科技进步二等奖，“龙粳14”“龙粳21”“龙粳25”“龙粳31”等品种均获黑龙江省科技进步一等奖，“寒地早粳耐冷抗病新品种选育及推广应用”获中华农业科技一等奖。团队在GENOMICS，ROYAL SOCIETY OPEN SCIENCE等期刊发表SCI论文4篇，其他刊物发表论文132篇，出版专著10部，获植物新品种权51项；育成水稻品种44个，累计推广面积2.1亿亩，增收稻谷105亿千克，成果转让资金收入达1.76亿元，累计增创经济效益294亿元。

上海交通大学医学院附属瑞金医院内分泌代谢病学科简要事迹

上海交通大学医学院附属瑞金医院内分泌代谢病学科（以下简称学科团队）形成于20世纪50年代，现有学科核心成员63人。其中，具有正高级职称人员24人，博士36人，博士生导师18人，中国工程院院士1人、“百千万人才工程”国家级人选2人、“长江学者”特聘教授2人。学科团队是国家临床医学研究中心、国家自然科学基金委基础科学中心、国家卫生健康委员会重点实验室、国家重点学科和国家临床重点专科等，同时也是国家重大科学基础设施转化医学、国家基因组学重点实验室和疑难病诊治能力提升计划的重要组成部分。

学科团队将内分泌肿瘤和代谢性疾病的临床诊治和转化医学作为研究方向，探索出精准医学和智慧医疗在临床实践的应用：在国内率先系统性建立78种激素检测，为国内首个通过CAP（美国病理学家学会）认证的临床内分泌实验室；在国际上率先提出三类十种内分泌肿瘤分子分类方法，研发34项临床诊断新技术，使内分泌肿瘤确诊率从48%提高到92%，极大提升了肿瘤预测率，达到国际先进水平；原创性发现5个系统性肥胖和糖尿病干预新靶点与20种糖尿病危险因素，提出肠道菌群肠型判断糖尿病药物疗效的全新治疗理念，证实二甲双胍的心脏保护作用并证实黄连素可用于糖尿病的治疗；创建中国65万人、600万份样本代谢性疾病资源库，为代谢性疾病基础与临床研究提供资源共享平台；首创国家标准化代谢性疾病管理中心，立足“一个中心，一站服务，一个标准”理念，打造线上线下、院内院外、多重获益的全病程管理模式，创建代谢一体机、瑞宁知糖、瑞宁知心等一系列自主知识产权产品，创新性地结合先进诊疗设备与物联网技术，建立一套完备的质量创新理论模式与技术方法，为中国慢病管理提供全新质量管理模式。

学科团队承担国家重点研发项目 12 项、国家自然科学基金委员会基础科学中心项目 1 项和创新研究群体项目 2 项，其他国家级课题 60 余项、省部级课题 30 余项，协议科研经费 2 亿余元；研究成果在国际一流学术期刊发表论文 600 余篇，获中国百篇最具影响国际学术论文，单篇最高引用近千次；授权中国发明专利 34 项、实现转化 4 项，获得国家科技进步二等奖 4 项，获美国临床内分泌医师学会国际内分泌学奖、以色列糖尿病联盟终身成就奖、国际内分泌学会杰出贡献奖、法国医学科学院赛维雅奖、银蛇奖特别荣誉奖 1 次、一等奖 1 次和三等奖 2 次等，连续 10 年为复旦版“中国医院最佳专科声誉排行榜（内分泌科）”第一名，连续 6 年为中国医院科技影响力排行榜（内分泌代谢病专科）第一名。

上海集成电路研发中心有限公司国产设备材料验证和配套工艺开发团队简要事迹

上海集成电路研发中心有限公司国产设备材料验证和配套工艺开发团队成立于2002年，现有人员80余人，其中具有正高级职称人员3人，博士22人，年度“上海领军人才”2人，享受政府特殊津贴人员2人，上海市劳动模范1人。

团队建成的12英寸国产工艺设备和材料的第三方公共验证评价平台，以先进工艺带动装备和材料研发评价的方式，帮助国内多家集成电路企业开展各类研究和工艺验证，推动了集成电路关键核心技术的重大战略突破和产业发展水平的整体提升。自2015年以来，团队所建成的平台已为90 nm工艺ArF光刻机、14 nm硅刻蚀机等20台国产设备和ArF光刻胶、铜研磨液、铜电镀液及添加剂等10多种国产材料提供了测试验证和配套工艺开发，半数以上已完成验证并进入大生产线实现量产应用。这些设备和材料主要是面向先进工艺的新研制产品，囊括了国内相关领域主要厂家，代表该领域自主研发的最高水平，缩短了我国集成电路与世界先进水平的差距。团队所建成的平台为国内自主研发的首台90 nm工艺ArF光刻机完成工艺测试和产品验证，帮助其实现了国产i-line光刻机的量产应用，极大提振了自主研制国产光刻机的信心。

团队完成了12英寸40 nm铜互连工艺平台建设和工艺自主开发，并已应用于小批量产品加工；完成了 14 nm FinFET 双重图形化 SADP 核心工艺研发，沟槽深度、深度均匀性、侧墙角度等各项指标均达到量产工艺要求。这一成果填补了国产高端集成电路设备在先进集成电路工艺制程领域的空白。在光刻胶的开发应用领域，团队仅用两年时间就协助完成了国产 90 nm 工艺 ArF 光刻胶的开发、优化和定型，并通过寿命测试，综合光刻技术指标匹配甚至略优于商用光刻胶产品，目前已进入大生产线试用阶段，下一步将着力推动 55 nm 工艺 ArF 浸没式光刻胶、40 nm 和 28 nm 工艺 ArF 光刻胶的开发应用。同时，团队积极与国内光刻胶厂商开展广泛合作，助力国产光刻材料短期内实现跨越式发展。

团队依托公司“国家级集成电路高技能人才实训基地”平台，每年提供 2 000 人次以上的高技能人才培训，为国产光刻机装备行业和光刻工艺开发领域培养了大量人才，改善了国内相关领域人才短缺的境况，为中国集成电路产业高质量发展提供了有力的技术支撑和人才保障。团队自成立以来，承担了多项国家重大专项项目及课题，多人多次荣获上海市科学技术奖一等奖，累计形成发明专利 581 项，技术研发成果显著，有力地推进了集成电路设备和材料的国产化进程。

苏州大学纳米科学技术学院简要事迹

苏州大学纳米科学技术学院于 2010 年由国际著名材料学家、中国科学院李述汤院士组建创立，是国内首个聚焦纳米材料与技术专业建设的学院。学院在全球延揽人才，现有教职工 120 余人，其中专任教师 86 人，具有高级职称人员 74 人；中国科学院院士、发展中国家科学院院士 1 人，欧洲科学院外籍院士 1 人，入选国家级重点（含青年）人才计划 50 人次，全球高被引科学家 41 人次。学院先后被授予全国教育先进集体、中国侨界贡献奖创新团队、国家自然科学基金委创新研究群体、科技部创新人才推进计划重点领域创新团队等省部级及以上荣誉称号 13 个。

面向国家在照明、发光领域的重大需求，鉴于学院在有机白光照明方面的技术优势，学院科研团队与江苏省产业技术研究院、苏州市吴江区人民政府共建了江苏省产业技术研究院有机光电技术研究所，获投资 3.5 亿元。学院现已成功打造出我国首条自主设计制造的 G2.5 代 OLED（有机发光二极管器件）蒸镀产线，突破了国外技术垄断，填补了 OLED 产线装备空白，实现 OLED 面板量产；研制的柔性白光 OLED 效率已达到国际最高，实现了国内性能最高、发光面积最大的白光 OLED 面板，有效推动了具有自主知识产权的 OLED 健康照明产品的开发和应用，实现了科研“创新链”与“产业链”的深度融合。

学院成立以来，先后获批国家试点学院、国家“2011 计划”协同创新中心、国家高等学校学科创新引智计划、国家级一流本科专业建设点等国家级平台，同时在科学研究、人才培养、学科发展等方面均获得了优异成果。在科学研究方面，学院累计获批科研项目 542 项，经费逾 8.17 亿元，基金委重大研究计划集成项目、国家重点研发计划重点专项等 40 项；在国际知名学术期刊发表论文 2 300 余篇，高质量论文 500 余篇，4 篇论文入选“中国百篇最具影响国际学术论文”；获授权专利 191 项、技术转让 57 项，孵化高新技术企业 8 家；成功设计一种新型碳基光催化剂，利用太阳能实现高效的完全分解水，入选 2015 年“中国科学十大进展”；首次实验揭示在二维材料平面内各向异性传播的超低损耗极化激元，入选 2018 年“中国光学十大进展”。在人才培养方面，学院聚焦立德树人，探索形成了教科融合、学科融合、国际融合的纳米专业人才“三融合”培养模式，获国家教学成果二等奖，被国际顶级学术期刊 Nature 以“中国高等教育的创新先锋”为题进行专题报道。在学科发展方面，学院主导建设的苏州大学材料科学学科，ESI 从 2011 年全球第 529 位上升至 2021 年全球第 26 位（前 1‰，中国第 9）；2020 年“软科”排名显示，苏州大学纳米科学与技术位列全球第 8。

江苏康缘现代中药研究院创新中药研发团队简要事迹

江苏康缘现代中药研究院创新中药研发团队成立于 2000 年，现有中药研发领域骨干专业技术人才 32 人，其中具有高级职称人员 15 人，博士 16 人，何梁何利基金获得者 1 人，光华工程科技奖获得者 1 人，“百千万人才工程”国家级人选 1 人，享受政府特殊津贴人员 4 人。

团队基于中医传统给药理论与途径，聚焦常见病膝关节骨性关节炎治疗，针对源于清代御医方加减化裁，采用独特凝胶制剂技术，研制上市了符合中医传统给药方式的中药凝胶剂－筋骨止痛凝胶，能够明显缓解骨性关节炎关节疼痛、胫软膝酸、形寒肢冷等临床症状，有效率达到 90％以上，对血、尿常规、肝、肾功能无明显影响，被列入国家“重大新药创制”科技重大专项“十三五”标志性成果之一。

团队研制上市首个以 PAF 受体为靶点的功效成分组合创新药。采用不同来源的银杏叶，制备了不同比例的成分组合物，通过大量试验，发现银杏二萜内酯中 GA、GB、GK 在一定比例范围内组合效应最佳。经过反复研究，发明了水提、吸附、洗脱和重结晶的新工艺，定向制备最佳比例范围的成分组合物，GA、GB、GK 总含量大于 98%，制备方法专利获中国专利金奖；GA、GB、GK 能协同作用于 PAF（血小板活化因子）受体，改善脑血循环，首次发现 GK 能激活肌醇需求酶，清除错误折叠蛋白，减少神经损伤，发挥以 PAF 受体为主要靶点的多通路综合作用，为缺血性脑卒中治疗提供新途径。

团队创建制药过程自决策控制系统及智能制造技术体系，实现中药智能制造零的突破；研发首个人工智能驱动的制药过程知识系统（PKS），是国内目前唯一拥有中药制药 PKS 技术的专利权人；首次在制药过程中实现自动化控制、过程分析、制造执行等多系统融合应用，打破“信息孤岛”，形成成熟完整的智能制造技术体系；设计建成我国第一个中药生产智能工厂，是工业和信息化部首个中药智能制造试点示范项目，示范解决了制药工业质量追溯、智能监管和提质增效三大难题。相关技术推广到 30 多家制药企业应用，推动制药工业向中国制造高质量发展转型升级。

团队承担了国家重大新药创制专项 7 项、国家重点研发项目 2 项、国家标准化行动专项 2 项，申请发明专利 300 余项、授权发明专利 150 余项，获得中药新药证书 1 个，发表学术论文 300 余篇（其中 SCI 论文 82 篇），获得国家技术发明二等奖 1 项、中华中医药学会科学技术奖一等奖 3 项、中国专利奖金奖 1 项、中国专利优秀奖 2 项，成果转化为企业累计实现新增销售收入 30 亿元、利税 9.6 亿元。

浙江新和成股份有限公司研究院简要事迹

浙江新和成股份有限公司研究院成立于1988年，现有研发人员1 098人，其中博士59人、硕士368人、本科507人，正高级工程师5人、高级工程师90人，入选国家级人才计划2人、浙江省级人才计划5人；研发场地面积2.8万平方米，拥有国家企业技术中心，精细化工超临界反应技术国家地方联合工程实验室，国家级模范院士专家工作站，国家级博士后科研工作站；配备原值超3.5亿的带超低温探头的600 M、400 M核磁共振仪，Q-TOF气质联用仪等700余套世界先进分析检测设备；每年研发经费均占销售收入的5%以上，2020年研发支出为5.45亿元。

从1991年开始，研究院先后自主研发出乙氧甲叉、维生素E、生物素、虾青素、柠檬醛等产品，拥有15个国家级新产品、100多个省级新产品，是国内第一家打破VE、VA、PPS国外技术垄断的企业，开发并掌握了一批对经济发展具有战略影响的关键技术。2005年，研究院瞄准蛋氨酸生产技术被国外垄断、产业发展受制于人的现状，联合天津大学、浙江大学组建了50余人的研发团队，针对蛋氨酸国产化开展专项攻关。经过近十年的不懈努力，数万次的实验、分析、对比、论证，2014年7月终于实现技术突破，自主开发的蛋氨酸成套技术通过中国石化联合会组织的专家评审。2017年1月年产5万吨蛋氨酸装置在新和成建成并试产成功，2020

年 10 月新和成年产 10 万吨蛋氨酸项目投产，2021 年年产 15 万吨装置启动建设。从小试到中试、从中试到量产并逐步形成规模化，蛋氨酸国产化的每一个环节都凝聚着研发人员的心血。这是国内第一套拥有完全自主知识产权的蛋氨酸生产装置，是蛋氨酸国产化的里程碑标志，随着我国蛋氨酸大生产技术的突破，国际市场上蛋氨酸价格应声而落，从最高的 130 元 / 千克降至 20 元 / 千克，每年为国家节省外汇支出近 300 亿元。

30 多年来，研究院坚持“创新、人和、竞成”精神，秉承“需求导向、内联外合”的研发理念，把市场化的基础化学原料做成高附加值的功能性化学品，突破了多项“卡脖子”技术，推动创新链、产业链、价值链融合，走出了一条以自主创新为核心驱动力的内涵式发展道路。研究院先后承担国家级、省部级项目 50 多项，成功实施了 15 个国家“火炬”计划，2 个项目获得国家技术发明奖二等奖，1 个项目获中国石油和化学工业联合会科学技术奖技术发明特等奖；获得国内授权专利 359 项，国外授权专利 64 项；主持、参与制定国家标准 28 项、行业标准 10 项。

安徽理工大学深部煤矿采动响应与灾害防控国家重点实验室简要事迹

安徽理工大学深部煤矿采动响应与灾害防控国家重点实验室立足安徽两淮，全面贯彻落实国家能源安全新战略，重点开展应用基础与前沿技术研究，努力搭建促进国家煤炭科技进步、保障能源安全供给、汇聚和培养优秀人才的重要科研平台。实验室现有成员 92 人，具有博士学位 87 人；国家级人才计划 13 人，其中中国工程院院士 1 人；具有正高级职称人员 45 人，副高级职称人员 28 人。

实验室提出了采掘围岩“应力壳”理论，开拓性地将二维矿压理论拓展到三维矿压理论体系，成功研制了全球首台套大型真三维煤与瓦斯突出物理模拟实验系统，揭示了煤与瓦斯突出诱发的力学本质与防控原理，奠定了煤矿瓦斯灾害综合防控的理论基础。实验室首创了巷道底板超挖锚注回填与锚网索注整体加固主动支护成套技术，形成了深井煤层群低透气性突出煤层瓦斯综合治理技术体系，创建了煤－铀共伴生资源协同开采技术体系，发明了带式输送机高效自动换带技术，研发了与“采—充—留”协调适配的煤矸高效光电智能分选技术。实验室研制了带式输送机永磁传动系统，创造性地研发了带式输送机高效自动换带关键装备；自主研制了煤矸高效光电智能分选装备，并成功在淮河能源（集团）股份有限公司进行了工业性试验，开启了煤炭智能洗选的技术革命，该装备也参加了安徽改革开放40周年成果展示。实验室主动融入“能源革命”“健康中国”“长三角一体化”等国家战略，提出能源全生命周期全产业链战略规划，产业发展治理体系等工程科技建议，政、产、学、研、用协同攻关等政策建议。实验室承担了《辞海》（第七版）采矿分科编纂，为国家能源安全和行业高质量发展作出了重大贡献。

实验室多年来主持承担国家重点研发项目课题6项，国家自然科学基金62项，省重大科技专项1项，企业委托重大课题30多项，合同经费2亿多元；获中国产学研合作创新奖一等奖1项，省科技进步奖一等奖6项，国家煤炭行业科技奖一等奖12项，国家职业健康行业科技一等奖1项；发表三类高质量论文761篇，出版专著60部，授权国内发明专利260件，获批国家标准2项、行业标准8项、团体标准1项。团队成员先后获全国抗击新冠肺炎疫情先进个人、首届全国创新争先奖、全国煤炭青年五四奖章、安徽省劳动模范（先进工作者）、安徽省重大科技成就奖、安徽省突出贡献人才奖、安徽省卓越名师等荣誉称号。实验室集体获全国煤炭青年五四奖章集体与安徽省青年五四奖章集体荣誉称号。

安徽智飞龙科马生物制药有限公司简要事迹

安徽智飞龙科马生物制药有限公司是重庆智飞生物制品股份有限公司的全资子公司，是安徽省重点培育和支持的高新技术企业，主营业务为生物制品的研发、生产和销售，现有员工 1 100 余人。公司一直专注于疫苗研发，研发中心人员 240 余人，其中硕士及以上学历 170 余人，占比 86%，平均年龄 31 岁，是一支年轻化、专业程度高、具有探索实践精神且执行力强的科研创新团队。公司被评为安徽省新型人用疫苗工程技术研究中心，历经多年投入，已形成结核产品和病毒类疫苗的产品矩阵和技术梯队。

公司在结核病研究领域已经构建了较为完整的“诊断—预防—治疗”产品体系。2020 年 4 月 23 日，重组结核杆菌融合蛋白（EC）正式获批上市，它解决了应用百年之久的结核菌素类产品无法鉴别卡介苗接种与结核感染的难题。注射用半分枝杆菌于 2021 年 6 月 8 日获批增加适应证，用于预防结核分枝杆菌潜伏感染人群发生结核病。这是继 1921 年卡介苗问世百年来唯一研发成功并上市的生物制品。该制品也可以作为联合用药，用于结核病化疗的辅助治疗。

新冠肺炎疫情发生之际，该公司迅速行动，在前期与中国科学院微生物所合作研发中东呼吸综合征（MERS）冠状病毒疫苗的基础上，继续与中国科学院微生物研究所通力合作，立即启动了重组新型冠状病毒疫苗的研发工作，以超乎寻常的速度推进疫苗开发，从启动研究到生产出第1支新冠疫苗，仅用了272天。Ⅲ期临床试验关键数据表明，该疫苗对于任何严重程度的新型冠状病毒肺炎（COVID-19）保护效力高达81.76%，其中对于COVID-19重症及以上病例、死亡病例的保护效力均为100%。此外，该疫苗对阿尔法（Alpha）变异株的保护效力为92.93%；对德尔塔（Delta）变异株的保护效力为77.54%。疫苗的研发、投产、上市凝聚了集体员工的智慧和汗水。现阶段，我国正在有序进行大规模人群接种工作，疫苗需求很大。为加大疫苗供应，保障广大医务工作者和普通公民接种需求，缓解国内新冠疫苗供应紧张情况，公司全员又积极投身于新冠疫苗的增产、扩产工作中。在工业和信息化部指导下，公司积极开展新增生产线的建设，提高新冠疫苗产能，全力保障疫苗生产供应，并推动新冠疫苗作为全球公共产品，实现在发展中国家的可及性和可负担性，为全球抗击新冠肺炎疫情贡献力量。

公司先后承担1项国家“863计划”项目，5项国家重大传染病防治科技重大专项，3项国家新药创制科技重大专项，1项工业和信息化部儿童联合疫苗、肺炎联合疫苗等新型疫苗项目，1项科技部应急攻关项目，5项安徽省及合肥市攻关项目，总计承担重大专项16项。公司近两年荣誉满载，荣获中国防痨协会科学技术一等奖、国家重大传染病防治专项第一批优秀课题单位等荣誉称号。

宁德时代新型锂电池开发及应用创新团队简要事迹

宁德时代新型锂电池开发及应用创新团队以赵丰刚为团队负责人，团队成员共计 168 人，其中具有高级职称人员 20 人，博士 17 人。

团队承接了国家重点研发计划——智能电网技术与装备专项“100 MW · h 级新型锂电池规模储能技术开发及应用”项目，突破了大规模锂电储能在寿命、安全、能效等方面的技术瓶颈，攻克了金属锂在工业化制程中的稳定性差、生产效率低、安全控制难度大等难题，研发出可大规模生产的阳极锂离子补偿技术，可在电池循环过程中不断释放活性锂，有效缓解了电池容量衰减问题，研制了大于 12 000 次循环寿命储能电池单体；开发出锂离子电池用新型动态阻抗在线识别与动态一致性管理技术，提升了复杂电、热条件下电池系统中各单体的动态一致性。项目各项先进技术成果成功集成应用于晋江 100 MW · h 级储能电站试点示范项目（国内大规模电网侧站房式锂离子电池储能电站，可为附近 3 个 220 kV 重负荷变电站提供调峰调频服务），为可再生能源替代化石能源提供了先进解决方案，并为国家“碳达峰、碳中和”目标的实现提供了关键技术支撑，是锂电储能行业又一次里程碑式发展。

团队攻克了 5 大关键技术，打造了行业标杆，突破了大规模锂电储能在寿命、能效、安全、测试、系统集成等方面的关键技术。团队凭借全生命周期锂离子补偿技术，成功研发的超长寿命电池是业内首款循环寿命达到 12 000 次以上的磷酸铁锂电池，远超市场平均水平 3 000~6 000 次循环寿命的水平。超长寿命储能电池已成功推广至发、输、配、用多项储能项目，为新能源发电并网的安全运行及有效消纳提供了全新的解决方案，推动了电化学储能行业发展，为更大规模级项目建设提供技术支持和落地经验。

团队开发的长寿命、低成本、高一致性新型锂离子电池产品，大幅提高了锂离子电池储能系统的服役寿命，降低了储能系统的全生命周期的成本，提升了国产锂电池储能产品的国际竞争力。该产品曾获第四届国际储能创新大赛“2020 评委会大奖”“2020 储能技术创新典范 TOP10”，实现百兆瓦时级锂电储能系统在晋江 30 MW/108 MW・h 储能电站落地应用，已创造经济效益 15 929.47 万元。2020 年，晋江百兆瓦时级储能电站获评国家能源局首批科技创新（储能）试点示范项目，同年还获得全国首张独立储能电站发电业务许可证（发电类）。

福建农林大学国家菌草工程技术研究中心简要事迹

福建农林大学林占熺研究员在1983年开展“以草代木”栽培食药用菌研究，1986年发明了菌草技术，解决了“菌林矛盾”难题，使菌业发展不受林木资源制约，开辟了菌与草交叉的科研新领域。35年来，菌草技术不断拓展，延伸至生态治理、饲料、肥料，生物质能源和生物材料的开发利用。

1992年，福建农林大学成立以林占熺为负责人的菌草研究所，又于2011年12月组建国家菌草工程技术研究中心。多年来，菌草团队在科技创新、扶贫与援外、生态治理等方面作出了积极贡献。

菌草技术被列为中国扶贫基金会科技扶贫首选项目，福建省对口帮扶宁夏、智力援疆、科技援藏项目，已在全国31个省（区、市）的506个县（市）推广应用，与全国14个集中连片特困区和贫困县共建菌草扶贫示范点71个。团队举办菌草技术扶贫骨干培训班121期，培训全国学员6 925名。据不完全统计，在外地培训的技术人员、扶贫干部和示范生产户达9万多名。其中，1997—2007年，在宁夏帮助17 500多户农户告别贫困，2017—2020年，在甘肃定西种植巨菌草扶贫，受益农户4 000多户。在生态脆弱地区如黄河流域、青藏高原及石漠化地区，形成了集“菌草种植—生态治理—综合循环利用”于一体的产业发展模式，实现生态、经济与社会三大效益相结合。菌草科学研究的26项成果处国际首创、领先和先进水平，先后获第20届日内瓦国际发明展金奖和日内瓦州奖、第85届巴黎国际发明展法国内政部和国土整治规划部奖等国际、省部级以上奖励15项，获国家发明专利42项。

菌草团队秉持“发展菌草业、造福全人类”的坚定信念，积极服务我国整体外交，共派出86批278人次在境外实施菌草援外与国际合作项目，举办270期菌草技术国际培训班，培训学员10 509人，在巴布亚新几内亚、斐济、南非、卢旺达等13国建立菌草技术示范基地，技术资料翻译成18种文字，并传播到106个国家。2017年，菌草技术被列为“中国－联合国和平与发展基金”重点项目在全球推广。2019年，团队6名成员获颁“中非共和国国家感谢勋章”。联合国经济和社会事务部、世界粮食计划署等联合国机构积极支持菌草技术推广与应用，推动南南及三方合作，协助发展中国家破解发展难题。

2021年，团队负责人林占熺获全国脱贫攻坚先进个人、全国“最美教师”荣誉称号。菌草团队先后获国家西部大开发突出贡献集体、全国先进基层党组织、福建省援外工作先进集体等荣誉称号。

赣南师范大学国家脐橙工程技术研究中心简要事迹

赣南师范大学国家脐橙工程技术研究中心于2013年获科技部批准组建，2017年11月以“优秀”成绩通过科技部验收；先后获得“江西省教育系统工人先锋号”“首批省部级人才工作示范点”“全省高校先进基层党组织”“江西省工人先锋号”“江西省教育系统先进集体”等荣誉称号；拥有国家高层次人才2人，享受政府特殊津贴人员2人，江西省井冈学者特聘教授1人，江西省双千计划人才4人，江西省杰出青年人才2人，江西省“百千万人才工程”人选4人，江西省青年井冈学者5人。

中心聚焦脐橙产业关键核心技术问题开展攻关，组建了一支涵盖育种与栽培技术、病虫害防控技术、商品化处理技术与装备研发、贮藏保鲜与资源综合利用、电子商务与信息化技术等多个研究方向的科研团队，创新集成了生态高效生产关键技术，全面构建了柑橘黄龙病等病虫害综合防控技术体系，首创了“山顶戴帽—山腰种果—山脚穿靴”的种植模式和低碳环保的脐橙贮藏保鲜关键技术。中心自主选育了“赣南早脐橙”等2个新品种，授权发明专利13项，制定行业、地方标准10项；承担科技部重点研发专项等省部级以上项目180余项，获江西省科技进步一等奖、三等奖和全国农牧渔业丰收奖二等奖各1项；先后举（承）办了3次国际会议和2次全国性学术会议。

中心与企业密切合作，聚焦产业需求，突破产业链瓶颈，帮助企业开发新产品，实现企业人才聚集，解决农村劳动力就业问题。在脐橙、蜜橘、马家柚等加工方面，中心与全国60多家企业开展技术合作，现已开发“千年”蜜橘酵素、脐橙果糕、脐橙果酒、柑橘利口酒等20多个地方特色柑橘加工产品，为企业带来显著经济效益。

中心积极响应地方号召，选派7名教师到地方挂职副县长，18名教师受聘为县级脐橙产业发展技术顾问专家，累计选派江西省科技特派员90余人次，为果农传授新知识、新技术，为贫困户解难题、送服务，累计开展技术培训300余场次，培训人员20 000余人次，为果农免费开展病害检测、营养诊断等样品检测近6 000份，提供“赣南早脐橙”等新品种苗木近10万株。

中心涌现出一大批把青春献给柑橘产业的科技人员，他们以农业科技人员特有的责任和情怀破解了赣南脐橙产业发展中面临的诸多关键问题，为赣南脐橙产业的蓬勃发展作出了积极贡献。中心成员先后获得全国优秀科技工作者、全国先进工作者、全国最美青年科技工作者、江西省先进工作者、江西省科技管理工作先进个人、江西省最美科技工作者等荣誉称号。

江西中医药大学中药制剂创新团队简要事迹

江西中医药大学中药制剂创新团队由中药药剂学、制药工程学、机械设计与理论、中药信息学等多学科共15人组成，拥有国家高层次人才1人，岐黄学者和青年岐黄学者各1人，全国中医药杰出贡献奖1人，享受政府特殊津贴人员2人，国家药典委员会委员2人，国家级制剂与装备学会专委会会长3人，入选2020年全球前2%顶尖科学家1人、青年托举计划人选1人；江西省“双千计划”人选1人，“赣鄱英才555工程”人选3人，“井冈学者”特聘教授3人，江西省主要学术与技术带头人3人，青年“井冈学者”3人；抗击新冠肺炎疫情全国三八红旗手1人（2020年），全国巾帼建功标兵1人（2021年）。团队先后承担国家重点研发计划、国家重大新药创制等省部级以上项目100余项，获省部级以上奖项24项，并先后被授予首届江西省创新争先奖、江西省三八红旗集体等荣誉称号。

针对“洋设备”对中药制造的“卡脖子”问题，团队瞄准世界科技前沿，首创了具有自主知识产权的大规格中药片剂高速压片技术、大容量大规格中药片剂包衣技术等核心技术和装备8台（套），引领中药片剂制造从普通压片到高速压片，再到包衣成形的质的飞跃，实现了高效节能降耗中药制药装备的国产化。高速压片机速度由国际上最快15万片/小时提高到60万片/小时，能耗降低60%，生产成本降低67%；大容量包衣机生产效率为国际先进包衣机的 2 倍，能耗降低 30%，成本降低 33%，废品率从 0.12% 降至 0.03%，突破了国际上片径大于 15 mm 片剂包衣禁区；双向逆流振动干燥机生产效率提高 8 倍，能耗降低 56%，成本降低 35%。团队首创的大容量包衣与高速压片技术和装备制造水平居世界领先地位，已推广应用到国内 20 多个省市 265 家企业，占有率为国内第一，并出口美国、德国、英国等 12 个国家；构建了以健胃消食咀嚼片、草珊瑚含片、金水宝胶囊等为代表的中药大品种集群。团队代表性成果“中药制剂现代化—固体制剂产业化关键技术研究及应用”获 2019 年度国家科技进步二等奖。

团队以全过程质量控制和全生命周期管理的创新方法开展中药新药研究，完成了一批单味中药与中药复方制剂的研究，获新药临床批件 4 项，新药注册受理 3 项，成功实现转化。其中，“中药活性成分发现、制备与评价关键技术及应用”获 2018 年度江西省科技进步一等奖。此外，团队还承担了国家重点研发计划等省部级以上项目 100 余项，获省部级以上奖项 24 项。

青岛大学附属医院数字医学临床诊疗科研团队简要事迹

青岛大学附属医院数字医学临床诊疗科研团队成立于2013年，现有研究人员32人，其中具有正高级职称人员20人，博士26人，享受政府特殊津贴人员1人，泰山学者特聘专家2人，泰山学者青年专家2人，齐鲁卫生与健康杰出青年人才3人，山东省有突出贡献的中青年专家2人。

团队践行产学研合作模式，研发国际首创基于小儿肝胆胰计算机辅助手术系统（CAS）和外科智能显示系统（SID），拥有完全自主知识产权，是国内相关行业内突破性创新产品，为病患提供精准、微创、个性化手术解决方案，已应用于全国160余家三甲医院，并装备于美国芝加哥世界机器人外科手术创新与培训中心，辅助完成小儿及成人复杂肝胆胰脾手术数千例，取得了良好的社会效益。经科技成果评价达到国际领先水平，获国家医疗器械注册证2项，成果荣获2019年度国家科技进步二等奖，获批参加2016年“十二五”国家科技创新成就展，获得中央领导及相关领域专家一致好评。参展成果被《朝闻天下》《新闻联播》《焦点访谈》及多家地方媒体广泛报道。

团队以CAS及SID为核心技术，研发基于人工智能和大数据分析的数字化手术室，提升了我国该领域的国际市场竞争力，催生海信医疗设备股份有限公司和山东医学会数字医学分会的成立。团队研发的医疗设备临床应用及产业化成为产学研合作典范，推进了数字医疗产业新旧动能转换和发展，引领了数字医学迈向新高度。

团队联合海信、腾讯立足于公益和健康事业，牵头建立全球最大人类数字肝脏数据库平台，基于数字肝脏大数据，在国际上首次提出 Dong's 肝段分型体系和从新生儿到老年人的各年龄段人群活体肝脏体积范围；对肝脏肿瘤诊断及肝移植的临床可切除性评估、剩余肝脏代偿体积评估等具有重要意义，广泛指导精准肝切除手术；建立小儿肝胆胰三维可视化精准诊疗新技术体系并推广至成人肝胆外科。平台已于 2017 年 11 月正式发布，被写入山东省人民政府《山东省“互联网 +”行动计划（2016—2018）》。

团队带头人带领临床医学学科入选首批山东省一流学科“筑峰计划”，通过教育部临床医学专业认证，首批国家级一流本科专业建设点，山东省“优势特色学科”建设学科，在促进临床医学与多学科交叉融合，开展协同创新研究方面作出了突出贡献。

团队建设过程中，以中青年骨干创新人才培养为核心，培养数字医学与交叉学科的高层次人才。团队荣获国家科学技术进步二等奖 1 项，省级科学技术进步奖多项，青岛市科学技术最高奖；承担国家级课题 30 多项，其中国家科技支撑计划 1 项，国家科技重大专项 1 项，国家重点研发计划 1 项；累计发布 SCI 论文 150 多篇，获国内发明专利 50 多项，国际专利 20 多项。

齐鲁工业大学（山东省科学院）国家重点实验室生物基材料与绿色造纸团队简要事迹

齐鲁工业大学（山东省科学院）国家重点实验室生物基材料与绿色造纸团队成立于2015年，现有固定人员80人，其中教授32人、副教授23人，博士占比100%；拥有“长江学者”特聘教授1人，国家杰出青年科学基金获得者1人，国家有突出贡献的中青年专家1人，“百千万人才工程”国家级人选3人，教育部新世纪优秀人才1人，泰山学者特聘专家4人、山东省有突出贡献的中青年专家8人。

团队积极对接国家战略，服务山东省“八大发展战略”，助力新旧动能转换，为我国轻工业和生物发酵产业快速健康发展作出了重要贡献。基于产学研用创新平台联合攻关，团队开展制浆造纸清洁生产与水污染全过程控制关键技术及产业化研究，突破覆盖造纸全流程清洁生产技术，形成了重要标志性成果，实现了造纸行业水污染全过程控制，解决了造纸行业面临的环境与资源约束难题。系列关键技术已在10家大中型企业推广应用，近三年累计实现产值876.79亿元、利润168.29亿元。针对传统造纸工艺中的含氯漂白会产生少部分有毒物质、漂白废水生化处理难等技术难题，团队开展高性能木材化学浆绿色制备与高值利用关键技术及产业化研究，研发了化学浆绿色漂白新技术，解决了漂白纸浆的潜在安全隐患，在无元素氯漂白、梯度打浆等方面取得重要创新性成果，形成了具有自主知识产权的关键技术体系，已获授权国家发明专利 31 项，制定国家标准 4 项，相关技术先后在全国 500 强企业晨鸣集团、太阳纸业、华泰纸业等多家企业推广应用，近三年实现利税 46.11 亿元，产生了重大经济和社会效益，为山东省新旧动能转换作出了重要贡献。团队积极对接国家“代塑、限塑”环保政策，服务行业转型升级，重点围绕生物或绿色无毒疏水剂、疏油剂、阻隔助剂开展生物基材料替代塑料关键技术研发，并成功应用到食品级纸基材料，实现用纸基材料替代食品塑料包装材料。未来三年，待生物基材料替代塑料关键技术研发完成时，预计能够产生百亿元规模的经济效益，同时带来良好的环保效益。

团队牵头承担国家重点研发计划 2 项、国家自然科学基金项目 32 项、山东省重大科技专项等项目 100 余项，科研经费超过 2 亿元，累计发表论文 480 余篇，获国家发明专利 150 余项；获国家科技进步一等奖、国家科技进步二等奖、教育部科技进步一等奖、教学成果特等奖和一等奖等省部级以上科技奖励 10 余项；团队的 30 余项共性关键技术得以突破并在相关行业进行推广应用，为山东省乃至全国本领域的科技创新和新旧动能转换提供了原创力和推动力。

宇通客车股份有限公司－新能源客车关键技术研发及产业化研发团队简要事迹

宇通客车股份有限公司－新能源客车关键技术研发及产业化研发团队组建于2007年，现有专职技术骨干500余人，博士30余人，博士后10余人。其中正高级工程师2人，高级工程师10人，“百千万人才工程”国家级人选2人，中青年科技创新领军人才1人，享受政府特殊津贴人员3人，另有技术中心2 000多名研发人员提供相关专业技术支持。

研发团队坚持自主创新，围绕国家“纯电驱动”战略，确立了“三横五纵”的研发布局，开发了插电式、纯电动、燃料电池三大动力系统，突破了电池、电机、电控等共性核心技术及工艺生产关键技术，综合技术处于国际先进水平，其中，整车节能与控制、高压隔离电源变换、高密度电驱动控制等技术处于国际领先水平；研制了具有自主知识产权和国际竞争力的6~18米新能源客车系列化产品，实现规模化应用和国际高端市场的突破，提升了我国新能源客车的国际竞争力；开发了8~18米插电式混合动力客车系列化产品，拥有行业内最完整的产品型谱，中国典型城市工况下节油率可达60%以上，实际线路能耗优于竞品10%以上；自主研发了高效节能的集中式电机直驱系统和分布式独悬电驱动系统，开发了6~18米系列化纯电动客车整车产品，12米纯电动客车工况测试电耗53.1 kW·h/100 km；自主研发的基于燃料电池—动力电池电电深度混合动力系统，突破复合电源多目标优化能量管理控制技术，12 米燃料电池客车工况测试氢耗 4.92 kg/100 km，上述两个系统均处于行业领先水平。产品研发及其推广带动了新能源汽车上下游产业链动力电池、燃料电池、电驱动、充电/加氢等核心零部件企业协同发展。

研发团队在新能源领域共申请专利 2 367 件，其中发明专利 1 309 件；授权专利 1 348 件，其中发明专利 326 件；申请海外专利 46 件。专利申请量、授权量均居全国客车行业第一，改变了我国相关技术长期从国外引进的局面。研发团队承担省部级以上科研项目 42 项，其中主持国家级项目 11 项，相关研发成果荣获国家科技进步二等奖 2 项、河南省科技进步一等奖 5 项；制定国家、行业标准 24 项，主持制定了国家标准《电动客车安全要求》（GB 38032—2020），牵头起草了《电动汽车安全指南》中的客车部分，并参与制定了电动汽车安全全球技术法规，对提升行业新能源客车安全水平、保障产业健康持续发展作出重要贡献。截至 2020 年底，公司在全球销售超 14 万辆新能源客车，居客车行业第一，累计销售收入超 970 亿元，每年实现节油超 21 亿升，节气超 3 亿 Nm^3，减少碳排放 602 万吨，相当于种植了 45 万亩阔叶林。

郑州大学金刚石光电材料与器件研究团队简要事迹

郑州大学金刚石光电材料与器件研究团队成立于2015年，现有专业教师15人，其中“百千万人才工程”国家级人选1人，享受政府特殊津贴人员1人，“长江学者”特聘教授2人，国家杰出青年科学基金获得者1人。

团队理论上修正了一百多年来人们广泛使用的过渡金属的Wulff成核法则，阐明了金刚石催化剂的初始成核机理，并提出了金属原子在金刚石表面的运动理论，克服了金属和金刚石结合不牢靠等行业难题，在国内率先开发出克拉级高品相钻石的合成工艺，并在企业实现了转化，推动了我国合成钻石行业的快速发展。团队还通过工艺创新开发出杂质浓度在ppb量级的高纯度金刚石单晶和两英寸光学级金刚石晶体，为我国下一代超强X射线光源项目提供了合格样品。在光电材料与器件方面，团队提出利用介电层调控半导体异质结构中载流子输运和利用绝缘层中碰撞离化导致的载流子倍增用于异质结光电器件的学术思想，构建了可以实现高效光电探测的器件结构，研制出国际上第一个金刚石日盲紫外成像系统和通信系统，实现了具有优异抗干扰能力的日盲波段成像和信号高保真传输，证实了金刚石在下一代电子材料和器件方面的广阔应用前景。研究结果先后被人民网、光明网、科学网、中国教育网、超硬材料网、《中国新闻周刊》、《河南日报》、《中国科学报》等媒体报道。2017年，团队发起了郑州大学物理学院科普开放日活动，目前已连续举办四届，吸引了3万余名中小学生及其家长参加。此外，还多次组织教师和学生赴贫困地区开展科普宣讲和支教活动，利用所学知识积极服务国家的脱贫攻坚与乡村振兴战略。团队科普工作被央广网、中青网、新华网、人民网、科学网、大河网、大豫网等媒体报道。

团队近年来承担了国家重大科研仪器研制项目、国家自然科学基金重点项目等国家级科研项目30余项，发表学术论文300余篇，被同行引用11 000余次，授权发明专利20余项。团队重视产学研合作，努力将所学转化为造福社会的产品，多项研究成果在企业实现了转化，获得了显著的经济效益和社会效益。团队成员获中国青年科技奖、国家有突出贡献中青年专家、河南省自然科学一等奖、河南青年五四奖章、河南省创新争先奖状、河南省首席科普专家等荣誉和奖励，当选教育部物理学教育指导委员会委员、教育部科技委员会委员、中国物理学会科普委员会委员、中国物理学会秋季会议组委会委员等。

武汉市金银潭医院简要事迹

武汉市金银潭医院是湖北省武汉市突发公共卫生事件医疗救治定点医院，现有职工 832 人，其中专业技术人员 754 人，具有高级职称人员 88 人，“百千万人才工程”国家级人选 1 人，享受市政府专项津贴人员 1 人，武汉“黄鹤英才（医疗卫生）计划”入选人才 1 人，武汉黄鹤英才（优秀青年人才）1 人。

医院始终坚持“科技兴院、人才强院”的发展理念，不断加强人才队伍建设，走出了一条创新发展之路，形成了以博士后科研工作站为基础的基础医学研究团队，目前已招收培养博士后研究人员 4 人，平均年龄 32 岁，获国家自然科学基金青年项目 2 项，申请国家专利 4 项；形成了以临床医师为基础的临床医疗团队，目前已建立新冠肺炎研究团队、耐多药结核病研究团队、艾滋病临床治疗研究团队和呼吸与危重症研究团队；形成了以 GCP[①] 和一期病房为基础的临床药物试验团队，保持该院临床药物试验机构始终处于全国第一梯队。2018—2019 年连续两年在国家药品监督管理局药品审评中心临床试验登记平台的生物等效性药物临床试验总数排名全国第二，2019 年临床试验总数排名全国第三。

在抗击新冠肺炎疫情中，医院充分发挥专业人才队伍的专业优势，以

① GCP：药物临床试验质量管理规范。

敏锐的专业判断和扎实的医疗服务能力全力救治病患者。全院有序腾退21个病区800张床位，及时扩改建4个ICU病房，采取“一人一策”、中西并重，收治新冠肺炎患者2 894名，其中重症、危重症患者达70%以上。呼吸内镜团队第一时间获取7名病人的支气管肺泡灌洗液，为中国科学家对新型冠状病毒的检测与分离赢得了时间，为中国抗疫提供了病原学方向，为临床救治和疫苗研究争取了时间；病理科团队第一时间开展临床病理研究，完成18具遗体解剖工作，举办6场案例讨论会，结论被写入第七版新冠肺炎临床治疗指南；中医团队参与国家中医专家黄璐琦院士团队并完成“化湿败毒方”临床疗效观察研究，该药方是国家卫生健康委员会《新型冠状病毒肺炎诊疗方案（试行第七版）》中医推荐处方；GCP科研团队不断完善应急管理及质量保障体系，2020年1月成为首批承担国家新型冠状病毒感染的肺炎疫情防控应急科技攻关项目的单位之一。

医院荣获全国抗击新冠肺炎疫情先进集体，时任院长张定宇荣获“人民英雄”国家荣誉称号。截至2020年9月底，全院受表彰集体14个，受表彰个人50余人。医院主持国家重点研发计划应急攻关项目1项，参与国家重点研发计划12项，主持参加应急项目20项，申请专利4项，发表新冠肺炎疫情相关SCI论文80余篇，在著名刊物The Lancet、NEJM、Nature等杂志（IF>10）发表论文20篇。

湖南农业大学辣椒育种及资源创新团队简要事迹

湖南农业大学辣椒育种及资源创新团队成立于 1988 年，由中国工程院邹学校院士领衔技术攻关，目前是我国最大的辣椒研究团队。团队现有专业人才 47 人，其中，具有正高级职称人员 9 人，博士 11 人，“百千万人才工程”国家级人选 1 人，享受政府特殊津贴人员 6 人；创建了国家特色蔬菜产业技术研发中心、园艺作物种质创新与新品种选育教育部工程研究中心等研发平台 10 个，创办了世界唯一以单个蔬菜作物为对象的期刊《辣椒杂志》。团队成员担任国家特色蔬菜产业技术体系首席科学家、加工用鲜辣椒品种改良岗位专家、种子种苗生产技术岗位专家等重要职位，先后培养博士、硕士研究生 100 余人。

团队培育成了世界上种植面积最大的系列辣椒品种，在中国、越南、缅甸、巴基斯坦和马来西亚等国家累计推广面积 1.05 亿亩，新增经济效益 569 亿元；建立了世界上最大的辣椒种子生产基地，率先实现了育、繁、销一体化，成功创立了“湘研”驰名商标、“兴蔬”著名商标，使我国辣椒杂交种子使用率处于世界领先；选育了满足不同时期市场需求及不同加工需求的辣椒新品种，研发了不同时期上市、不同生态环境栽培的绿色高效生产新技术，实现了我国鲜辣椒周年均衡供应。团队在辣椒遗传育种和种植研究的系列创新，使我国辣椒种植面积由 20 世纪 80 年代的 400 万亩，发展到2000年的2 000万亩，目前达3 400万亩，总产量达6 400万吨，种植面积和总产量分别占世界辣椒面积的35%和总产量的46%，均居世界第一。团队成员积极参加脱贫攻坚、乡村振兴等国家重大战略，为地方辣椒产业发展提供技术支持。

2012年团队被农业部授予“农业科研杰出人才及其创新团队”，2013年获中国园艺学会“华耐园艺科技奖”，2017年获“神农中华农业科技奖”（优秀创新团队），2018年获湖南省科技进步奖（优秀创新团队）。团队主持或承担国家“863计划”、国家科技支撑、国家重点研发计划项目、国家自然科学基金重点项目、国家行业（农业）科技专项、国家农业科技成果转化项目、国家产业技术体系和农业部“948项目”等国家项目30多项，湖南省重大专项、重点研发计划、自然科学基金等项目20多项，主持或参与的科研成果先后获批国家科技进步二等奖4项；累计发表论文400多篇，获得专利、标准和植物新品种权100余项。团队主要成员先后出版《辣椒遗传育种学》《中国辣椒》等著作20多部，在Molecular Plant、New Phytologist、《中国农业科学》等重要刊物上发表论文400多篇。

湖南日报社新湖南编辑中心简要事迹

湖南日报社新湖南编辑中心成立于2015年8月，是湖南日报社全面实施“移动优先”战略转型的新媒体团队。中心创新报道六获中国新闻奖，担当党报媒体深度融合发展使命，在融媒体改革浪潮中历经六载奋楫前行，打造了湖南党媒第一端——新湖南客户端，成为推介湖南形象的主渠道、引导湖南舆论的主阵地。团队现有采编人员40人，由湖南日报社各部门选拔业务骨干组成，平均年龄28岁，为湖南日报社最年轻的采编团队。目前具有正高级职称人员2人，副高级职称人员3人，团队负责人颜斌为“中国传媒整合2017年度十大领军人物”。作为客户端的“守门员”和“把关人”，中心持续布局新媒体矩阵，创新传媒生态业态，引领湖南报业走在全国党媒融合前列。

中心运维的新湖南客户端是集新闻资讯、政务信息与生活服务“三位一体”的信息生态枢纽平台。对于全省3 000多万用户来说，新湖南客户端不仅是了解党的路线方针政策、新闻信息的资讯平台，还是承载“湘问”投诉直通车等互动板块的舆论监督窗口，更是一键接入一件事一次办、核酸检测预约、中高考成绩查询等的便捷生活工具。新湖南客户端立足本土深耕内容，已成为记录湖南经济社会发展变迁、弘扬湖湘文化、引导舆论的主阵地。通过构建传媒生态圈和社交化转型，扩展用户、媒体和政府之间对话交流，新湖南客户端已成为构建网络时代公共话语空间、公共领域的重要力量。

中心积极拓展平台功能，推动“由端到云”的战略升级，首创“新湖南云”战略，以“引导群众、服务群众”为目标引领，以新湖南客户端为母平台，将报社“中央厨房”迭代升级成县级融媒体中心省级技术平台，打造服务于全省县级融媒体中心、机构媒体的湖南政务新媒体生态圈，真正打通媒体融合的“最后一公里”。据统计，目前新湖南客户端累计下载量突破 3 980 万，日活量 160 万以上；完成签约项目总计 170 个，拥有以“新湖南”为代表的 60 多个“两微一端”新媒体产品矩阵，覆盖总用户超过 4 000 万人。

自中国新闻最高奖——中国新闻奖 2017 年开设媒体融合奖项评选以来，中心已经六次获奖，其中一等奖 1 次、二等奖 5 次，2017 年荣获湖南省首届“文化创新奖”，2019 年荣获“湖南省首届政府创新奖”，2021 年获“湖南省脱贫攻坚先进集体”称号。中心践行“四力”，为湖南经济社会发展贡献了新闻舆论力量，突出发挥了党报新媒体引领者、风向标作用。

钟南山呼吸疾病防控团队简要事迹

钟南山呼吸疾病防控团队始建于1979年，先后获批成立国内首个呼吸疾病国家重点实验室、首个国家呼吸疾病临床医学研究中心，于2020年获国家医学中心建设。团队现由钟南山院士、冉丕鑫教授、何建行教授领衔，主要从事重大呼吸道传染病、肺损伤支气管哮喘与慢性咳嗽、慢性阻塞性肺疾病和肺部肿瘤等临床诊疗和基础研究工作。团队所在呼吸内科2009—2020年连续在专科排名中位列全国第一，连续5年蝉联胸外科全国专科医院最佳声誉排行榜第三位，变态反应科排名全国前三，是我国呼吸系统疾病防控的龙头团队。

团队主要开展烈性呼吸道传染病致病源及发病特征研究，创建了国际先进的呼吸道传染病防控体系，推动了我国及国际公共卫生危机应对体系发展：在国际上首次明确了非典型肺炎（SARS）的致病机制，并实现全球最高救治率；首次揭示高致病性禽流感发病特征及防控策略，为国际应对人感染禽流感病例的治疗提供规范和依据；在抗击新冠肺炎疫情斗争中，团队注重临床和基础研究紧密结合，促进新冠肺炎救治能力提升，并为政府防控新冠肺炎疫情提供重要决策参考。同时，团队成员英勇奋战在抢救重症和极危重症新冠肺炎患者的主战场；团队负责人钟南山院士在疫情暴发最关键时期，“逆行”武汉进行现场调研，最早确认并提出新冠肺炎能够人传人，指导全国的疫苗研发工作，并领导制定第三版至第七版全国诊疗方案等；“广东支援武汉协和西院ICU医疗队”获评全国卫生健康系统新冠肺炎疫情防控工作先进集体。此外，团队精准揭示了我国慢阻肺防控现状和危险因素，引领全球慢阻肺的早期防控；建立了国际领先的肺癌微创手术与早期防控体系，推动肺癌生存率大幅提高；明确了我国哮喘的流行特点及关键危险因素，实现哮喘精准诊治的个体化模式等。

团队近年来获国家科技进步二等奖6项，省部级一等奖8项、省特等奖1项，其中，SARS的致病机制研究获2005年国家科技进步二等奖，慢阻肺早期防控研究成果获2014年国际最佳流行病学奖；在Lancet、NEJM发表SCI论文200余篇，获国家科技进步二等奖1项，省部级科技奖励一等奖3项；肺癌微创手术与早期防控体系研究发表论文475篇，其中SCI论文272篇，被Lancet、JAMA. Lancet Oncol等期刊正面引用；主编英文专著3部，中文专著4部；哮喘精准诊治研究在NEJM等杂志共发表论文152篇，其中SCI论文134篇；新冠肺炎防治临床和基础研究发表论文50篇，中文专著3部，国际指南7项，获专利授权2个。团队对我国呼吸疾病防控、诊疗及预后作出重要贡献，获得了国际和社会广泛认可及一致好评。

鹏城实验室简要事迹

鹏城实验室建于2018年3月，是我国网络通信领域新型科研机构，主要从事该领域战略性、前瞻性、基础性重大科学问题和关键核心技术研究，是国家战略科技力量的重要组成部分。实验室目前汇聚了31位院士，160余位国际会士、国家杰出青年科学基金获得者等高端人才，聚集了2 000多位各类人才。

实验室承担着一批国家重大科研项目，深入探索实践社会主义市场经济条件下关键核心技术攻关新型举国体制。在组织体制方面，实施了以全职、双聘、兼职等市场化、多元化的灵活用人形式；在科研学术方面，实施了以重点项目为背景建设科研团队和以前沿学术研究为背景建设院士工作室群体的“双轮驱动”模式；在产学研协同创新体系构建方面，与深圳市高校、科研院所和龙头企业形成了紧密共建模式，与全国150余家院校和科研机构开展了深度合作。

实验室按照对接国家战略、服务区域经济的“顶天立地”原则，遴选重大项目，面向产业共性需求，聚焦“卡脖子”关键核心技术，解决网络与通信、信息处理与网络信息安全领域关键核心技术和主导产业重大技术问题，积极承担国家和地方重大科研任务与课题，科研需求任务目标明确；设立大湾区未来网络试验与应用环境、海洋立体通信网络示范验证平台、云脑开源软硬件平台、人工智能赋能重大应用、网络技术仿真验证平台、自主可控生态环境、水下敏捷机器人协同作业平台等重点项目。实验室紧抓人工智能超算发展重大机遇，充分发挥新型举国体制优势，聚合领域内各优势力量攻关，其中代表成就之一是将“鹏城云脑”打造成为性能更领先、技术更先进的智能超算“国之重器”，更加有力支撑我国新一代信息技术创新，服务经济社会数字化、网络化、智能化发展。2021 年 7 月 1 日，世界超算大会（ISC21）发布了国际超级计算新一期排行榜，实验室大科学装置“鹏城云脑Ⅱ”再次刷新世界纪录，蝉联全系统输入输出和 10 节点规模系统两项世界冠军。其中，全系统输入输出性能得分 36 850.37，为第二名（1 859.56 分）的近 20 倍，充分验证了“鹏城云脑Ⅱ”具备世界顶尖的数据吞吐能力和 AI（人工智能）算力水平，以优异成绩向中国共产党成立 100 周年献礼。

实验室承担国家、省、市纵向科研项目 67 项；累计发表论文 1 000 余篇，在国内外顶级学术会议上进行报告的论文约 570 篇；已受理专利申请 572 件，授权 98 件；已登记软件著作权 75 件、集成电路布图设计 1 件。实验室举办的未来网络大会、全国人工智能大赛、国家网络安全对抗赛、水下机器人大赛等大型活动形成科技服务社会的品牌，以“院士论坛”“名家讲堂”“创新沙龙”等多种形式组织学术交流活动 500 余场。

上汽通用五菱汽车股份有限公司技术中心简要事迹

上汽通用五菱汽车股份有限公司技术中心成立于 1999 年，主要负责汽车整车开发设计、制造、试验等相关工作，拥有一支高学历、经验丰富的研发人才队伍和国际一流水平的研发设备。中心是广西壮族自治区第一批国家认定的企业技术中心、国家高新技术企业、企业博士后科研工作站和院士工作站、国家技术创新示范企业、国家知识产权示范企业和国家工业设计中心。

中心始终坚持“以我为主，自主研发”，通过产学研合作等多种方式，建设多层次、高水平的人才队伍，不断提升自主研发能力和水平，历经多年沉淀，在整车集成开发、“新四化”、动力研发、试验认证能力等方面取得重大突破：构建了以整车性能为导向的平台化、模块化和差异化的整车集成正向开发体系，取得了底盘、车身和造型等基础性、关键共性问题突破，为整车高性能高质量的开发奠定了基础；坚持创新创造，攻坚克难，在新能源汽车、智能网联等多个领域实现了从 0 到 1 的突破，助力广西汽车工业不断突破向上，为中国汽车行业发展贡献五菱力量；掌握了发动机核心关键技术，研发百万级发动机平台，助力企业整车销量全国第一；建立了面向汽车整车关键特性的试验与认证能力，为整车开发提供了先进完善的验证平台和科技创新平台。

中心始终坚持自主研发，不断创新和探索，逐步形成了低成本、短周期和独具特色的产品群开发模式，打造了“五菱”“宝骏”“新宝骏”等中国高价值汽车品牌，开发了“五菱之光 / 宏光”“宝骏 730”“宝骏 E 系列”“宏光 mini”等明星产品；以 GSEV（全球小型电动车架构）和 FDEV（柔性驱动电动架构）两大架构为抓手，构建了“五菱宏光 MINIEV”“宝骏 E100/E200”“新宝骏 E300/E300PLUS”等组成的产品群，致力于成为全球小型电动汽车领导者，“五菱宏光 MINIEV”上市 270 天销量超过 27 万辆，连续 12 个月蝉联新能源汽车单车销量冠军。通过实行“智能化、网联化、跨界融合”战略和“智慧汽车先导者”的品牌宣言，面向未来智慧生活、智慧出行、智慧物流等场景，中心实现了无人运输、无人物流车、无人叉车、自动托挂钩等无人化作业，向智能制造迈进。

中心坚持自主创新，持续发展和突破，技术开发成果硕果累累，获得国家科学技术奖 3 项，省部级科学技术奖 32 项，行业级科学技术奖 15 项等；在知识产权方面，获得授权专利 4 425 件、软件著作权 119 件、授权商标 2 044 件、驰名商标 4 件，发布国标 / 行标共 115 份（含国际 ECE[①]标准 1 份）等；获得了全国抗击新冠肺炎疫情先进单位和全国机械工业先进集体等荣誉称号。团队成员中，1 人获得全国劳动模范称号、1 人获得全国巾帼建功标兵、2 人为享受政府特殊津贴人员、3 人获得全国五一劳动奖章、1 人获得全国三八红旗手等。

① ECE：欧洲经济委员会。

广西壮族自治区人民医院
简要事迹

广西壮族自治区人民医院创建于1941年，是广西壮族自治区人民政府主办、自治区卫生健康委直属的广西规模最大的三级甲等公立医院，获批增挂广西医学科学院牌子。医院有在职职工5 300多人，专业技术人员占80%；享受政府特殊津贴人员等高层次专家45人，博士生导师10人，硕士生导师128人，具有高级职称人员824人，博士114人，硕士1 225人；拥有3个国家临床重点专科，1个国家中医药管理局“十一五”重点专科，4个广西临床医学研究中心，23个广西临床重点专科等。2020年，医院门急诊诊疗、服务患者214.27万人次，出院病人8万人次。

新冠肺炎疫情期间，医院8天组建广西最大的新冠肺炎定点收治医院——广西“小汤山”医院，抽调279名医务骨干组成应急先锋队，成立由30多名专家构成的多学科救治专家组，累计收治确诊患者81人，实现患者100%治愈、医务人员零感染；组建14人医疗队，随广西第一批医疗队赴武汉，连续奋战52天。1976年以来，医院累计派出32批援外医疗队，是国家选定的广西唯一承担“非洲—科摩罗光明行”项目任务的医院；圆满完成“一带一路”柬埔寨磅湛省消除白内障致盲行动项目，是广西派出医疗队批次最多、完成手术最多的医院。

医院拥有广西首个在医院设立的博士后科研工作站、广西多学科协作健康管理人才小高地，与国家呼吸系统疾病临床医学研究中心达成战略合作意向，获批建设放射治疗于金明院士工作站，与董家鸿院士、周宏灏院士签约共建联合实验室；广西第一家获“国家级服务业标准化试点单位”。医院积极申报国家临床医学研究中心，协同创新共同体，与霍普金斯大学等顶尖科研平台建立了符合医院实际的科技创新体系等。

近年来，医院获国家自然科学基金项目 40 项，广西科技进步奖 6 项，广西医药卫生适宜技术奖 97 项，申报新技术项目 94 项。医院开展 ECMO（体外膜肺氧合）数量和质量稳居广西第一，全国前列；是广西拥有器官移植资质最全的医院，完成器官移植手术 157 例，位居广西前列；白内障超声乳化手术、冠状动脉介入诊疗等技术广西领先，国内先进。

自 1988 年起，医院派出医疗队开展扶贫医疗工作，与 70 余家基层医疗机构建立技术协作关系、与 100 余家基层医疗机构建立双向转诊合作关系，开展“微笑列车”“残疾孤儿手术康复明天计划”“博爱救心”等公益项目。

医院获全国抗击新冠肺炎疫情先进集体、全国卫生系统先进集体、全国质量控制先进单位、全国三八红旗集体、全国五一巾帼标兵岗等国家级奖项 8 项，广西壮族自治区主席质量奖提名奖、“八桂楷模”、广西三八红旗集体等自治区级奖项 23 项。团队成员获全国先进工作者、全国抗击新冠肺炎疫情先进个人等荣誉称号。

海南大学热带作物品质育种及绿色生产团队简要事迹

海南大学热带作物品质育种及绿色生产团队成立于2018年，现有专业教师11人，其中具有正高级职称人员3人、副高级职称人员2人；获得全国先进工作者荣誉称号1人，国家杰出青年科学基金资助1人，科技部中青年科技创新领军人才1人，中国科协青年人才托举工程2人，教育部新世纪优秀人才支持计划1人，享受政府特殊津贴人员1人。团队成员主持国家杰出青年科学基金1项、国家自然科学基金重点项目1项、“863计划”项目1项、“973计划”项目课题1项、国家自然科学基金面上项目3项，国家自然科学基金青年科学基金项目8项，国家自然科学基金地区项目3项，省重点研发等省级项目多项。团队带头人多次应邀在国际学术会议上作主题及大会报告，是首位在国际代谢组学大会作主题报告的中国科学家。

团队紧密围绕作物品质育种及绿色生产，以水稻、椰子、百香果、火轮果等热带及南繁作物为对象，开展重要农艺性状形成及其环境适应机制研究。团队建立了世界领先的热带及南繁作物代谢组等多组学研究平台，创新性地建立了高灵敏、广覆盖的代谢组分析体系，构建了作物代谢组及基因组数据库，开发了适用于热带及南繁作物的基因编辑体系；系统开展南繁作物营养品质代谢调控研究，鉴定了一批必需氨基酸、维生素、不饱和脂肪酸等重要营养成分的关键合成及调控基因；建立了一种高效的广泛靶向（widely-targeted）植物挥发组（volatilome）检测方法，在未知物定性、方法灵敏度及重现性方面较传统非靶向方法有较大提升，为植物挥发组研究提供了新手段；首次克隆鉴定了椰子高矮决定基因，解析了椰子“绿色革命”的遗传基础。

相关研究成果在Cell、Nature Genetics、Nature Plants、Nature Communications（3篇）、Trends in Plant Science、PNAS、Plant Cell、Molecular Plant（6篇）等国际顶级期刊发表，其中8篇入选ESI高被引论文。“水稻中重要二萜的代谢机制”被《中国科学报》点评为2020中国农业科研“亮点”成果。部分研究成果获省级自然科学优秀学术论文特等奖。一项国家发明专利已成功转化。团队选育功能性香稻品种，开发相应的绿色栽培技术，通过良种良法，使临高县南宝镇光吉村的水稻产量每亩增产了50千克以上。在此基础上团队建立了集高档优质新鲜香米和保健功能米种植、收购、加工和销售于一体的合作社，创建“吉光香米”的品牌，亩净收益增至5 000余元，真正实现科技扶贫和产业扶贫。

重庆医科大学感染性疾病分子生物学教育部重点实验室简要事迹

重庆医科大学感染性疾病分子生物学教育部重点实验室成立于 2007 年，现有成员 50 人，其中，教授（研究员）27 人，副教授（副研究员）13 人；博士生导师 27 人，具有博士学位者 35 人、占比 70%。实验室已拥有教育部“长江学者奖励计划”特聘教授 1 人、国家杰出青年科学基金获得者 1 人、教育部“长江学者奖励计划”青年学者 1 人、国家优秀青年科学基金获得者 1 人，重庆市巴渝学者特聘教授 2 人、重庆市青年巴渝学者 2 人、重庆市青年拔尖人才 2 人、重庆医科大学重大科技人才 2 人，重庆市高校创新群体 2 个。

实验室响应国家新冠肺炎疫情防控的重大需求，自主研发系列新冠病毒抗体 / 抗原检测试剂盒，其中 4 种产品获得中国药品监督管理局医疗器械注册证，试剂盒在全球范围推广应用，捐赠与销售上亿人份。针对新冠体液免疫应答规律的认识空白，实验室率先揭示了 SARS-CoV-2 自然感染者抗体的应答与演变规律，为基于抗体的新冠诊断提供了理论依据与参考标准。在国际上较早报道无症状感染者的大量存在，阐明了新冠无症状感染者影像学特征、病毒脱落特征以及抗体反应特征，为急性病毒性感染临床特征谱带来了新认识。实验室率先报道新冠病毒感染者在康复早期抗体水平下降的重要临床现象，对基于自然感染的群体免疫策略提出警示。实验室在代表性地域样本中深入分析新冠病毒在人群中的传播流行特征，首次以学术论文形式向全球介绍我国在疫情防控中的经验、措施与成效，从流行病学研究视角证实我国新冠防控措施的有效性，为他国同类地区制定防控政策提供了科学依据。团队还围绕慢性乙型肝炎临床治愈的重要科学问题，在乙型肝炎病毒 cccDNA 转录调控机制研究以及抗乙型肝炎病毒活性化合物筛选等方面获得了一系列创新性成果。

实验室聚焦重大传染性疾病发病机理及综合防治研究领域，持续展开高水平科学研究，连续获得“十三五”“十四五”艾滋病和病毒性肝炎等重大传染病防治科技重大专项 2 项，国家重点研发项目重大慢性非传染性疾病防控研究重点专项 1 项，政府间国际科技创新合作重点专项子课题 1 项，国家自然科学基金重大项目、重点项目各 1 项，国家自然科学基金区域创新发展联合基金 1 项、优秀青年科学基金 1 项，国家自然科学基金中新合作项目、港澳合作项目各 1 项，国家自然科学基金项目 31 项，以及霍英东教育基金等国家级重大关键科研任务。实验室主要研究人员获得全国抗击新冠疫情先进个人、中国青年女科学家等荣誉称号；近 5 年，累计发布 SCI 论文 252 篇，获得授权国家发明专利 17 项。

重庆地质矿产研究院页岩气绿色勘探开发科技创新团队简要事迹

重庆地质矿产研究院页岩气绿色勘探开发科技创新团队成立于2009年9月，主要从事页岩气资源勘查、绿色开发等科学研究和技术开发工作。团队现有专业技术骨干34人，其中，正高级工程师13人，博士14人，享受政府特殊津贴人员1人，自然资源部杰出青年、重庆市创新领军人才、重庆市学术带头人等各类人才11人，于2015年建成自然资源部页岩气资源勘查重点实验室，2017年获批页岩气勘探开发国家地方联合工程研究中心。

团队承担了全国首个页岩气战略调查先导项目及试验区建设任务，联合申报页岩气为全国172号新矿种并获批准；率先在重庆市黔江区实施全国国土资源系统第一口页岩气井，压裂成功并获得工业气流，推动页岩气勘探开发上升为国家战略；率先查明重庆市页岩气资源量，指导重庆市页岩气勘探战略调整，助推重庆市成为全国页岩气开发主战场；建成国内首个页岩气专用地震监测台网，对页岩气勘探开发区块进行实时监测，为政府监管和企业开发提供决策依据；率先建成"政产学研用"创新模式，承担了国家能源页岩气研发（实验）中心安全环保部建设，致力于领跑全国页岩气绿色开发，共建重庆涪陵国家级页岩气示范区、页岩气产业技术研究院，强化示范区协同创新。目前正在编制重庆涪陵国家页岩油气与新能源科创产业园建设工作方案，拟建成具有国际重要影响力的创新高地。

近 5 年，团队承担国家、省部级科研项目 99 项（国家科技重大专项 1 项、国家“863 计划”项目 1 项、国家“973 计划”项目 1 项、国家自然科学基金项目 7 项），科研经费累计达 1.3 亿元；累计培养博士、博士后等各类高层次人才 40 余名；获省部级科技奖励 13 项，SCI/EI 期刊收录论文 35 篇，出版专著 3 部，授权国际 / 国家发明专利 21 项、软件著作权 30 项，制定国家 / 行业标准 9 项。团队研发页岩气勘探开发关键技术及装备 20 余项，全部实现转化应用。其中，固液废处理及资源化利用技术，为重庆市政府页岩气生态环境保护政策提供决策咨询；可溶桥塞在綦江、合川煤层气等勘探开发现场推广应用，科研技术服务经费近 4 亿元；页岩气含气量测试仪等技术成果转化推广至四川、贵州、江西等地，销售收入 1 420 万元；先后以技术入股方式与中国石油天然气集团有限公司、国家开发投资集团有限公司、中国中化集团有限公司等成立了 4 个页岩气合资开发公司，实现技术资本转化超过 1 亿元，推动国家、地方、企业三方共建全国首个百亿方级涪陵页岩气田示范基地。团队先后获重庆市科技系统先进集体、重庆市五一劳动奖状、自然资源部首批高层次创新型科技创新团队、共青团中央“全国青年文明号”等荣誉称号。

四川省文物考古研究院简要事迹

四川省文物考古研究院成立于1953年，主要从事文物调查、勘探、发掘、保护与研究，是国内集考古、文物保护、陈列展示及专业期刊编辑于一体的规模最大、专业门类最齐全的文物考古科研事业单位之一，有高级职称人员20人，享受政府特殊津贴人员4人，文化和旅游部优秀专家2人，文化部青年拔尖人才1人，四川省杰出人才1人，四川省有突出贡献优秀专家4人，四川文化领军人才1人，四川省学术和技术带头人2人，四川省学术和技术带头人后备人选4人。

研究院完成了国家西部大开发中乌东德水电站、白鹤滩水电站、川藏铁路、成昆铁路复线等重大基本建设工程文物保护项目，开展了以稻城皮洛旧石器遗址、三星堆遗址、罗家坝遗址、城坝遗址、江口沉银遗址等为代表的一系列重大考古项目，其中稻城皮洛旧石器遗址、三星堆遗址被纳入“考古中国”重大项目。研究院实施了黄河流域文物资源调查、四川石窟寺专项调查、四川革命文物资源调查及跨国申遗“丝绸之路—南亚廊道”四川境内文物资源调查等国家重大项目；主持了三星堆遗址、罗家坝遗址、蜀道、茶马古道等国家大遗址保护项目。研究院协助四川乐山大佛、青城山—都江堰及内蒙古元上都遗址成功申报世界文化遗产，推动古蜀文明、中国白酒老作坊、蜀道、藏羌碉楼、茶马古道、西藏芒康盐井盐田顺利列入中国世界文化遗产预备名单。研究院是我国第一个走出国门考古发掘的文博单位，主导了“一带一路”援助乌兹别克斯坦花剌子模州历史文化遗迹修复项目。这些工作的开展，让世界加深了对中国西南地区文化遗产的再认识，为推动社会经济发展作出了重大贡献。

研究院开展的三星堆遗址考古工作，构建了“课题预设、保护同步、多学科融合、多团队合作”的考古发掘新模式，践行了“建设中国特色、中国风格、中国气派的考古学”的新理念，考古成果实证了中华文明“多元一体”的历史发展进程，为进一步构建中华文化标识体系、铸牢中华民族共同体意识增添了新材料，赋予了新内涵。研究院主持发掘的稻城皮洛旧石器遗址填补了该地区乃至青藏高原旧石器时代考古的一项空白，具有世界性重大学术与社会政治意义。

研究院承担国家重点研发计划课题 3 项、国家科技攻关计划课题 3 项、“考古中国”重大项目 2 项、国家自然科学基金课题 2 项、国家社科基金课题 2 项，省部级课题 30 余项；发表研究论文 1 000 余篇，出版专著 100 余部，申请专利 10 余项；获国家科技进步二等奖 1 项、省部级奖 20 余项、全国十大考古新发现 9 项。

四川省林业科学研究院简要事迹

四川省林业科学研究院建于1958年，前身系中国科学院四川分院林业研究所，1988年更名为四川省林业科学研究院，是集科学研究、成果转化、技术服务于一体的公益性综合性研究机构。全院在编人员326人，其中二级教授6人，具有高级职称人员121人，博士、硕士146人；享受政府特殊津贴人员15人，“百千万人才工程”国家级人选1人，四川省学术技术带头人11人，天府万人计划4人，四川省劳模待遇4人。长期以来，研究院扎根西南、赓续奋斗，逐项攻克技术难题，大力开展技术推广。

20世纪90年代以来，研究院勇担四川天保工程、退耕还林工程技术重任，攻克了高海拔采伐迹地更新和退化天然林修复难题，集成并推广了100余项生态治理技术模式，提出了50余项沙化土地、石漠化以及干热干旱河谷的植被恢复技术，极大提高了生态环境治理成效，巩固并筑牢了长江上游生态屏障建设成果。在科技支撑和助推下，四川省森林覆盖率达到40.03%，提升了72.02%；水源涵养能力达到851.90亿立方米，提升了253.29%；固持土壤能力达到2亿多吨，提升了342.64%。

研究院积极落实党中央、四川省委维护种业安全、打好种业翻身仗指示精神，承担60余个县种质资源普查，收集种质资源1.3万余份，培育林木良种75个，获植物新品种权4项，让林木良种成为林农致富增收的助推器；聚焦速生丰产林、特色经济林、珍贵用材林、竹林风景线等领域开展技术研究，在川西高原、攀西地区等50余个县建立科研基地20余万亩，示范带动了86个市、县4 000余万亩林业产业基地建设，助推了县域林业经济发展；选派优秀专家赴藏区、彝区等地脱贫挂职，组织120余名专家开展技术扶贫活动，推广实用技术76项，培养乡土专家1万余名，极大增强了脱贫攻坚的内生动力。

研究院编制汶川、芦山、九寨沟地震灾后生态环境修复专项实施方案，制定《大熊猫廊道生态修复技术指南》《芦山地震生态修复技术指南》《九寨沟地震生态修复技术指南》，让生态创面再披绿装；提出的大熊猫栖息地修复、极小种群动植物保育与复壮等技术成果，支撑了大熊猫国家公园和自然保护地规范化建设，为若尔盖国家公园建设布局奠定了良好基础；解决了森林城市构建技术难题，推动了四川11个市获得“国家森林城市”称号。

研究院自成立以来，累计培育科技成果431项，获奖257项，其中国家科技进步奖13项，部省级科技进步奖220项；主导编制行业和地方标准148项，授权专利46件，出版专著48部，在维护长江黄河上游生态安全、助力脱贫攻坚和乡村振兴中贡献了四川林草力量。

贵州省地质矿产勘查开发局锰矿资源预测评价科技创新人才团队简要事迹

锰矿资源预测评价科技创新人才团队是贵州省地质矿产勘查开发局一〇三地质大队与中国地质大学（武汉）长期开展产学研协同创新、探索实践所形成的创新人才团队。团队现有专业技术人才 31 人，其中，具有正高级职称人员 11 人，博士 13 人，“百千万人才工程”国家级人选 1 人，享受政府特殊津贴人员 3 人。

锰矿是国家战略紧缺矿产，找矿难题久攻不克，导致我国锰矿石长期主要依靠进口，严重影响了国家资源安全。为早日打破这一困局，团队坚守“找矿报国”的初心使命和国家利益、人民利益至上的信念，长期坚持在贵州武陵山区开展锰矿地质找矿和科研工作，通过潜心研究、集智攻关、协同创新，实践、认识，再实践、再认识，取得了锰矿找矿及科研的重大突破，真正把论文写在了祖国的大地上。团队首次发现了新类型锰矿床——气液喷溢沉积型锰矿床，丰富了世界上的锰矿床类型；创立了内生气液喷溢沉积型锰矿成矿的原创理论，突破了国际上锰矿“外生外成”传统成矿理论的束缚；依托原创的新类型锰矿成矿理论与成矿模式，研发出隐伏新类型锰矿找矿勘查技术体系；通过实施锰矿国家整装勘查区重大项目进行成果转化，新发现并探明了 4 个世界级隐伏超大型锰矿床（含亚洲最大富锰矿床）和多个大型锰矿床。

团队的科学研究和找矿实践成果，成功解决了贵州武陵山区深部隐伏锰矿找矿的关键科学技术难题，取得了我国锰矿地质找矿有史以来的巨大突破，成功地打破了我国锰矿找矿久攻不克的困局，重构了国家锰矿资源格局，避免了这一战略紧缺矿产资源被“卡脖子”的风险，为维护国家锰资源安全作出了重大贡献。以团队发现探明的丰富锰矿资源为支撑，国家首批战略新兴产业集群——贵州省铜仁市新型功能材料战略新兴产业集群被批准建设，为贵州实施新型工业化战略奠定了坚实基础。

团队牵头执行并完成了《找矿突破战略性行动纲要（2011—2020年）》中提出的贵州铜仁松桃和贵州遵义2个锰矿国家整装勘查区科研与勘查转化应用项目；完成了国家公益性行业科研专项项目1项、自然资源部锰矿整装勘查区找矿预测项目6项等。团队先后获贵州省最高科学技术奖1项、省部级科技成果奖一等奖2项、二等奖4项，全国十大地质科技进展和十大地质找矿成果3项。团队领衔人先后获全国创新争先奖状、李四光地质科学奖和周光召基金会地质科学奖。团队核心成员先后获全国先进工作者、全国五一劳动奖章和贵州省先进工作者等荣誉称号。

贵州交通建设集团桥梁建造技术团队简要事迹

贵州交通建设集团桥梁建造技术团队自20世纪50年代末传承“两路”精神开始萌芽发展，团队现有专业技术人员3 244人，其中，具有正高级职称人员173人、副高级职称人员593人，博士3人、硕士45人，全国十大桥梁人物2人，享受政府特殊津贴人员3人，省政府特殊津贴人员5人，省管专家1人，贵州省高层次创新型人才“百”层次人才1人、“千”层次人才12人，集团下设3个省级认证技术中心和1所桥梁研究院。

面对贵州复杂的地形地质环境，团队立足实践，攻坚克难，开拓创新，作为主力军创造了令人惊叹的“中国桥梁看贵州”的行业奇迹。团队主持修建的江界河大桥作为贵州首次自行设计施工的大跨径预应力混凝土桁式组合拱桥，刷新了当时同类型桥梁的世界纪录，也是贵州桥梁建造技术由传统向现代化的一次历史性转折；杭瑞高速北盘江大桥首次采用主梁纵移悬拼新工艺，并作为“世界最高桥梁”载入吉尼斯世界纪录；大小井特大桥作为世界山区第一大跨径的上承式钢管混凝土拱桥，采用斜拉扣挂智能化信息化系统实现节段快速高效安装；平塘特大桥采用的叠合梁斜拉桥整节段上行式安装工法属国内首创，净高332米主桥塔是世界最高钢筋混凝土桥塔；坝陵河大桥采用飞艇牵引先导索为国内首例，为我国首座突破千米级大关的钢桁梁悬索桥；木蓬特大桥填补了省内拱桥悬臂浇筑施工工艺空白。团队在全国桥梁建造中留下了浓墨重彩的一笔，其中广州丫髻沙大桥在世界上第一次采用竖转加平转两次转体施工方案，荣获首届中国十佳桥梁称号；广州新光大桥因在国内外首次采用主拱三大段及边拱整体同步提升就位合龙的施工方法，被赞誉为“对世界桥梁建设的新贡献”。

团队主持修建的大桥一次次打破纪录，创造了数十项“世界第一”，成就了数量多、类型全、技术复杂、难度极大的“桥梁博物馆”建设奇迹。团队先后获得国家科技进步二等奖 1 项、贵州省科学技术进步一等奖 4 项、国家专利 352 项、省部级工法 126 项，同时，将 2 项“古斯塔夫金奖”、4 项“詹天佑奖”、4 项“鲁班奖”、7 项“李春奖”、4 项“中国钢结构金奖”收入荣誉簿。在经历一项项山区桥梁建造奇迹后，团队又朝着“世界第一高桥”的目标发起挑战，努力向世界山区桥梁建造顶尖技术发起攻坚。

桥梁跨江河，大道筑坦途。团队为贵州经济社会发展作出了不可磨灭的贡献，如今贵州高速公路通车总里程排全国第五，综合密度西部第一，取得覆盖全省、通达全国、内捷外畅的西南重要陆路交通枢纽地位，构建起横贯东西、纵贯南北的陆路运输大通道。

昆明理工大学灵长类生物医学研究团队简要事迹

昆明理工大学灵长类生物医学研究团队成立于2011年，主要从事以人口健康为导向、以灵长类动物模型为核心的重大基础科学问题和复杂疾病机制研究工作。团队现有中科院院士1人，欧洲科学院外籍院士1人，“长江学者”特聘教授2人，青年“长江学者”1人，国家重大研究专项首席科学家2人，云南省高层人才6人，云南省高端外国专家1人。

团队在灵长类的生殖发育理论、干细胞组织工程与复杂疾病机制等基础科学问题研究方面处于国际领先水平。团队通过对孤雄、孤雌胚胎的转录组和表观组的研究，揭示了食蟹猴早期胚胎中调控印记基因的主要机制，为远交系动物基因印记研究提供了高效精准的方法，也为提高灵长类动物的克隆效率提供了新的思路。团队结合猴胚胎体外培养系统，评估了人扩展多能性干细胞（hEPS）在食蟹猴中的嵌合能力。团队回答了异种嵌合细胞如何互作及发育程序差异如何调节等基础科学问题，为解决异种嵌合效率低下等问题提供了新的思路，对器官再生研究具有指导意义。通过建立三维（3D）人囊胚培养体系，团队首次绘制了人原肠前胚胎的发育全景图，为研究人着床后的早期胚胎发育奠定了重要的研究基础。团队首次实现了食蟹猴胚胎体外20天的培养，解析了灵长类胚胎着床后特别是原肠运动时期重要的分子与细胞生物学事件，对于细胞替代性治疗及器官再生研究具有指导意义。团队首次利用靶向基因编辑方法建立神经发育灵长类动物模型，利用单碱基基因编辑技术建立人类早衰症灵长类动物模型，证明非人灵长类在神经系统疾病研究方面较啮齿类有独特优势，为人类预防和抵抗衰老研究提供了新的思路和方法，而且对未来更深入地开展疾病发病机理研究和治疗将产生深刻影响。团队利用 CRISPR/Cas9 系统，首次成功得到了 Cas9 介导的基因敲除食蟹猴，为构建出更现实的人类疾病研究模型奠定了基础。

截至2021年10月，团队已发表论文200余篇，在Nature、Science、Cell、Cell Stem Cell 等期刊发表SCI论文100余篇。其中，2014 年在 Cell 发表的基因编辑猴的论文被评价为人类疾病模型建立的里程碑性工作（Nature，2014），入选 2014 年世界十大科技进展（MIT，2014）、2014 年 Cell 最佳论文（Cell，2015）、2014 年世界最成功的 8 大事件之一（Nature，2015），对推动疾病机理研究和治疗将产生深远影响。团队获云南省自然科学一等奖 1 项，二等奖 3 项；近五年主持承担国家重点研发计划项目、国家自然科学基金重点项目等国家级、省部级项目 33 项，总经费约 1.75 亿元。团队联合我国灵长类研究优势力量，发起成立灵长类研究创新联盟，促进了我国在生命科学研究的基础理论原创性发现和灵长类生物医学产业化发展。

云南钛业股份有限公司
简要事迹

云南钛业股份有限公司（以下简称云钛）成立于2009年，2021年8月由中国宝武特种冶金有限公司专业化整合托管，现有职工304人，其中具有正高级职称人员4人、副高级职称人员16人，享受政府特殊津贴人员1人，云南省云岭产业技术领军人才2人，云岭首席技师1人，云南省有突出贡献优秀专业技术人才1人。

云钛以国家战略性新兴产业发展规划为指引，进行新型钛材产品及其加工技术的研究开发，实现了以钛材加工与生产企业为创新主体、市场为导向、产学研结合的技术创新体系建设。云钛通过自主创新掌握了利用钢铁轧制设备成卷轧制钛带卷的核心技术，成功生产出了中国第一卷宽幅冷轧钛卷，打破了日本等发达国家对中国钛带卷市场的垄断；云钛通过引进美国、俄罗斯以及自主创新制造的大型电子束冷床熔炼（EB）炉，在国内率先实现了短流程高品质钛锭材批量稳定生产。近五年，云钛热轧钛卷板产销保持全国领先、市场占有率大于50%，线丝材市场占有率大于70%；拥有大型EB炉5台、占国内市场42%，钛锭产能1.7万吨，钛材产能2万吨，产能、产销量居中国前列。云钛在产销规模、产品质量、节能减排等方面处于国际先进水平，是“全国绿色工厂”。云钛设有省级企业技术中心，傅恒志、王国栋院士工作站，云南省钛材应用产品工程技术中心和云南省高性能钛合金工程中心，是国家高新技术企业、云南省创新型试点企业。在钛合金关键核心工艺技术及装备研发方面，2016 年 9 月由云钛牵头研发制造的国内首台大型电子束冷床熔炼炉顺利投产，使我国成为世界上第四个掌握大型 EB 炉制造技术的国家，填补了国内空白，解决了国家在该领域的“卡脖子”问题。云钛 EB 铸坯利用轧钢设备短流程生产钛材模式形成了独具特色的“云钛法”生产工艺，云钛在钛金属领域创下了四个世界第一、六个中国第一，先后获得云南省、四川省和中国有色金属行业的 8 个省部级科学技术奖（一等奖 2 项），拥有包含德国、奥地利在内的 233 件专利，创新成果使云钛跻身国内外钛金属领域先进行列，成为中国和俄罗斯政府间合作企业，自 2017 年云钛代表中国钛金属企业参加第二届至第五届中俄总理定期会晤委员会工业合作分委会，获得两国政府在该领域的支持。

近五年来，云钛牵头承担国家重点研发计划 2 项、国家国际合作项目 1 项、国家技术改造项目 1 项、国家级攀西钒钛战略资源创新试验区项目 1 项，参与国家国防科工研发项目 2 项，牵头组织完成了 20 余项省级重大科技、重点科研项目。2020 年云钛被列为国务院科改示范企业、云南省双百企业、云南省金种子企业。

西藏自治区第三人民医院简要事迹

西藏自治区第三人民医院是2010年确定的西藏自治区“十一五”重点建设项目，是西藏唯一一所传染病专科医院。医院以收治结核病、肝病、艾滋病等各种传染病患者为主，同时承担全区突发公共卫生事件应急处理及传染性疾病急危重症、疑难病例会诊、转运和救治等医疗服务工作。医院现有职工193人，其中专业技术人员148人，具有正高级职称人员2人、副高级职称人员15人，博士2人、硕士5人，担任各类国家级学术委员的专家7人。近年来，医院先后获评第六届全国文明单位、全国抗击新冠肺炎疫情先进集体、全国先进基层党组织、西藏自治区三八红旗集体等荣誉称号。

医院先后在西藏率先开展“人工肝血浆置换术”、“抗结核新药引入和保护机制”扩展项目、门静脉高压出血风湿筛查项目以及全区结核病影像筛查及质控系统等新技术、新项目。特别是开发了全区结核病影像筛查及质控系统，建立远程会诊中心并与国家结核病资源平台互联互通，为基层患者提供远程诊疗服务，填补了西藏结核病防治领域区域影像筛查和质控的空白。作为全区传染病临床指导中心，医院先后承办两届全区肝病与感染性疾病救治能力提高培训班、全区艾滋病抗病毒治疗培训班、全区陕藏第一届结核病诊疗技术培训班、全区第一届结核病诊治新进展学术研讨会、全区结核病诊疗质控培训班等，通过每年邀请国内知名专家对全区地（市）、县（区）基层医院专业技术人员进行培训，进一步提高了西藏自治区基层医院传染病救治水平。

2017 年，医院全力救治西藏首例人感染 H7N9 禽流感重症患者，实现 H7N9 禽流感突发事件“零感染”“零死亡”。新冠肺炎疫情发生后，作为西藏自治区级新冠肺炎定点诊疗机构，医院立即成立疫情领导小组，先后召开 24 次专题会议，按照疫情防控要求，腾空医院超市，增设四间板房设为预检、发热门诊独立区域并 24 小时运行。为全力诊治新冠肺炎确诊患者和疑似患者，医院自 2020 年 1 月 31 日起停收患者并暂停门诊，分流所有住院患者，腾空所有病房，将全部 200 张病床分成确诊、疑似、隔离观察等 5 个病区以应对疫情。在全国防护物品严重告急情况下，医院想方设法多渠道协调筹集医疗防护物资，为一线医护人员提供物资保障。医院在诊治西藏唯一一名确诊新冠肺炎患者期间，结合高原特点制定诊疗方案，通过 19 天的精心救治，西藏首例新冠肺炎确诊患者治愈出院，实现“患者零死亡、医护零感染”目标，西藏自治区卫生健康委员会给予医院记功奖励，多名专业技术人才受全国、全区各类表彰奖励。

陕西省考古研究院简要事迹

陕西省考古研究院成立于 1958 年，是陕西省文物局直属事业单位。全院现有专业技术人员 112 人，其中具有正高级职称人员 19 人，博士 16 人；“百千万人才工程”国家级人选 1 人，享受政府特殊津贴人员 1 人，中宣部文化名家暨“四个一批”人才 1 人，陕西省“六个一批”人才 3 人。

研究院始终以保护文化遗产、挖掘文物价值、完善学科建设与揭示国家文明为己任，克勤攻坚，砥砺奋进，重要考古发现层出不穷。“全国十大考古新发现”评选 30 年来，研究院主持的考古项目共有 26 项入选。石峁遗址考古被评为“2011—2020 年世界十大重要考古发现”。近五年，研究院有 5 个项目入选“中国田野考古奖”，其中一等奖 2 项。“十三五”期间，全国共组织开展田野考古发掘项目 4 260 项，研究院主持实施 406 项，接近全国考古发掘项目总量的 10%，有力促进了地方区域经济建设。

研究院积极筹建全国首家集科研、公众教育和社会服务于一体的专题性考古博物馆，该馆占地 250 亩，建筑面积 36 000 平方米，2021 年 11 月建成开放，将成为全面展示陕西考古发展硕果、实证中华五千年文明的重要窗口。

研究院秉持合作开放的原则，积极开展对内对外合作，取得了系列合作成果，先后与全世界30多家知名高校与文博科研机构建立了稳定合作关系。同时，研究院积极投身“一带一路”文化遗产长廊建设，在西亚地区开展联合考古工作，促成并发表“丝绸之路文化遗产保护西安共识”，成立“丝绸之路考古联盟”。

1985年起，研究院开启援藏考古工作，36年来从未中断。两代陕西考古工作者克服重重困难，从零起步，在雪域高原上开创出一片硕果累累的学术沃土。院里有十余位学者先后走进央视《法律讲堂》《百家讲坛》《考古中国》等栏目，讲述陕西考古故事，为增强文化自信提供了坚强智力支撑，也为陕西省经济社会和谐发展作出了重要贡献。

近年来，研究院共承担国家社科基金重大项目4项，中华文明探源、考古中国及科技部重点研发计划课题等国家重大科研攻关项目各1项；先后被陕西省人民政府授予五一劳动奖状，被人力资源社会保障部、国家文物局授予全国文物系统先进集体荣誉称号。依托研究院承担的重大考古发现，陕西省先后建立了秦始皇陵博物院、法门寺博物馆、汉阳陵博物院等蜚声中外的博物馆。近年来，研究院又协助地方政府共建了梁带村、统万城、右弟、周原等8处遗址博物馆，成为展示中华文明起源和发展历史脉络、展示中华文明辉煌成就的重要载体，极大地促进了当地经济社会和谐发展。

宝钛新材料研发创新团队简要事迹

宝钛新材料研发创新团队成立于 1999 年，目前拥有“三秦学者”、享受政府特殊津贴人员等高层次人才 6 人，硕士、博士 130 余人，具备雄厚的钛及钛合金加工技术和科研实力。

团队自承担国家海洋技术领域重点科技项目“4 500 米载人潜水器载人球壳研制”“全海深载人潜水器用钛合金载人舱研制”以来，成功研制出两个目前我国最大的钛合金球壳，填补了国内钛合金研究多项空白，达到国际先进水平，极大地提高了我国钛合金制造整体水平和科研能力，结束了我国深潜器载人球壳依赖进口的局面。

在大飞机专项用钛合金材料研制及工程化生产项目研发中，团队承担了 5 种新型航空材料的研制任务，并顺利完成。首架 C919 大型客机在上海浦东机场圆满完成首飞，同时由宝钛新材料研发创新团队研制的 TC18 钛合金棒材等材料也在大型运输机及其配套发动机上得到应用，标志着我国已具备完善的航空用钛合金材料研发及生产体系，现代航空业钛合金材料已实现国产化，为我国大型商用飞机进入国际市场打下坚实基础。

团队高度重视钛金属基础研究，“十三五”期间，主持制定标准 35 项，参与制定标准 15 项，其中国标 26 项、军标 18 项、行标 6 项，在我国钛工业发展中充分发挥了生产科研基石作用。在钛及钛合金熔炼、锻造、轧制、焊接、装备等领域取得了20余项关键技术突破：研发的多种牌号钛合金棒材、板材、锻件等研制成果，满足了某型潜艇、新型战车等武器装备的用材需求；研发的具有自主知识产权的钛及钛合金残料回收处理和利用的产业化技术，彻底打通了钛及钛合金添加返回料产业化通道，为我国钛产业资源循环利用作出了重要贡献。目前，团队拥有的EB炉熔炼、宇航级钛合金薄板加工、航天用AA级宽幅钛合金板材加工、钛合金型材挤压、核用钛合金锆合金管材加工、钛合金异型管材制备等多项核心技术，属国内唯一，达到国际先进水平。

“十三五”期间，在团队努力下，先后建成国家级企业技术中心、博士后科研工作站、国际科技合作基地、国家地方联合功能材料工程中心4个国家级创新平台，取得了丰硕的科研成果，获得上级科技成果奖48项，其中省部级以上奖励16项；组织提交专利申请36件，获得23件专利授权，其中专利“一种真空蠕变校形炉”获得中国专利金奖；研制生产的4 500米载人深潜器TC4载人球壳，荣获中国造船工程学会科学技术奖特等奖，实现了我国深海潜水器关键部件国产化，受到习近平总书记的充分肯定和高度评价。

天水华天科技股份有限公司技术部简要事迹

天水华天科技股份有限公司成立于2003年，是我国最具竞争力的集成电路封装、测试基地和富有创新精神的现代化高新技术企业，在半导体封装测试行业名列世界第六、全国第三。技术部作为华天科技最主要的核心部门，由国际客户新产品导入团队、国内客户新产品导入团队和压焊图组三部分组成，现有科研人员150人，其中博士2人、硕士40人，集结了公司年轻一辈的主干力量，特别是国际客户NPI（新产品导入团队）全员均来自985/211高校毕业生，承担着整个公司新产品、新技术、新项目的研发，肩负着公司工程技术方面的传承和发展。

天水华天科技股份有限公司先后实施完成了20多项国家、省、市科技攻关及产业化项目。技术部作为这些项目的参与者乃至主导者始终贯彻公司的发展目标，主动引进专业技术人才。与华为、中兴、小米等多家国内半导体龙头企业建立了稳定的合作关系，并联合国际多家半导体行业巨头客户，顺利完成了汽车电子产品封装技术、FC封装技术等30多项高端封装应用技术的研发和引进，促进了公司高端技术产业的发展，对微电子行业的发展奉献了一份力量。其中，汽车电子产品从2018年底开始实施，历经一年半达成量产并通过欧美top3汽车终端客户认证，目前产能可达到40万/天，辐射近十个封装，为公司带来上亿元的销售额。同时，促进了中国汽车电子产业的发展，提高了中国半导体在世界汽车电子领域的市场占有率。

技术部主导研发的倒装产品技术的产业化，使华天掌握了小外形倒装封装关键技术，填补了国内空白，将华天封装技术带入了国际先进水平，整体提升了国内微电子行业的高度。公司还建成年封装能力 5 亿只封装生产线，成立了一支优秀的研发团队，解决了上千人的就业问题，并申请专利产品 5 项，设计研发 5 项关键技术。从 2019 年 1 月至 2020 年 11 月，公司共计销售产品 5.31 亿只，创造销售收入 7 104.03 万元，新增利税 1 020 万元，促进了公司及乃至整个微电子行业的发展。

作为“2016—2017 中国半导体市场年度领军企业和最具影响力企业”及甘肃首家上市的半导体行业公司，天水华天科技股份有限公司每年生产集成电路 290 多亿只，创造年收入 28.5 亿元。截至 2020 年 12 月，共计拥有有效专利 106 项，计算机软件著作权登记 14 项，科技成果 / 新产品（新技术）鉴定 59 项，各类奖励 42 项，其中仅技术部就发表专利论文近 20 篇，被集团公司多次授予“科技创新先进集体”“技术创新团队”“质量明星团队”等荣誉称号，更被诸多半导体行业龙头企业授予奖杯嘉奖，为公司的发展进步及微电子行业的发展作出了突出的贡献。

大禹节水股份有限公司简要事迹

大禹节水股份有限公司成立于1999年，是国内从事节水灌溉设备研发、生产、销售、节水工程施工设计、安装服务为一体的高效农业节水灌溉行业龙头企业，于2009年10月在“创业板”首发成功上市。现有各类专业技术人员228人，其中，正高级工程师8人、高级工程师30人、工程师105人，博士7人、硕士120余人，享受政府特殊津贴人员2人。

公司始终专注于农业节水灌溉和高标准农田技术主业，近年来以国家实施乡村振兴战略和粮食安全战略为导向，向农村污水治理和智慧灌区等方面拓展，紧紧围绕“让农业更智慧、让农村更美好、让农民更幸福”的企业使命，全面布局“三农三水三张网”（即农业节水、农民饮水、农村污水和水网、信息网、服务网）发展格局，提出了“科技模式双驱动，智慧三网兴三农”的新发展理念。

在科技创新方面，公司瞄准世界节水灌溉研究的前沿，与有关科研单位和高校协同开展技术攻关，承担完成了国家重大专项6项、国家科技支撑计划5项、“863计划”1项、“948计划”1项、星火计划1项、国家农业科技成果转化及国家西部专项等科研项目20多项、水利部科技推广计划项目4项、甘肃省科技重大专项计划项目4项。公司研制的内镶扁平紊流压力补偿式滴头及滴灌管（带）、祛根防负压抗堵塞压力补偿地下灌水器、膜下滴灌抗太阳灼伤滴灌带技术等科技成果填补了滴灌带抗堵塞、抗灼伤技术的国内空白。

在模式创新方面，公司围绕农业节水科技和管理服务战略升级的关键问题和薄弱环节，通过高新节水技术与创新商业模式的集成应用，彻底革新了传统农田水利工程建设管理模式，成功探索出了农业节水领域PPP（政府和社会资本合作）、EPC+O（总承包+运维）、合同节水、灌溉服务托管等多种模式，并因地制宜地应用到甘肃、新疆、内蒙古、宁夏、河北、河南、云南等地百万亩农田水利工程建设中，为有效解决长期以来农田水利工程建设存在的“两低”（建设标准低、政府资金使用率低）、“三难”（落地难、使用难、存留难）、“四分离”（出资者、实施者、建设者、使用者分离）的共性难题提供了可参照、可复制、可推广的路径，对国内整个农业节水行业换挡升级具有重要推动作用。

公司累计发表论文200余篇，拥有自主知识产权的专利和软件著作权562项，其中1项发明专利获得中国优秀专利奖。获得国家科技进步二等奖1项，省部级科技进步一等奖4项。获得中国质量奖提名奖、甘肃省人民政府质量奖、全国优秀基层党组织、全国优秀水利企业、全国就业与社会保障先进民营企业、全国“万企帮万村”精准扶贫先进企业等荣誉近200项。

青海师范大学地理科学学院简要事迹

青海师范大学地理科学学院始建于 1958 年，现有专业教师 53 人，其中教授 16 人、副教授 26 人，博士 35 人；享受政府特殊津贴人员 1 人，青海省优秀专家 1 人，青海省优秀专业技术人才 1 人，青海省“高端创新创业人才计划”杰出人才 2 人、领军人才 6 人、拔尖人才 15 人；拥有 1 个地理学一级学科博士学位授权点、1 个地理学博士后科研流动站、1 个青藏高原生态保育与地表过程教育部重点实验室、1 个地理科学国家一流本科专业、1 个地理学省级一流学科。一支有理想信念、道德情操、扎实学识、仁爱之心的“四有”好老师，一群能发挥先锋模范作用的师生，培养了一大批服务青海经济社会发展的高素质专业人才。

学院完成的“青海生态环境价值评估及大生态产业发展综合研究”项目，系统回应了习近平总书记提出的“青海最大的价值在生态、最大的责任在生态、最大的潜力也在生态”。学院组织 800 余人（次）赴陕、甘、宁、青、新 5 省（区），完成国家精准扶贫工作成效第三方评估工作；建设了青海湖湿地生态系统国家定位观测研究站等 14 个野外台站，形成了覆盖青海五大生态功能区的监测网络；完成了可可西里等 7 个国家级自然保护区地理信息综合服务平台建设，实现了“天空地一体化”监测管理。学院在玛多县地震当日形成的《关于“5・22”M7.4 级果洛玛多地震的初步分析报告》和《关于青海省果洛藏族自治州达日县建设乡 3·15 草原火灾初步调查的报告》，为青海省灾情分析与预估提供了科学依据。学院师生深度参与国家第二次青藏高原综合科学考察研究，承担项目数、获批经费数、参与人数位居二次科考地方高校之首。青海湖流域生态水文过程与湿地恢复技术研究及应用项目取得显著生态效益。学院 65.4% 的本科毕业生在青海从事基础教育工作，连续 12 年共 480 余名学生赴青海农牧区中小学开展顶岗支教。

近年来，学院教师荣获国家科技进步奖二等奖 1 项，青海省科技进步一等奖 1 项，教育部第七届高等学校科学研究优秀成果（人文社会科学）交叉学科三等奖 1 项，青海省自然科学优秀学术论文一等奖 1 项，青海省哲学社会科学优秀成果一、二、三等奖各 1 项，首届青海省科技成果奖等 3 项。“十三五”期间，学院累计承担国家科技重大专项 3 项，国家重点研发计划 3 项，国家自然科学基金项目 20 余项（其中面上项目 6 项），国家社会科学基金 2 项，其他省部级项目 50 余项；累计发表核心期刊以上学术论文 300 余篇，其中 SCI 收录论文 40 余篇、中文核心及 EI 收录论文 200 余篇，发明专利 10 余项，出版学术专著 5 部。

宁夏大学煤炭高效利用与绿色化工国家重点实验室简要事迹

宁夏大学煤炭高效利用与绿色化工国家重点实验室前身为 2003 年科技部批准的省部共建天然气转化国家重点实验室培育基地，2017 年被科技部批准为省部共建煤炭高效利用与绿色化工国家重点实验室。实验室紧紧围绕“碳达峰—碳中和”国家重大决策部署，在清洁能源、新型材料等重点领域研发了多项前沿技术，培养了一批创新能力突出的专业技术人才，为宁夏及能源“金三角”区域特色产业发展、黄河流域生态保护和高质量发展先行区建设作出了重要贡献。

实验室现有专业教师 57 人，其中具有正高级职称人员 21 人，博士 47 人，“长江学者”特聘教授 1 人，“百千万人才工程”国家级人选 2 人，国家有突出贡献的中青年专家 1 人，享受政府特殊津贴人员 2 人，宁夏“塞上英才”1 人，省级教学名师 3 人。

针对国家级宁东基地工业能耗高、二氧化碳排放量巨大等问题，实验室研发了具有自主知识产权的煤炭 / 碎焦化学链气化技术，实现了煤炭化学链燃烧 –CO_2（二氧化碳）捕获与耦合活化技术的系统集成。建成了 1 000 t/a 中试装置和我国首套 10 000 t/a 化学链气化示范装置，并实现了产业化应用。

实验室以化学工程与技术国家一流学科建设为契机，紧密对接国家和区域清洁能源、新材料、化工装备制造业高端化重大需求，科教融合育人：与大型能源化工企业建立校企“共享高端人才”机制，学生的工程素养、实践能力和创新精神全面提升；与英国萨里大学、马来西亚理工大学等高校建立了全面合作关系，提升学生国际化视野和能力；探索出西部欠发达地区卓越工程人才培养新模式，系统构建了以双向互动国际化和校企深度协同育人为特色的卓越工程师教育培养体系，获 2018 年国家教学成果二等奖。

实验室建立了校 + 校（院）+ 企业的“1+x+n”的产学研用协同创新机制；承担了一批重点研发项目，产出了 MTP 催化剂①、4 000 t/d 气化炉、工业废水中有机污染物脱除等重要成果；在宁东基地产业园区建设中试基地，突破了实验室成果产业化瓶颈，相关成果获宁夏科技进步二等奖 2 项。

实验室提出了西部欠发达地区专业技术人才群体“学术带头人 + 重大项目 + 团队 + 标志性成果”发展模式，先后建成自治区研发创新团队 6 个、自治区高校黄大年式教师团队 1 个。实验室承担国家重点研发计划项目课题 2 项，国家自然科学基金区域创新发展联合基金重点支持项目 1 项，累计发表论文 467 篇，授权国家发明专利 63 项；先后获省部级科技进步奖励 10 项，其中二等奖 4 项。

① MTP 催化剂：甲醇制丙烯催化剂。

新疆维吾尔自治区儿童医院新生儿科简要事迹

新疆维吾尔自治区儿童医院新生儿科始建于 1996 年，前身为新疆维吾尔自治区人民医院新生儿科，全科现有医护人员 52 人，其中具有高级职称人员 5 人，硕士研究生导师 3 人，是集医疗、教学、科研于一体的综合性科室。

新生儿科现为自治区危重新生儿救治中心，中国医师协会专科医师规范化培训新生儿围产期医学专科培训基地，中国出生缺陷干预救助基金会“出生缺陷干预救助示范基地”，中国医疗保健国际交流促进会“新生儿神经重症监护联盟单位及教学培训基地”，自治区新生儿疾病筛查南疆分中心，住院医师规范化培训基地及县级骨干医师培训基地。

1997 年起，新生儿科在疆内开展危重新生儿远程转运、振幅整合脑电图监测、腹膜透析、一氧化氮吸入治疗、早产儿视网膜病变手术、脑积水侧脑室外引流术、OMAYA 囊置入术等技术，与多学科合作开展新生儿外科疾病及围手术期管理，使疆内第一例连体婴儿术后成功成活。其中，2008 年在新疆开展危重新生儿转运并建立危重新生儿转运系统，迄今是国内开展的转运半径最远的医院，转运半径达 1 500 千米，至今共转运 1 000 余名新生儿。新生儿科协助自治区卫健委在全疆进行“世界银行贷款中国卫生九项目妇幼卫生子项目、降低孕产妇死亡率和消除新生儿破伤风项目”“儿基会项目”“新生儿复苏项目”“新生儿死亡评审”活动，重点在深度贫困县开展危重症救治技术培训，培训人员达 1 万余人次。1997 年新生儿科率先开展新生儿疾病筛查，通过对 7 000 余人次各类形式培训，将南疆地区新生儿疾病筛查率从 0.02% 提升到 98.6%，建立了 114 万出生人群筛查数据库及符合新疆实情的 PKU（苯丙酮尿症）患儿诊疗随访体系。2008 年在麻疹流行期间，新生儿科完成对伊犁州和喀什地区儿童呼吸机的使用培训工作。2020 年新生儿科派出 8 名医护人员参加武汉及自治区新冠肺炎医疗救治定点医院的救治工作。

新生儿科获批并承担国家、自治区及其他地区各类科研项目 22 项，牵头全国 19 家医院开展新生儿疼痛评估的研究，累计科研经费 129 万元；获新疆维吾尔自治区科技进步奖二等奖、第五届新疆医学科技奖三等奖。科室人员分别获新疆维吾尔自治区优秀共产党员称号（被中共湖北省委员会、湖北省人民政府评为“最美逆行者”）、第一届中国新生儿科护士奖、中国医师协会第一届新生儿专业委员会特殊贡献奖及 2014 年中国新生儿科医师奖。

新疆农业大学动物科学学院简要事迹

新疆农业大学动物科学学院成立于2003年，现有教职工50人，其中教授11人、副教授15人，45岁以下中青年教师28人，是自治区奶业协会、马业协会理事长单位及国家马产业技术创新战略联盟秘书长单位。学院动物科学专业入选国家级一流专业建设点，畜牧学学科为自治区重点（高原）学科，建有5个重点实验室（工程中心）、5个研究生产学研创新培养基地、29个实习实践创新基地。学院是以畜牧科技创新为特色、以新疆现代畜牧业高质量发展为己任的专业技术创新型集体，在新疆特色绵山羊种质创新培育、马种质创新培育过程中作出了重要贡献。

在细毛羊品种选育方面，畜牧学家祝源又参与了中国第一个细羊毛品种——新疆细毛羊品种的育成，获得国家科技进步一等奖，并在中国美利奴羊（新疆型）的育成上作出了突出贡献。黄锡霞等参与培育了超细型绵羊品种——新吉细毛羊、苏博美利奴羊，填补了我国80支超细毛绵羊品种的空白，相关成果获自治区科技进步一等奖。决肯·阿尼瓦什等应用杂交育种手段，通过引进野生盘羊基因与巴什拜羊进行轮回杂交，培育出新型巴什拜羊新品系，新品系羔羊活体重达36 kg，瘦肉增加1 500 g，净肉重增多15.0%，总脂肪含量减少53.36%，脂臀重减少85.3%。

在山羊品种选育方面，刘武军等挖掘出新疆地方山羊产绒量和绒品质的关键基因，并创新利用分子育种技术，培育出适应南疆干旱气候的新品种疆南绒山羊细型新品系，为新疆贫困地区的农牧脱贫致富提供了金钥匙，相关成果获自治区科技进步二等奖 2 项。

在马种选育方面，畜牧学家赵天佐、周万荣等参与了中国第一个培育马品种——伊吾马品种的育成，获得国家科技进步一等奖。团队编写《全国马产业发展规划（2020—2025 年）》《新疆现代马产业发展规划（2019—2030 年）》，编写马业行业标准、地方标准 30 余项，获批专利、软件著作权 10 余项。学院通过马产业科技创新，融合第一、二、三产业发展，解决农牧民就业 8 000 余人，培训技术骨干 1 000 余人，农牧民 10 000 余人次，新增产值 12.02 亿元，带动旅游增收 20.67 亿元。

近年来，学院获自治区第八次民族团结进步模范集体、自治区巾帼建功先进集体，获批自治区马产业天山创新团队，获批自治区劳模和工匠人才创新工作室 2 个，获全国先进工作者 2 人次，获开发建设新疆奖章 3 人次，获全国优秀教师、自治区教学名师、自治区教学能手、自治区优秀教育工作者、自治区优秀党务工作者各 1 人次。

新疆农垦科学院省部共建绵羊遗传改良与健康养殖国家重点实验室简要事迹

新疆农垦科学院省部共建绵羊遗传改良与健康养殖国家重点实验室于2016年2月获科技部和新疆生产建设兵团批准成立。实验室地处西北边陲，立足新疆辐射全国，围绕我国绵羊产业发展的重大科技需求，结合区域优势及特色，开展遗传改良与种质创新、繁殖生理、营养调控与疫病防控等领域的基础及应用基础研究。实验室发挥聚人与培养人的作用，现有固定人员64人，其中具有正高级职称人员24人，博士22人，“百千万人才工程”国家级人选1人，享受政府特殊津贴人员7人，二级研究员10人，硕士及以上学历人员达95.3%，柔性引进顶尖人才50余人，与国内14所高校、科研机构建立了长期合作关系，形成了以行业专家领头、博硕士为主体的创新研究团队。

实验室长期致力于科技创新，集成传统育种和分子育种技术，育成了兵团首个适用于规模养殖的多胎肉羊新品系，平均一只羊能产2~3只羊羔；将基因编辑、转基因技术应用于优良种质资源创新，获得国内首个FecB基因定点修饰的基因编辑哈萨克羊多胎新类群，建立了国内最大的转基因超细毛羊群体；从组学和细胞生物学角度首次揭示了盘羊与绵羊异源异数二倍体杂交后代可育的分子机制；建立了新疆首个牛羊幼畜细菌性病原库，全面掌握了新疆地区养殖场常发病的流行特征和病原特征，为高精准检测系统的研发和疫苗研制奠定了资源基础；完成了包虫病、巴氏杆菌病等5个疫苗候选株的实验室创制；引进并筛选出适合南疆种植的牧草品种10个。

实验室积极发挥创新基地作用，近五年来承担科研项目73项，其中国家科技重大专项1项、国家自然科学基金项目17项、重点研发计划课题6项；累计发表学术论文219篇，其中SCI收录36篇；授权国家发明专利16项，软件著作权12项；出版专著4部，制定团体标准20个；获国家级和省部级科技奖励8项。实验室加强科研服务，举办国际国内学术会议28场次，开展科普宣传活动41场次，接待大中小学生2 200余人次；派出科技特派员600余人次，开展技术培训200场次，培训近3万人。实验室全力促进科研成果转化，助力脱贫攻坚，向兵团深度贫困团场捐赠优良种羊800余只，帮助40余户贫困家庭摆脱贫困。实验室立足兵团实际，发挥技术优势，引进繁育优良绵羊品种8个，推广自主培育种羊2 500余只，杂交改良低产羊200余万只，增加经济效益3.5亿元。

实验室持续发挥科技创新的引领作用，服务绵羊全产业链，为推动绵羊产业健康发展，巩固脱贫成果，建设美丽乡村，促进新丝绸之路经济带建设和区域经济社会的协调发展，提供强有力的科技支撑和人才保障。

中影电影数字制作基地有限公司声画制作中心简要事迹

中影电影数字制作基地有限公司声画制作中心成立于2008年，是专业从事电影声音画面后期全流程制作的技术团队。团队现有40人，均毕业于国内外高等艺术院校，其中硕士10人，具有正高级职称人员1人、副高级职称人员2人，享受政府特殊津贴人员1人，全国宣传文化系统文化名家暨“四个一批”人才1人。

2011年，声画制作中心建立了亚洲第一家全景声实验室，在国内率先建立了杜比Atmos全景声、DTS-X临境音、Auro3D沉浸式全景声、Atmos全景声家庭版等多声道制作平台，并完成了国内首部全景声故事片、动画片的制作。同时，声画制作中心与国内多家技术研发企业共同研发了中国多维声13.1、中国全景声、HOLOSOUND沉浸音等声音格式，并获得了国家广电总局科技委颁发的电影技术应用成果二等奖，为中国电影多声道多格式声音制作作出了重大贡献。

2019年，声画制作中心历时3年制作完成了国内首部硬科幻电影《流浪地球》，通过在创作中不断钻研、突破、创新，制作出大量科幻声音效果，并依靠自身实力完成了影片的全流程声音制作，真正做到了本土原创制作。2019年，声画制作中心继2009年完成庆祝新中国成立60周年重点影片《建国大业》的声音制作后，再度完成庆祝新中国成立70周年重点影片《我和我的祖国》的声音制作，并取得了国庆档期票房冠军的成绩。2020年，为纪念中国人民志愿军抗美援朝出国作战70周年，声画制作中心在同一档期内高质量完成了四部重点影片《金刚川》《英雄连》《最可爱的人》《保家卫国——抗美援朝光影纪实》的制作。同年，声画制作中心制作完成为全面打赢脱贫攻坚战收官之年献礼片《我和我的家乡》，并在国庆档期又获得了口碑和票房双丰收。2021年，正值中国共产党成立100周年，声画制作中心制作完成了中国共产党历史展览馆飞越中国影院项目主题影片《追梦中国》的声画制作、纪念中国共产党成立100周年重大文艺演出《伟大征程》的声音制作。自2013年至今，声画制作中心参与了京剧工程两季共21部中的13部，并获得国内外重要奖项。

声画制作中心参与制作的影片获得国内外各类电影奖项40多个，主要包括：中国电影金鸡奖最佳录音奖提名9次，4次获奖；香港电影金像奖最佳音响效果奖3次；中国电影电视技术学会“声音制作优秀作品奖”一、二、三等奖共计19次。声画制作中心成立13年来，在党和国家重要历史节点贡献出了一批批制作精良的电影作品，肩负了中国电影“国家队”“排头兵”的重要使命，为中国电影声画艺术和技术发展起到了领航作用。

北京大学极端光学创新研究团队简要事迹

1995年，龚旗煌教授回国到北京大学物理学院任教，开始组建北京大学极端光学创新研究团队，通过自主培养和外部引进高层次人才，团队目前已有20多位成员。2006年团队获得国家自然科学基金委员会数理学部首个光学学科创新研究群体，并连续9年获得经费资助，且在第三年和第六年的两次评估中都获得“优”。2012年，团队被授予中国侨界贡献奖（创新团队），2014年入选科技部重点领域创新团队。

20多年来，团队在几乎“一穷二白”的基础上快速发展成为有重要国际影响力的学术团体。团队研制成功了“飞秒－纳米超高时空分辨光学实验系统”，同时实现了飞秒的超高时间分辨率和十纳米的超高空间分辨率，性能指标达到国际先进水平。团队在极短时间、极小空间、极高强度、极窄频谱等极端条件下光场多维调控物理研究领域取得多项开创性研究成果，揭示出时空小尺度下光与物质相互作用的新物理和新规律，实现低能耗超快微纳光子器件、光子与电子高效能量耦合等，系列成果引领了国际极端光学科学前沿与应用研究。团队科研工作得到学界的认可，相关成果获得国家自然科学二等奖，2次获高等学校科学研究优秀成果奖自然科学一等奖（2015年、2020年），3次入选中国高等学校十大科技进展榜单（2012年、2014年、2017年），还被美国光学学会评选为2018年全球光学领域30个重要成果之一。

团队非常注重青年人才的培养。近十年来，共引进 15 名青年人才，入职平均年龄 31 岁，每位青年人才加入极端光学研究创新团队后，都取得了丰硕成果，获得了快速成长。团队成员荣获了多项重要的奖励，包括何梁何利基金科学技术奖、全国优秀科技工作者、中国物理学会饶毓泰奖、中国光学学会王大珩奖、陈嘉庚青年科学奖、中国青年科技奖、饶毓泰基础光学奖等。同时，多位成员当选为国际光学工程学会、中国光学学会和美国光学学会等组织的会士。

在面向经济社会主战场、推动产学研融合与发展方面，团队充分发挥协作的优势，积极推动国家重大设施建设和产学研基地建设。2018 年，教育部批复北京大学成立纳光电子前沿科学中心，龚旗煌院士担任中心首席科学家，团队成员为中心的骨干力量，聚焦纳光电子物理与器件、纳光电子融合与测试、纳光电子芯片与应用等开展科学研究。2019 年 11 月，北京大学与南通市正式签约共建北京大学长三角光电科学研究院，极端光学研究创新团队从研究院领导班子设立、基础设施建设、实验室组建、学术活动开展等各个方面深入参与。研究院的发展日新月异，展现出了强大的活力和创新能力。

清华大学高温气冷堆团队简要事迹

清华大学高温气冷堆团队于 20 世纪 80 年代组建，现有骨干成员 150 余人，包括院士 1 名、重大科研项目总师和副总师 4 人、具有高级职称人员 110 余人。团队以提高核能的安全性为主要学术理念，走出了我国以固有安全为主要特征的先进核能技术从跟跑、并跑到领跑世界的成功之路，为推进我国核能科技发展、保持在世界先进核能系统研究前列作出了重要贡献。

在国家“863 计划”的支持下，团队坚持自主创新，于 2000 年建成世界首座固有安全的第四代先进核能系统——10 MW 高温气冷实验堆 1，2003 年完成满功率并网发电及系列运行试验和安全试验。这是我国自主研发、自主设计、自主制造、自主建设、自主运行的世界首座固有安全的第四代核能系统，标志着我国在该领域达到世界先进水平。

团队以 10 MW 实验堆为技术基础，牵头承担高温气冷堆国家科技重大专项技术研发、示范工程总体设计和关键系统及设备设计，联合国内相关龙头企业，取得球形燃料元件批量生产、磁悬浮轴承主氦风机等一系列重大科技成果，建成了世界上首座球床模块高温气冷堆商业示范电站。示范工程于 2012 年 12 月开工建设，2021 年 9 月临界，并于 2021 年底首次并网发电。示范工程的建成使我国在世界高温气冷堆技术领域实现了从并跑到领跑的飞跃。高温气冷堆在火电退役厂址复用、工业用高温蒸汽和核能制氢等领域有广泛的应用前景。团队积极研究探索和拓展高温气冷堆技术在非电领域的应用，深入开展后续多模块机组研发，完成了初步设计，有望助力我国“碳达峰、碳中和”目标实现。

团队直接承担国家科技重大专项课题42个，总经费超过16亿元；累计发表学术论文1 500篇，其中SCI检索200多篇；培养博士研究生500余人，硕士研究生1 100余人；申请发明专利400多项，形成技术秘密2 000余项，研发首台套设备2 200余台，其中创新型设备660台；获国家科技进步一等奖1项及多项省部级奖励。团队获得科技部“十一五”国家科技计划执行优秀团队；子团队“高温气冷堆物理热工与系统模拟创新团队”获得2018年核能行业协会创新团队；“核能科学与工程”教师团队于2017年获首批“全国高校黄大年式教师团队”称号。团队研发的高温气冷堆示范工程投资近100亿元，投入科研总经费约30亿元，在未来的二三十年间，有望在国内外市场形成几千亿元产值的产业，不仅具有巨大的潜在经济效益，还将为我国实现双碳目标作出重要贡献。

北京师范大学中国传统语言学现代化科研创新团队简要事迹

中国传统语言学现代化科研创新团队依托于北京师范大学文学院古代汉语研究所，所属的汉语言文字学学科最早可追溯到 1902 年京师大学堂师范馆的国文类，至今已有百余年的历史，是“章黄学术”在当代中国的重要传承者。团队现有专业教师 13 人，其中具有正高级职称人员 7 人（含资深教授 1 人），博士 12 人，教育部“长江学者”特聘教授 1 人，教育部新世纪优秀人才 2 人，享受政府特殊津贴人员 2 人。

团队致力于传统人文学科的改革与创新，在原创性理论构建、新文科建设、国家智库建设、文化普及等领域作出了重大贡献，有力推动了中国传统语言学的现代化。例如，基于传统说文学研究的理论和实践，创建了新型汉字学理论——汉字构形学；吸收现代语言学的成果和方法，使传统训诂学发展为现代词汇语义学，在学术界发挥了重要引领作用。团队在原创性理论的指导下，将传统人文学科与现代信息科学相结合，充分吸收系统论、数据处理、人工智能等相关成果，实现了研究手段和研究方法的飞跃，为传统语言学赋予了鲜明的现代色彩。此外，团队还及时将学科前沿成果转化为面向社会的公共资源，如甲骨文字库、小篆字库、汉字全息资源应用系统、数字《说文》研究平台、历代碑刻数字化研究平台等。同时，聚焦国家智库服务，完成《通用规范汉字表》、《印刷繁体字字形规范》、小篆国际编码方案、《普通高中语文课程标准（2017版）》修订等多项重大语言文字教育规范和资政报告，在汉字现代应用、汉字规范、古汉字国际编码、基础教育等领域影响深远。

团队获各类高层次科研项目100多项，其中包括国家级社科重大项目6项、重点项目1项、后期资助项目3项；国家社科基金冷门绝学专项学术团队项目1项；国家科技支撑（科技攻关）计划项目2项；全国教育科学规划课题国家重点课题1项；教育部人文社会科学重点研究基地重大项目10余项、哲学社会科学研究重大课题攻关项目1项。近5年团队成员累计发表高水平学术论文200多篇，并获得多项软件著作权。科研成果曾荣获高等学校科学研究优秀成果奖一等奖、国家新闻出版总署“三个一百”原创出版工程、北京市哲学社会科学优秀成果一等奖等高级别奖项。团队十分重视人才培养工作，坚持教书与育人并重，多人次荣获国家级、省部级教学成果奖及省部级以上教学名师荣誉称号，曾被评为首届“全国高校黄大年式教师团队”，并获北京市“人民教师”提名奖，在高教领域享有很高的声誉。

上海交通大学船舶与海洋工程设计团队简要事迹

上海交通大学船舶与海洋工程设计团队由中国科学院学部委员杨槱教授于1978年创建，现有专业教师和工程技术人员22人。其中，何梁何利基金获奖人和上海最美科技工作者1人，“百千万人才工程”国家级人选和中国造船学会船舶设计大师1人。

团队多年来坚持服务国家战略需求，面向大江大海基础设施建设国家重大工程开展科学研究和工程设计工作。自2000年以来，团队持续专注于海上大型绞吸疏浚装备的自主研制与产业化研究，攻克了挖掘、定位、输送、集成等设计制造核心技术的“卡脖子”难题，实现了绞吸疏浚专用设备产业化和系列化，从无到有成功研制出适应沿海、近海和远海疏浚作业的三代共59座系列海上大型绞吸疏浚装备，使我国绞吸挖泥船自主设计能力达到国际领先水平。研制的代表性装备包括：2004年建成“航绞2001”，打破了我国海上绞吸疏浚装备完全依赖整船进口的局面；2006年建成“天狮”号，标志着我国掌握了钢桩定位等核心技术；2010年建成“天鲸号”，标志着我国绞吸装备研制技术迈入世界先进行列，获“中国好设计”金奖；2018年建成“新海旭”号，是全球最大的非自航重型绞吸装备，入选中国高校十大科技进展。团队的研究和设计成果引领创建了我国独立自主的海上大型绞吸疏浚装备设计和产业化技术体系，推动形成了

“挖得快”“定得稳”“排得远”等核心设备到“系列化”装备总装建造的完整产业链，实现了我国绞吸疏浚装备从被封锁到出口管制的跨越，推动我国成为世界疏浚强国。

团队研制装备的作业海域由近海拓展到远海，作业能力不断突破世界疏浚技术极限，作为主力承担了南海岛礁建设及上海洋山港、巴基斯坦瓜达尔港等国内外港口航道基地建设等重大工程 211 项，在维护国家海洋主权和推进“一带一路”倡议中发挥了无可替代的作用，创造了重大的经济效益和社会效益。团队研制的海上大型绞吸疏浚装备舰队克服了恶劣海况中生存难、大风浪中定位难、坚硬岩礁挖掘难和远距离高浓度输送难等极限，在 20 个月内完成南海岛礁的陆域吹填作业，创造了举世瞩目的远海造岛奇迹和多项世界纪录，被誉为“造岛神器”，成为维护国家领海主权的军民两用大国重器。团队研究设计成果荣获国家科技进步奖特等奖、二等奖和省部级科技进步奖特等奖、一等奖等科技奖励。

华东师范大学职业技术教育学科团队简要事迹

华东师范大学职业技术教育学科团队成立于 1983 年，是我国最早的职业技术教育学科团队，也是国内高校中建立最早的职业技术教育学硕士点与博士点。现有专业教师 9 人，均获得博士学位，其中具有正高级职称人员 3 人，“百千万人才工程”国家级人选 1 人，享受政府特殊津贴人员 2 人。

团队长期深耕职业教育基本理论与政策、职业教育课程与教学、比较职业教育、职业教育教师教育等研究领域，尤其在职业教育课程与教学领域，已形成比较完善、具有中国特色的职业教育课程理论和开发技术。2019 年，团队成功获批全国唯一的国家职业教育教材建设和管理政策研究基地以及教育部职业教育与成人教育司职业教育政策研究基地，为服务国家战略提供了新的平台。2020 年 11 月，团队联合全国 31 家高校职业技术教育学科点，成立全国职业技术教育学科点联盟。此外，团队还与 10 余个国家的职业教育研究机构建立了紧密合作关系。

团队在徐国庆教授的带领下，主动承担关系国计民生的重大课题，在与国家重大需求相结合的过程中推动学科发展，积极把研究成果应用到国家决策与实践发展中，并努力推动学科赶超或引领国际先进水平。团队构建了基于职业能力的职业教育课程理论与开发方法，建立了职业教育课程研究的技术学范式，构建了学科论与职业论、普通论与专业论、基础论与实用论三大职业教育课程基本理论范畴和程式化的职业教育课程开发技术，提出了职业教育国家专业教学标准开发构想与完整技术方案。团队聚焦各级职业教育的发展及其体系化问题，探寻了现代职业教育体系与国家制度的理论内核与建设路径，提出了关键性国家制度的系统建设方案。团队设计基于中国情境的职业教育现代学徒制体系，系统阐释了现代学徒制的核心内涵及其知识论基础、企业基础和生涯发展基础，提出了我国现代学徒制基本体系设计方案。

团队共承担国家级项目 11 项，其中教育部哲学社会科学研重大课题攻关项目 2 项，全国教育科学规划重大课题 1 项；省部级项目 12 项，教育部委托项目 27 项，上海市政府委托项目 33 项；出版丛书 5 套，各类著作和教材 46 部；公开发表学术论文 700 余篇，其中 CSSCI[①] 论文 224 篇。学科在历次教育部学科评估中均排名第一。团队获国家级教学成果奖一等奖 1 项，全国教育科学研究优秀成果奖一等奖 2 项，高等学校科学研究优秀成果奖（人文社会科学）二等奖 1 项。

① CSSCI：中文社会科学引文索引。

华中师范大学国家数字化学习工程技术研究中心简要事迹

华中师范大学国家数字化学习工程技术研究中心是科技部2009年批准筹建，依托华中师范大学建设的我国教育信息化领域唯一的国家工程技术研究中心，旨在通过建设多学科交叉融合的大型科研平台，推动教育信息化领域技术创新及科技成果工程化研究和产业化转化。中心现有研究人员73人，其中教授32人，中国科学院院士1人，“百千万人才工程”国家级人选1人，其他国家级人才6人，省部级人才11人。

中心在推动我国教育信息技术、教育大数据、智能教育发展水平提升方面发挥了示范引领作用，相继攻克了智能云端一体化教学、大规模教育资源服务、基于众筹众创的个性化学习服务、数据驱动的智能导学、儿童孤独症智能诊断与干预、教育信息化发展评价等关键技术。中心利用大数据、人工智能技术促进人才培养模式改革，实施教学创新行动计划，利用信息化支撑区域高质量教育体系建设，为国家“三区三州”精准扶智和“互联网＋教育”示范区、智慧教育示范区创建提供智力支撑。中心建成全国首个教育信息化战略研究基地，参与完成我国首个教育信息化十年发展规划和国家教育新基建指导意见，主导研制教育信息化中长期发展规划和“十四五”规划，连续8年研制全国教育信息化评估报告。疫情期间，完成覆盖1 000多万名师生的在线教育调研，为国家决策提供了重要支撑。

中心获省部级科技进步一等奖 4 项，承担国家和省部级项目近 150 项（重点项目 4 项），在国家自然科学基金教育信息科学与技术交叉研究领域（F0701）立项数连续 4 年位居全国第一，发表高水平论文 600 余篇，出版著作和教材 40 多部，获得国内外发明专利授权 70 多项。中心通过承担国家项目、技术转让与产品推广等渠道带动行业产业发展，以云端一体化智慧教育示范工程支撑教育教学创新示范区和示范校建设，建立了 42 个示范区、3 000 余所示范校，取得了巨大的经济效益和社会效益。中心支持建成国家数字教育资源公共服务平台，汇聚超 1.6 PB 优质资源，为全国 31 个省份 600 余万名教师、1.5 亿名学生提供优质教育数字资源共享，帮助全国 6.4 万个农村教学点解决“开齐课、开好课”难题。中心开创孤独症儿童从特教机构到家庭的泛在教育干预模式，孤独症儿童使用中心研发的系列智能化教育干预设备与软件系统后，学习活动完成反应时速和准确率显著提升。中心作为核心单位，支撑完成教学改革创新成果——《深度融合信息技术的高校人才培养体系重构与探索实践》，获 2018 年高等教育国家级教学成果特等奖。

哈尔滨工业大学机器人技术与系统国家重点实验室简要事迹

哈尔滨工业大学机器人技术与系统国家重点实验室源自哈尔滨工业大学机器人研究所，始建于1986年，是我国最早开展机器人技术研究的单位之一，现有专职人员80余人，国家级人才计划入选者30余人，2007年获批国家重点实验室，2018年被评估为优秀，所依托机械工程学科在第四轮评估中获评A+。实验室自成立之日起，始终坚持扎根东北，艰苦创业，开展了大量战略性、前瞻性、奠基性的宇航空间机构和机器人基础技术及工程应用研究，在载人航天与探月工程、高分辨率对地观测、在轨服务与深空探测等国家科技重大专项任务中打造出一批国之重器，发扬“大师+团队”运行模式，培养出蔡鹤皋院士、邓宗全院士等一批杰出人才，为航天、国防和国民经济跨越式发展作出了突出贡献。

实验室提出月球车移动系统设计方法，首创平摆联动式月球车转移机构，成果应用于“嫦娥三号”“嫦娥四号”探测器月球车移动系统及其月面转移机构，支撑我国首次月面巡视探测和国际首次月球背面着陆巡视探测；发明并研制了火星车主被动复合悬架式移动系统以及双向抽展式火星车转移坡道，成果用于我国首次火星探测任务“天问一号”探测器火星车的移动和转移，成为国际首个着陆外星球具有主被动复合悬架移动系统的星球车。实验室攻克了月面采样与封装关键技术，提出的钻—表复合式采样方案可通过一次任务获取表层和纵深剖面月壤样品，属国际首例；“双管单袋无滑差”钻进取芯方法、双螺旋取芯钻具以及高分子纤维一体化取芯软袋织造结构，具备国际领先水准，圆满完成我国“嫦娥五号”首次地外天体采样任务，使我国成为世界上第二个实现月球无人自主采样返回的国家并刷新了单次钻取采样量世界纪录；发明了具有冗余备份配置的空间机器人模块化关节，突破人机协同操作安全性、灵巧性、交互性等关键技术，成果应用于“试验七号”我国首次空间机器人在轨维护科学技术试验和“天宫二号”国际首次人机协同在轨维修科学试验；面向高分专项大型空间折展机构，提出由基本折展单元通过共连杆、共支链可动连接构成多闭环空间大型折展机构的组成理论，成果应用于我国首个60米大型空间折展臂、“高分三号”、“高分九号”等多颗对地观测卫星，首次实现我国SAR（合成孔径雷达）卫星1米分辨率对地观测。

实验室获国家技术发明二等奖8项，引领了我国宇航空间机构和机器人技术的跨越式发展；培养出100多名在航天和国防领域担任型号总师、总指挥等重要职务的优秀校友，成为我国航天国防领域不可替代的重要科技力量。

中国信息通信研究院“两平台一卡”团队简要事迹

中国信息通信研究院“两平台一卡”团队是中国信息通信研究院于新冠肺炎疫情暴发后，为建设通信行程卡、通信大数据平台和国家重点医疗物资保障调度平台应急成立的。团队现有专业技术人员200余人，平均年龄仅32岁。其中，享受政府特殊津贴人员4人，具有正高级职称人员20余人、副高级职称人员50余人，博士30人。团队曾荣获工业和信息化系统抗击新冠肺炎疫情先进集体。

新冠肺炎疫情暴发后，团队主动迎战、拼搏实干，以高度的政治自觉和责任担当发挥技术和专业优势，昼夜拼搏，34天内完成平台上线，全力支撑中央和地方各级联防联控机制、精准溯源、复工复产和防范境外输入风险，构筑起内防扩散外防输入的“数据长城”，为全世界利用通信数据开展疫情防控树立了全球“标杆”，提供了中国方案。通信行程卡首次集成全国16亿手机用户移动网信令数据，首次成功引入国际最先进的黑科技“蓝牙近距离接触技术”，是全国唯一具备境外行程查询能力的健康码应用，定位准、时效强、溯源快，累计提供查询服务超120亿次，单日峰值达7 000万次，日查询量稳定在2 000万次以上，全力支撑中央和各级联防联控机制指挥决策，高效支撑多地疫情防控与溯源工作。通信大数据平台支撑工信、公安、卫生等部门高效协同联动，实现了病患信息速采集、风险人群全覆盖、协查区域强协同，有力支撑跨时空的流调溯源辅助分析和风险预警，是行业实时性最高、覆盖范围最广、联动处理能力最强的大数据平台，创造了通信史上新的奇迹，达到国际先进水平。国家重点医疗物资保障调度平台覆盖十大类 169 种医疗物资、超过 4 200 家企业，为各级政府提供报表下载 4 000 余次，为企业对接融资超 80 亿元，疫苗子模块实现了对疫苗“需、产、检、供、运、种”各环节的数据监测和复杂场景下的综合分析调度，有力支撑和保障了全国疫情防控物资调度，特别是支撑和保障了我国疫苗供需平衡、各地按时完成疫苗接种任务。

团队共申请专利 5 项，软件著作权 3 项，向各地联防联控机制报送线索 3 亿余条，向中共中央办公厅、国务院办公厅报送重要信息 500 余篇，全面支撑党中央、国务院做好疫情态势研判，支撑各地联防联控机构做好精准防控，受到李克强总理、孙春兰副总理的高度评价，并获得秘鲁、国际电信联盟等国家及国际组织赞誉。通信行程卡案例入选工业和信息化部、民政部疫情防控和复工复产典型案例，入选由全球移动通信系统协会联合发布的《中国疫情防控移动应用案例集》，被中央电视台、《人民日报》、新华网等 50 多家媒体报道。

西北民族大学生物医学团队简要事迹

西北民族大学生物医学团队初创于2000年，现有教师35人，其中博士29人，享受政府特殊津贴人员2人，国家民委“突出贡献专家”1人、“领军人才”1人、中青年英才2人，甘肃省“领军人才”1人。

团队攻克并实现产业化的胎牛血清生产技术，改变了我国胎牛血清等长期依赖进口的局面，创建的兰州民海生物工程有限公司已成为国内最大的动物血清研发和生产基地。新冠肺炎疫情期间，团队所属企业最早复工复产，已为北京生物、北京科兴等4家新冠肺炎灭活疫苗生产企业提供疫苗生产专用牛血清16.5万升，市场占有率达到80%以上，为我国新冠肺炎灭活疫苗研发、上市提供了坚实物资保障。团队为北京万泰生物药业股份有限公司等承担的流感病毒载体新冠肺炎疫苗研制提供细胞系，并在细胞培养、建库和检定等方面给予技术服务，使全球首个喷鼻流感病毒载体新冠肺炎疫苗通过了国家药品监督管理局应急审批，目前已完成Ⅱ期临床试验，并在《柳叶刀》子刊、《细胞》子刊等杂志发表新冠肺炎病毒相关研究论文4篇。团队在动物细胞株悬浮驯化和培养、生物反应器高密度培养工艺等多项病毒类细胞疫苗产业化核心技术方面取得了一系列原创性成果，研发出了国内第一个生物反应器高密度培养BHK-21细胞的口蹄疫疫苗生产工艺，已应用到天康生物和中牧股份。团队开发的生物反应器高密度培养 MDCK 细胞的禽流感灭活疫苗生产技术在吉林冠界生物技术有限公司转化生产，生物反应器单罐培养体积达 6 000 升，极大地提升了禽流感疫苗的生产效率。团队主持完成的国家重大新药创制项目攻克了 MDCK 细胞基质流感疫苗生产的技术难题，完成了细胞基质四价流感病毒裂解疫苗的临床前研究，并转化到步长药业和武汉生物制品研究所。

团队近五年共承担国家重大新药创制等各级各类项目 65 项，科研经费超过 1 亿元，发表学术论文 267 篇，获国家发明专利 14 项；先后获批“教育部创新团队”“全国高校黄大年式教师团队”，被人力资源社会保障部、国家民族事务委员会评为全国民委系统先进集体，被甘肃省评为“抗击新冠肺炎疫情先进集体”。在助力“三区三州”脱贫攻坚中表现突出，团队培育的兰州民海生物工程有限公司直接带动临夏回族自治州和甘南藏族自治州农牧民年增收近 3 亿元，与推动现代化绿色农业产业发展相结合，研发了牛羊屠宰场废弃血液生产氨基酸水溶肥生产线，助推牦牛乳资源高值化和可持续发展。

公安部第一研究所网络可信身份管理技术研究与应用团队简要事迹

为贯彻落实党中央关于新时代国家网络安全和信息化工作的重大决策部署，2013 年以来，公安部第一研究所组织相关领域专家和技术骨干，组建了网络可信身份管理技术研究与应用团队。团队现有 140 余人，其中具有高级职称人员 42 人，博士 8 人，硕士 80 人，享受政府特殊津贴人员 2 人。

九年来，团队面向国家“互联网 +”重大战略需求，围绕身份认证中的公民隐私保护和重要战略数据安全等世界性难题，持续深入开展中国特色网络身份认证体系理论研究、技术研发、工程建设、试点示范，取得了一系列创新突破。团队开创性地提出以公民身份号码为根的中国特色网络可信战略，构建了网络可信身份管理总体框架，实现网上网下身份一体化管理；首创多模式、异构数据汇聚治理技术，构建国内首个权威可信的十亿级规模国家居民身份信息库；创新提出模块化、高可用、弹性可扩展基础架构，实现资源快速扩容、业务流量灵活调配、故障快速应对和异地容灾能力；创新设计高速认证算法，支撑网上高并发、高速认证需求；创新采用多种信息安全技术和风控策略，实现认证体系云—网—端全方位信息安全保护和认证体系安全可信。

团队先后完成了 2 个中央网信办相关课题研究任务，2 个“十三五”国家重点研发计划项目研究，1 项国家发展改革委“互联网 +”重大支撑保障类项目研究，建成了具备国家级统一服务能力的“互联网+”可信身份认证平台（CTID）。团队创新突破了15项关键核心技术，申请40余项国家发明专利（已授权15项），取得软件著作权26项，编制30项国家和行业标准，形成了完全自主可控的网络可信身份认证技术体系。团队积极推进国家网上身份认证基础服务项目建设，保护国家安全、数据安全和公民个人信息安全；有力支撑便民利民认证服务，推动CTID应用覆盖50多个行业、350多家机构，为各类便民利民政务应用累计提供认证服务61.8亿次，实现“让信息多跑路、让群众少跑腿”，提升社会治理能力水平；有力服务国家抗疫需求，依托CTID技术在全国一体化政务服务平台建设“国家防疫健康信息码服务系统”，实现健康码全国“一码通行”，累计为公众提供健康码服务72.08亿次；有力服务经济社会发展，为金融、电信等各行业机构和各类企业提供线上线下网络身份管理一体化服务，支撑国家数字产业化和产业数字化发展，项目成果经济效益规模预计将达数千亿元。

自然资源部第二海洋研究所海底科学与资源权益创新团队简要事迹

自然资源部第二海洋研究所海底科学与资源权益创新团队成立于 1997 年，现有正高级职称科研人员 22 人，博士生导师 13 人，团队核心成员包括：中国工程院院士 2 人，“百千万人才工程”国家级人选 1 人，享受政府特殊津贴人员 5 人，青年拔尖人才 1 人，国家杰出青年科学基金获得者 1 人，浙江省特级专家 2 人，在联合国大陆架界限委员会等重要国际组织任职 8 人。

团队面向世界科技前沿，立足大陆架划界、深海资源勘查评价、南北极科考等方面的国家重大需求，突破了深海探测关键技术，为维护我国海洋权益提供了持续的科技支撑。

团队建立了我国的大陆架划界技术体系，通过持续 20 余年联合攻关，突破了中国海复杂地质地貌条件下划界的技术难题，构建了面向全球大陆架划界的技术理论体系，填补了国内空白。团队牵头完成的“我国东海 200 海里以外大陆架划界案”经外交部提交联合国，并在联合国通过技术答辩，为维护我国海洋权益作出了重要贡献。团队建立的大陆架划界技术体系和研究成果广泛应用于我国对世界其他国家提交的大陆架划界案的科学评估，推广至“一带一路”沿海国。

团队构建了我国深海多金属硫化物探测评价技术体系，经过20余年持续攻关，在洋中脊硫化物的发现、探测技术、成矿规律等方面取得了重大突破，形成了我国的深海硫化物探测评价技术体系，填补了国内空白。团队牵头完成的“西南印度洋硫化物勘探区申请技术方案”，由外交部提交国际海底管理局、经技术答辩获得批准，使我国在国际上率先获得1万平方公里国际海底热液硫化物勘探区。团队突破了深海近底探测、沉浮式地震仪研制、底质声学原位、无人智能探测等多项关键技术，构建了适合在极地恶劣环境和深海极端环境作业的海底高精度探测技术体系，服务于国家重大海洋工程，成果获科技奖励多项。

团队牵头国家自然科学基金重大项目1项、重点项目3项、杰出青年基金1项，承担国家重点研发项目2项、科技基础性工作专项2项，还承担了一批国家重大海洋专项任务；获得科技奖励10余项，其中以第一完成单位与完成人获得国家科技进步奖二等奖2项、何梁何利基金科学与技术进步奖1项、首届全国创新争先奖1项，并获得海洋工程科学技术奖特等奖等科技奖励多项；出版学术专著与图集20部，发表SCI/EI收录论文300多篇，授权国内外发明专利42项。

华南环境科学研究所生态环境风险管理与应急技术研究中心简要事迹

华南环境科学研究所生态环境风险管理与应急技术研究中心成立于2012年，现有职工65人，其中具有正高级职称人员6人、副高级职称人员8人，博士15人，“百千万人才工程”国家级人选1人，生态环境保护领军人才1人，广东省三八红旗手1人，人才队伍结构及梯次合理，专业素质优良。中心是生态环境部系统最早开展环境风险与应急研究的专业机构，现为生态环境部生态环境应急研究所主要依托部门，主要从事环境领域风险防控、应急处置、执法等技术研究及应用工作。

针对我国环境应急技术薄弱的突出问题，中心率先自主开发了环境应急处置技术体系，已在全国22省（区、市）200余起突发环境事件的应急处置中获得成功应用，包括全国80%的重大或敏感环境事件。2019年，在江苏响水爆炸现场，中心骨干佩戴防毒面具开展技术攻关，72小时不间断作业，牵头率先攻克爆炸大坑等6种事故废水的应急工艺难题，成功化解了该突发事件环境应急处置的困境和难点。2020年黑龙江鹿鸣矿业尾矿库泄漏，是我国20多年来尾矿库泄漏量最大、处置难度最大的水污染事件，适逢新冠肺炎疫情防控紧要关头，中心主任虢清伟带队第一时间赶赴现场，牵头指导攻克了冰水混合、泥水共治、突发冰冻等技术难关，解决了沿线50万亩农田取水灌溉的迫切问题，成功避免了第二次松花江污染事件的发生，成为我国重特大突发环境事件应对成功范例。2021 年春节，云南曲靖突发水源铊超标，虢清伟除夕夜赶到现场，制定系统解决方案迅速控制了态势，保障了当地供水安全。同时，中心搭建的智慧化环境应急平台有效提升了全国环境应急信息化管理水平；研发的流域环境风险识别与防控技术在新疆等省及成都、宝鸡、汉中、东莞、湛江等地市成功应用；入河（海）排污口“三级排查”技术在长江、黄河和渤海等 18 省（区、市）88 地市 3.19 万千米岸线的排污口排查中成功应用，排查出排污口数量比此前掌握的多出 20 倍以上；垃圾焚烧发电自动监测数据标记技术在全国垃圾焚烧厂全面应用，对 22 省 94 地市约占全国 1/3 的垃圾焚烧厂开展技术帮扶，烟气常规污染物排放达标率提高到 99% 以上。

近年来中心主持了国家重大科技专项、国家自然科学基金等项目 200 余项，累计发表论文 300 余篇，授权专利 100 余项，软件著作权 60 余项，出版专著 12 部，编制标准 30 余项，并多次获得国家和省部级科技进步奖励及表彰。中心承担全国环境风险与应急培训超 30 000 人次、垃圾焚烧发电行业培训超 4 000 人次，被誉为“环境战争里的拆弹部队”“环保帮扶特种兵”。

建筑学报杂志社有限公司简要事迹

《建筑学报》创刊于1954年，由中国科协主管、中国建筑学会主办，是中华人民共和国成立后第一本建筑类学术期刊，第一任编委会主任（主编）梁思成先生为刊物明确了办刊宗旨。杂志社现有专业技术人员11人，其中，中国工程院院士1人，具有正高级职称人员3人，博士1人，"百千万人才工程"国家级人选1人，享受政府特殊津贴人员1人；由32名编委组成的编委会，拥有6位院士、4位境外知名学者以及10余位全国工程勘察设计大师。

《建筑学报》创刊近70年来，立足国内，作为行业文胆与智囊，以"记录中国现代建筑发展历程，发掘本土建筑理论与实践成果"为宗旨，迄今出版630余期，成为国内外学者研究探讨中国城市与建筑发展成就最为关键和详尽的文献；不仅记录、见证了中国现当代建筑发展和演变的历程，同时也是构建这一历史过程的参与者和重要组成部分，尤其在综合反映业界思想、学术观点以及设计实践方面具有不可替代的作用。编辑团队始终坚守服务于国家大政方针、服务于中华民族全面复兴的责任意识，探索本学科与自然、社会、人文学科深度融合的发展道路与方向。近年来，杂志社坚持"综合性、学术性、权威性"，倡导学术民主的办刊方针，以国内建筑界的重要活动、学术研究及实践为主要报道对象，兼顾理论和实践两大板块，弘扬传统文化、关注行业热点、推动科技进步、回应当代问题、服务社会进步，高品质、大格局，每年出版 12 本常规期刊 +2 本学术论文专刊，建构出新时代国家建设的宏大图景，着力传达出我国建筑学科发展、思想文化进步、尖端出版印刷、内外宣发等集群实力，探索了展现国家文化软实力的创新道路。2020 年以“3+4”合刊形式出版的“抗疫特辑”迅速将我国防疫成就公布于世，为全世界抗击疫情提供了宝贵的经验，展现了中国速度与中国标准。2021 年，启动北京冬奥会的宣发工作，编辑团队组织专家学者深入延庆、崇礼及首钢多处赛区场地，为国家工程的技术进程、精神传播与推广提供专业媒体方面的支持。《建筑学报》被世界众多高校图书馆收录。

杂志社挖掘与培养了中华人民共和国成立以来建筑学科几乎所有的尖端、领军人才；2017 年起，开业界先河，自筹资金开办“青年学者支持计划”，以行业龙头身份，坚持理论先行，为国家开展新一轮行业理论人才的储备与挖掘。在北京大学中文核心期刊库中，《建筑学报》一直是极少入选的建筑学类杂志。2017 年，《建筑学报》成为唯一进入 CSSCI 中文社会科学引文索引来源的建筑学期刊，并在之后的“CSSCI 源刊微信公众号传播力指数（人文学科类，2020 年度）”中排名前十。2019 年，在中国科协主持的建筑科学领域高质量科技期刊分级目录中，《建筑学报》位列最高 T1 等级，为行业顶刊。2021 年，《建筑学报》入选《世界期刊影响力指数（WJCI）报告（2020 科技版）》。

中国水利水电科学研究院水资源研究所简要事迹

中国水利水电科学研究院水资源研究所成立于1978年，前身是成立于1956年的水文研究所，现有职工101人，其中中国工程院院士1人，正高级工程师占50%，具有博士学位人员占90%。研究所主要从事水文水资源领域理论、应用基础与应用研究，以及重大水利工程咨询、国际涉水事务合作等，围绕国家水安全保障持续攻关，在国家水治理体系中发挥了重要科技支撑作用。

研究所系统提出了“自然—人工”二元水循环理论，并构建了水资源监测与模拟、评价与配置、调度与管理成套技术体系，整体引领并推动了水文水资源学科的发展，创建了具有中国特色的水资源管理理论与技术体系，为水资源学科发展作出了突出贡献，为保障国家和重点地区水资源安全发挥了关键作用，被列为第八个“国际水文十年计划”的重要主题，有力提升了我国在国际水舞台上的科技影响力。研究所先后开展了面向经济、生态和低碳的水资源配置实践，长期承担《中国水资源公报》编制，支撑《国家节水行动方案》编制，开发CWAM模型摸清全国水通量，研发水资源动态模拟与配置通用软件（GWAS）系统，率先开展流域水资源使用权分配实践，着眼于全流域水循环实现全过程节水，系统创建了中国节水型社会建设理论与技术体系。研究所参与政府间气候变化专门委员会（IPCC）

第五次和第六次评估报告起草，为“南水北调”和“三峡工程”等大国重器提供水资源预报成果。研究所长期为变化环境下水资源保护与管理、海绵城市建设和黑臭水体治理、地下水超采区治理和压采提供技术保障，系统开展了气候变化对区域水资源与旱涝的影响及风险应对研究，持续开展科技扶贫和科学普及工作，围绕长江经济带等重大国家战略提供水资源安全保障专项科技支撑。

研究所获得中央国家机关先进基层党组织、水利部先锋党支部和全国水利系统先进集体等集体荣誉。2000 年以来，研究所累计完成科技报告 1 000 余份；获联合国全球人居环境绿色技术奖 1 项；获国家级奖励 12 项，其中，国家科技进步一等奖 1 项，二等奖 11 项；全国创新争先奖和何梁何利奖各 1 项；省部级奖励 57 项。研究所年均发表论文 60 余篇，授权发明专利 20 余项，出版专著 10 余部；涌现出中国工程院院士 2 人，国家杰出青年科学基金获得者 3 人、优秀青年科学基金获得者 4 人；主持完成国家科技重大专项、国家重点研发计划和国家自然科学基金项目等 150 余项；主持完成流域、省部级等重大科研与咨询项目 90 项；主持完成 130 多项重大规划与工程水资源论证工作，为我国水资源安全保障提供了坚实人才和科技支撑，取得了显著的经济效益和社会效益。

中国农业科学院北京畜牧兽医研究所饲用酶工程创新团队简要事迹

中国农业科学院北京畜牧兽医研究所饲用酶工程创新团队成立于1994年，现有核心科研人员20人，其中具有正高级职称人员10人，博士18人，中国工程院院士1人，青年拔尖人才1人，科技部中青年科技创新领军人才1人，农业农村部青年科学家1人，北京市科技新星1人，中国农业科学院青年英才2人。团队是一支以“70后”、“80后”后为主体，梯队合理、学科互补、科研素质突出、创新能力强、团结向上的专业技术人才队伍。

针对国家重大需求和养殖业长期存在的养殖效率低下、抗生素滥用、环境污染严重、产品依赖进口、没有自主核心技术等关键瓶颈问题，团队从20世纪90年代起，潜心钻研，不断创新，通过多年努力与艰苦攻关，取得了多项创新性科研成果。团队建立了完整的饲料酶基础研究和产品应用开发技术平台，确立了在饲料高新技术创建和实际应用领域的国际领先地位。为解决饲料用酶的性能和生产成本这一阻碍饲料酶规模应用的“卡脖子”问题，团队确立了从酶的分子生物学等基础性科学问题入手、系统全局解决的研究思路，通过酶蛋白基因资源的规模化高效挖掘、酶的催化和构效机制研究及进一步的分子设计与改良，解决了知识产权和酶的性能等问题。团队研发的饲料酶产品满足饲料加工和动物养殖的需要，相关技术及产品的应用在开辟新的饲料资源、解决饲料相关产业的环境污染问题、提高动物产品的品质等诸多方面产生了良好的社会效益、生态效益及重要学术影响。团队利用自主研发的生产技术开发的饲用植酸酶等20余种自主知识产权系列饲料酶产品，不但打破了进口产品垄断的局面，使我国饲料酶产业实现了由“技术进口”到“技术出口”的颠覆性转变，真正在国际饲料酶行业做到了“人无我有，人有我优”。研究成果还引领了我国饲料酶产业的发展，为推动饲料酶产业迅速发展成为具有国际竞争力的高新技术产业作出了突出贡献。

团队承担国家自然科学基金杰出青年科学基金项目1项、重点项目1项，国家“863计划”项目4项，转基因重大专项3项；累计发表SCI论文260余篇，获得授权发明专利130余项（包括国际发明专利5项），实现技术转让、专利许可60项次。相关研究成果先后获得国家科技进步二等奖2项，北京市科技进步一等奖1项，大北农科技奖特等奖1项。团队于2012年、2015年入选全国农业科研杰出人才及其创新团队，于2016年入选科技部重点领域创新团队。

中国热带农业科学院香料饮料研究所热带香料饮料科技创新团队简要事迹

中国热带农业科学院香料饮料研究所热带香料饮料科技创新团队组建于 1995 年，现有科技人员 56 人，其中，具有正高级职称人员 20 人，博士 22 人，“百千万人才工程”国家级人选 1 人，享受政府特殊津贴人员 1 人，荣获中华农业英才奖 1 人、全国优秀科技工作者 1 人、各类省部级人才计划 12 人。

团队构建了我国热带香料饮料种质资源安全保存和鉴定评价技术体系，改善了我国该领域种质资源偏少、育种材料欠缺的现状，使我国的胡椒、可可资源保存领先世界；在国际上确定鉴定评价技术指标 516 个，选育出热研 1 号咖啡等新品种 11 个，培育了多个香料饮料新兴产业，实现了优异资源、新品种和配套技术的快速应用。团队研发出胡椒生态高值加工、咖啡热泵节能干燥和变温梯度烘焙增香等 8 项核心技术及其配套技术，研制了具有自主知识产权的高值化利用关键设备 6 类 27 种，建立了香料饮料作物资源高值化利用技术体系和质量标准体系，通过技术、标准、装备的创新集成，促进产业技术升级，先后在 160 多家企业推广应用。团队创立了“资源保护、产品开发、科普示范”三位一体的香料饮料资源保护与利用模式，打造兴隆热带植物园，将农业观光、科普教育、农技实践和生态环境保护等功能配套集成于一体，获批国家现代农业科技示范展示基地和生态环境科普基地，创造经济效益 60 多亿元，是热带作物资源保护和利用可持续发展的典范。团队坚持服务老少边穷地区精准脱贫和农业绿色发展，以科技支撑打造云南怒江草果、绿春胡椒、普洱咖啡和海南胡椒、咖啡、可可、斑斓叶、面包果等典型地域特征产业高质量发展，累计推广良种良苗 100 多万亩，胡椒、香草兰、可可单产超过世界主产国，咖啡等多个自研品种成为农业农村部首批热带作物主导品种。

团队始终不忘初心、牢记使命，深耕主责主业，在高质量科技供给助力乡村振兴、产业发展和提升人民美好生活品质方面事迹突出、成效显著。团队承担科技项目 400 多项，主持国家重点研发计划“特色热带作物产业链一体化示范”项目，主持国家自然科学基金项目 37 项；获国家级、省部级成果奖励 47 项，通过审（认）定品种 8 个；制定行业和地方技术标准 54 项；发表论文 1 000 余篇，出版专著 60 部；申请并获授权发明专利 73 件、实用新型专利 14 件；荣获国家级科技奖 2 项、省部级奖励 40 多项。

故宫博物院文保科技部简要事迹

故宫博物院文保科技部成立于1988年，是故宫博物院的内设机构，主要从事文物修复保护和科技保护研究工作。文保科技部目前有正式职工130余人，其中具有正高级职称人员16人、副高级职称人员33人，博士15人；国家级“非物质文化遗产”传承人11人，其中3名传承人被评为全国技术能手，2名传承人被评为国家技能人才培育突出贡献个人。

文保科技部创立至今，成功修复的重要文物不胜枚举，例如马王堆汉墓出土的帛画，隋朝展子虔《游春图》，唐代韩滉的《五牛图》、周昉的《簪花仕女图》，宋代的《清明上河图》及《蚕织图》，构思奇特、汉风张扬的“马踏飞燕”，商代重器“司母辛鼎”“王子午鼎”，西周重器“班簋”，春秋重器“莲鹤方壶”“上蔡升鼎”，西洋机械钟精品“象驮转花钟”“象拉车钟”，皇家至尊家具“太和殿龙椅”，唐代古琴名器“大圣遗音古琴”，明式家具经典“皇宫椅”等，每一件都是我国传统历史文化的瑰宝。近年来，文保科技部逐步建立起文物修复规范流程、保护修复方案审核及验收制度和修复档案同步制度，大力推进科技手段对传统技术的测评与支撑，推动科技保护与传统修复的有效融合，推动传统技艺的科学化、科学研究的落地化，极大地提升了保护修复工作的科学性和学术性。该部门平均每年保护、修复文物300余件套，其中很多大型保护修复项目，如“寿康宫保护修复”“铜壶滴漏与硬木雕花式自鸣钟的搬迁与修复”“清宫宫廷灯具修复”“董诰山水贴落保护修复”“乾清宫大型博古架保护修复”等，都是文物保护修复的经典范例；在修复之外，每年检测、分析文物400余次，提取的数据解决了很多长期困扰文物保护修复的难题。

文保科技部承担和参与各类重要科研课题63项，其中国家重点研发项目6项，自然科学基金项目8项，国家社科基金重点项目2项，文化和旅游部重点实验室资助项目2项，此外还取得了4项文物保护材料及技术国家发明专利。现已有五项传统修复技艺被列为国家级非物质文化遗产项目，另有三项传统修复技艺被列为北京市非物质文化遗产项目。文保科技部建立了多个重要的实验室和联合修复室，承担了多项重要研究项目，同时还与国外文物保护机构积极开展文物保护修复交流与合作。除此之外，该部门还积极推动文物保护及修复专业宣传，推进文物保护意识的推广普及，参与拍摄的《大国工匠》《匠心传奇》《上新了故宫》《理想照耀中国》等一系列优秀节目，在社会上引起广泛影响。

北京协和医院疑难重症及罕见病多学科诊疗团队简要事迹

北京协和医院疑难重症及罕见病多学科诊疗团队由北京协和医院院长张抒扬教授领衔全院26名临床和医技专家组成，年龄结构合理，包括两院院士、长江学者、杰出青年及扎根医疗一线的中青年医师，专业涵盖心脑血管疾病、肿瘤、感染、妇产等主要临床专业，尤其擅长急危重症和罕见病诊治。

新冠肺炎疫情期间，医院186名援鄂医疗队员逆行出征，精心救治急危重症患者，为全球抗疫贡献了“协和经验”。在北京疫情反弹之时，协和人70小时建成核酸采样方舱，58小时建成核酸检测实验室，构筑安全防线。赵玉沛第一时间带领全院建立院感防控“协和体系”，组建3 306人的抗疫后备大军，培训重症医护梯队，不断织牢织密疫情防护网。张抒扬作为医院疫情防控总指挥和国家援鄂医疗队领队，连续半年奋战在武汉和北京，带领团队为每位患者制定个性化诊疗方案，以生命守护生命，协和救治的极危重症患者病亡率比国际报道低了近30%。杜斌在抗疫中不忘初心使命，冲锋在前，带去了“协和经验”。

团队牵头建设全国罕见病诊疗协作网，落实国家、省市、地县分级诊疗模式；承建国家罕见病医疗质量控制中心，促进了诊疗标准化、同质化，减少了罕见病误诊漏诊率；牵头国家重点研发计划“罕见病临床队列研究”，建成我国首个标准统一的国家罕见病注册登记系统 NRDRS；牵头搭建国家罕见病直报系统，引领和推动罕见病相关政策发布、科学研究和多方协作，紧密联系罕见病患者组织，发起成立中国罕见病联盟，全方位开展国际合作，促进罕见病药物可及性。

团队创建 MDT（多学科诊疗模式）大查房制度，成立特需疑难病会诊中心，为门诊疑难重症患者提供“一站式”服务，成为国家和老百姓可信赖的托底力量和“患者性命相托的最后一站”；建设疑难重症及罕见病国家重点实验室，开展急危重症和罕见病发病机制、诊断方法、治疗技术和预后预测研究，领跑国际。

团队获得多项荣誉奖励。杜斌多项成果荣获国家科技进步二等奖、北京市科技进步二等奖、中华医学科技二等奖等奖项；杜斌、刘正印、周翔、韩丁、张抒扬 5 人荣获全国抗击新冠肺炎疫情先进个人；北京协和医院荣获全国抗击新冠肺炎疫情先进集体；北京协和医院党委荣获全国先进基层党组织称号；罕见病分级诊疗制度荣获 2019 年全国医院擂台赛金奖案例。

中国航空工业集团有限公司歼-15飞机研制团队简要事迹

中国航空工业集团有限公司沈阳飞机设计研究所（航空工业沈阳所）成立于1961年8月，是新中国成立后组建的第一个飞机设计研究所，主要从事战斗机总体设计与研究工作。航空工业沈阳所歼-15飞机研制团队，在总设计师孙聪带领下，从零开始，发愤图强、矢志创新，实现了我国航空武器装备从陆基到海基的巨大跨越，树起了中国战斗机研制新的里程碑。

团队历时十余年，全面突破了舰载战斗机设计的各项关键技术，包括舰载机起降流程设计、高增升气动布局设计、高承载机体结构及起落装置设计、机翼折叠机构设计、起降动力学分析及飞行控制设计、腐蚀防护及电磁兼容性设计、陆/舰一体化综合保障设计等关键技术，建立了舰载战斗机全系统、全过程、全寿命研制和使用技术体系，创造了具有完全自主知识产权、完整技术体系的中国首款舰载战斗机的腾飞奇迹。

团队在气动布局设计上，首次开展了舰载机增升装置的设计，针对复杂海况下的流场开展了大视场的流动测试；借助新型仿真软件手段，大胆创新斜甲板的试验室模拟方式，开展国内首次起落架斜板冲击试验，以及关键技术攻关；全新研制了起落装置及拦阻钩系统，满足了舰下沉速度高、冲击载荷大、斜板滑跃起飞及着舰拦阻时大过载要求；提出了在国内研制新型高性能、耐腐蚀材料的目标，并联合国内多家科研院所和高校，突破关键技术，基本形成了高强度、耐腐蚀材料的技术体系，为舰载机长寿命、高可靠性的使用打下良好基础，同时提高了国内材料研制技术水平。

团队首次采用全新的三维数字化手段进行设计和协调，实现飞机设计100% 产品数字化定义、100% 虚拟装配、100% 产品数字样机及设计过程构型管理和设计 / 制造过程单一数据源管理。与传统三代机相比，工装减少60%，工装返修率由 300% 降至 20%，提高了设计质量，缩短了研制周期。

团队以习近平强军思想为指引，以推动国防和军队现代化建设为己任，不断拉近中国航空工业与世界的距离，推动我国进入以空强海的时代，为建设新时代航空强国勇立新功。团队建立了我国舰载战斗机研发技术体系，形成了我国第一型舰载战斗机装备，填补了我国舰载战斗机的空白，是航空工业发展史上具有里程碑意义的又一重大科技成果，对于加强我国国防建设，维护国家海洋权益具有重大战略意义；同时带出了一支成熟的舰载机研制团队，为我国未来舰载机的研制打下了坚实的基础。团队共获得授权专利 279 项，2018 年荣获国防科技进步特等奖。沈阳所被国务院、中央军委联合授予“航母工程建设重大贡献奖”。

国家电网有限公司高压直流输电技术与装备创新团队简要事迹

国家电网有限公司高压直流输电技术与装备创新团队组建于1996年，现有研究人员116人，其中，博士35人，硕士79人；已经形成了由院士、中青年科技创新领军人才、“百千万人才工程”国家级人选等高层次专家领衔的创新机制；主要从事高压直流输电技术研究与高端装备开发，是一支年龄结构合理、学科体系健全、创新能力强的高素质技术团队。

团队攻克了特高压直流换流技术难题，研制出±800 kV直流换流阀装备，打破跨国公司垄断，容量居世界首位，实现从“引进”到“领跑”的跨越式发展，应用于我国10多个特高压直流工程，为“西电东送”战略实施提供了有力支撑，有效促进节能减排和大气污染防治，降低工程核心装备造价50%以上，保障了全社会用电安全和经济高速发展。团队开辟了模块化多电平全新技术路线，破解柔性直流容量提升难题，为我国高比例可再生能源消纳、电网灵活调控提供了新的技术手段；建成亚洲首条柔性直流输电工程（上海南汇柔直），实现了我国在柔性直流输电领域零的突破；推广应用于世界首个千兆瓦级柔性直流工程（福建厦门柔直）、世界上参数最高的柔直工程（渝鄂互联）等多个具有世界里程碑意义的柔直工程，电压等级和输送容量等核心技术指标屡次刷新世界纪录；中标英、德等国5个工程设计，首次实现我国高端电力技术进入欧洲市场。团队提出新型混合式高压直流断路器拓扑，在世界范围内首次实现工程应用，攻克了直流电网发展的主要瓶颈；突破直流电网构建技术，支撑建成张北地区世界首个直流电网工程，实现 100% 新能源汇集和送出，为 2022 年北京冬奥场馆提供了绿电保障；为构建以新能源为主体的新型电力系统提供了“中国方案”。团队研究成果实现了系统性自主创新，使我国在直流输电领域达到国际领先地位，推动了技术和产业的跨越式发展。

团队先后承担国家科技重大专项、“973 计划”、“863 计划”、重点研发计划、自然科学基金等科研项目 30 余项；获国家科技进步一等奖和二等奖各 1 项，国家技术发明二等奖 1 项，中国专利金奖 2 项、优秀奖 4 项，省部级奖励 24 项；授权国内外发明专利 377 项；出版专著 7 部；发表 SCI 和 EI 论文 300 余篇。团队牵头成立 2 个国际大电网会议工作组（CIGRE B4.72、CIGRE B4/A3.86），发布技术导则 2 项；牵头成立国际电工委员会（IEC）TC 115/WG 11 工作组，制定 IEC 标准 3 项，显著提高了我国在该领域的国际影响力和话语权。团队负责人汤广福于 2017 年当选为中国工程院院士；团队核心成员贺之渊、庞辉、魏晓光等人获得中青年科技创新领军人才、中央企业青年先锋等称号。团队直接创造产值超过 80 亿元，带动提升了我国功率半导体、绝缘材料、机械开关等能源电力产业链上下游企业创新能力和产业升级，核心零部件实现国产化替代。

国家能源投资集团有限责任公司 400 万吨 / 年煤间接液化成套技术创新开发及产业化团队简要事迹

国家能源投资集团有限公司 400 万吨 / 年煤间接液化成套技术创新开发及产业化团队成立于 2008 年，现有成员 1 536 人，其中享受政府特殊津贴人员 4 人，博士 8 人、硕士 509 人，具有正高级职称人员 28 人，高级工程师 108 人，以煤炭资源清洁高效利用为主要研究方向，在煤制油、煤化工领域取得了多项重要研究成果，在宁东能源化工基地助力建成全球单体规模最大的 400 万吨 / 年煤间接液化项目（下文简称“煤制油项目”）等 8 个现代煤制油化工项目。团队深入贯彻落实习近平总书记重要指示批示精神，积极投身能源生产和消费革命，用心血铸起保障我国能源安全和多元供给的“塞上明珠”。团队打破制约 50 万吨 / 年煤基烯烃项目瓶颈，使宁夏煤业公司分享德国鲁奇公司全球 MTP 技术 15% 转让权益。通过联合攻关，团队打破国外垄断，开发出高性能 MTP 工业催化剂；开发出具有自主知识产权、国际先进水平的 2 000~3 000 吨 / 天单喷嘴干煤粉加压气化成套技术；攻克大型煤间接液化“卡脖子”关键核心技术，完成 37 项关键技术、重大装备及材料的国产化技术攻关，实现煤制油项目百万吨级工业化放大，与国外同类技术对比，在各类消耗、能效和产油能力上具有明显优势，对促进煤炭清洁高效利用，提升国内技术装备水平，增加国家能源独立保障能力具有重要意义。同时，为增强企业竞争力，积极延伸产业链，团队利用国产自主知识产权技术首次实现煤化工向石油化工产业转型，核心可控装备和软件系统国产化率达到 90.3%，关键过程变量波动幅度减少 70% 以上，操作频次下降了 95%，定员降低 33%，生产效率提升 24.17%，产品合格率持续达到 100%；探索形成了超大型工程项目管理模式，煤制油项目安全达 1.61 亿人工时，投资较设计概算降低 12%，仅用 39 个月建成，且一次投料试车成功。通过团队努力实践，组建了 1 个国家级企业技术中心、1 个国家重点实验室、3 个产学研联盟、3 个协同创新中心，搭建了 6 支省部级科技创新研发团队，培养带动煤制油化工产业各类技术人才 2 万余人。

团队获中国专利金奖 2 项、省部级科技进步奖特等奖 2 项、一等奖 3 项；获国家发明专利 162 件（含国际 43 件），实用新型专利 222 件，软件著作权 41 项；出版专著 2 部，发表论文 216 篇，制定国家、企业标准 65 项。

中国电子信息产业集团有限公司银河麒麟操作系统 V10 攻关团队简要事迹

中国电子信息产业集团有限公司银河麒麟操作系统 V10 攻关团队成立于 2020 年，现有正高级工程师 1 人、高级工程师 14 人，博士 1 人、硕士 48 人。在国内新冠肺炎疫情暴发、疫情防控和治疗手段尚不明朗的情况下，团队本着对事业高度负责的态度，在坚守疫情防控底线的前提下，由院士亲自挂帅共赴海南攻关基地，开展操作系统联合攻关百日会战。3 天之内 100 余名研发骨干，克服疫情困难，从北京、天津、上海、长沙等多地齐聚海口，3 月 4 日正式开始封闭式攻关，开启麒麟软件国产化操作系统自主创新的新征程。

团队充分发扬党员突击队的引领作用，以“自主创新、团结奋斗、攻克难关”为行动方针，充分发扬连续作战精神，经过不懈的奋力拼搏，成功研制发布银河麒麟操作系统 V10，该系统具有内生安全、性能卓越、生态丰富、融入移动、体验升级和云端赋能等六大优势和国内最高安全等级，能全面支持飞腾、鲲鹏、龙芯、海光、兆芯、申威六款主流国产 CPU（中央处理器），并且全面兼容安卓应用，在安全性、稳定性、易用性和系统整体性能等方面远超国内同类产品，实现了国产操作系统的跨越式发展，引发国人对中国自主创新基础软件事业的热情关注，极大提振了民族士气，也成为中国电子关键技术自主创新史上具有里程碑意义的重大事件。截至目前，银河麒麟操作系统已在政府机关、关键行业以及包括远望六号、天问一号、嫦娥五号在内的国防航天等国家重要领域得到广泛应用，也实现了在电力 DCS[①]、中移动综合网管、银行关键业务系统等自主产品的突破性应用，充分展现了加速打造国家网信产业核心力量和组织平台的使命与担当。

团队研发的银河麒麟操作系统 V10 在技术实力、安全性能等方面达到国产操作系统新高度，对推动国家网信事业建设、捍卫国家网络安全作出突出贡献，受到中央及地方、社会各界广泛关注，被国有资产监督管理委员会评为“2020 年度央企十大国之重器”，并在第九届中国电子信息博览会上荣获金奖，相关新闻报道入选中央广播电视总台“2020 年度国内十大科技新闻”，被评为“2020 年度信创领域十大事件”。截至目前，银河麒麟操作系统已经连续 10 年位列中国 Linux 市场占有率第一名，荣获国家科技进步一等奖在内的各类国家级、省部级和行业奖项 400 余个。同时，麒麟软件有限公司被授予“国家规划布局内重点软件企业”“国家高技术产业化示范工程”等称号，麒麟软件有限公司将坚定落实“遨天”行动计划，与众多生态伙伴一起加速完善国产应用生态，建设维护国内最大网信产业生态体系。

① 电力 DCS：电力行业（全国产）分散控制系统。

有研科技集团有限公司有色金属材料制备加工国家重点实验室简要事迹

有研科技集团有限公司有色金属材料制备加工国家重点实验室是2005年经科技部批准在企业中首批建设的两个国家重点实验室之一，依托有研科技集团有限公司建立，2010年通过验收，2017年获评科技部优秀类企业国家重点实验室。实验室主要从事大品种有色金属材料及其制备加工技术领域的基础和应用基础研究，现有固定研发人员70人，其中博士52人，具有高级职称以上人员占比90%，45岁以下中青年人才占比80%；拥有一支由12名博士生导师、29名硕士生导师组成的研究生导师队伍，在室博士后、博士/硕士研究生稳定在100人/年左右，是一支由“60后”到“90后”组成的高知中青年团队。实验室拥有国家中青年科技创新领军人才1人、“百千万人才工程”国家级人选3人、享受政府特殊津贴人员4人、省部级人才计划6人。

创建以来，实验室以服务大品种有色金属材料的国家需求和行业发展为出发点，始终坚持以共性技术支撑行业骨干企业发展、以新材料研发引领行业产业技术创新、以关键材料保障国家重大工程需求，研制出了高强韧低淬火敏感性铝合金、国产大飞机机体用系列关键材料、快速时效响应型铝合金、高强铝合金预拉伸板和锻件、高强高导铜合金丝线材、高性能高精度铜合金带材、抗高爆冲击铜合金、高强高韧钛合金、钛合金筒体和型材、超高强变形镁合金、高比强度高导热镁合金、热管理材料等一大批关键材料和工艺技术，对满足国家和行业需求、支持国防建设发挥了不可替代的作用。其中，高强韧低淬火敏感性铝合金成为我国首个获得国内外核心知识产权的航空主干铝合金；国产大飞机翼壁板用铝合金材料使中国成为继美国、德国之后，世界上第三个能够生产这种高端材料的国家；钛合金型材助力我国新一代大型运载火箭“长征五号”首飞成功，实现了国产钛合金型材在航天领域的首次成功应用。

实验室累计承担各类国家级项目 200 余项，获省部级以上奖励 74 项，其中国家科技进步二等奖 3 项，授权专利 130 余项（含欧洲、美国、日本、PCT[①]等国际专利 17 项），已成为我国大品种有色金属新材料制备加工领域的“国家队”之一，先后获评“高性能轻合金结构材料”“先进军用特种铜合金材料”两支国防科技创新团队。近五年，实验室累计承担国家级科技计划项目 130 余项，其中国家重点研发计划项目和课题 31 项、大飞机等国家核心攻关任务 25 项；获省部级以上奖励 29 项，含国家科技进步二等奖 1 项、省部级一等奖 13 项；审定和发布标准 39 项（国际 5 项）。研究成果为我国航天、航空、电子、电力、兵器工业等领域重点工程提供了自主可控的原材料保障，累计取得经济效益 14 亿元。

① PCT：专利合作条约。

中国医药集团有限公司北京生物制品研究所新冠疫苗研制团队简要事迹

中国医药集团有限公司北京生物制品研究所新冠疫苗研制团队成立于2012年，现有专业技术人员22人，其中具有高级专业技术职称人员5人，博士5人、硕士10人。团队先后承担国家重大新药创制、科技部国家重点研发计划等多项国家重大公共卫生安全急需的研究任务。

多年来，团队勇于创新疫苗制造技术，革新产品开发的手段和思路，并根据上级部门布置的任务不断调整工作方向，均按时圆满地完成各项研究工作，成果丰硕；研制出全球首个获批上市的新冠灭活疫苗、国家一类新药脊髓灰质炎灭活疫苗等产品。团队负责人王辉是我国生物制品领域专家，在疫苗研发、生产和质量管理方面有着丰富的组织领导经验，先后主持和参与完成包括新冠病毒灭活疫苗、脊髓灰质炎灭活疫苗、二价脊灰减毒活疫苗等品种研制上市和世界卫生组织（WHO）国际认证，主持我国首个人用疫苗高等级生物安全设施建设，以及Vero细胞宿主蛋白检测方法和标准建立、基于篮式反应器平台的病毒高效培养技术开发等国家科技重大专项、国家科技支撑计划等多项研究任务，并取得了一系列领跑全球的重大创新性成果。

2020年初，面对突如其来的新冠肺炎疫情，团队快速行动，与时间赛跑，和疫情斗争，最终用“火神山速度”完成了新冠疫苗的车间建设和研制任务。新冠灭活疫苗获得生产批件1项，申报5项发明专利，相关成果发表在Cell、TLancet Infectious Diseases等学术期刊上。2020年12月30日，国家药品监督管理局批准了北京生物新冠病毒灭活疫苗附条件上市。2021年5月7日，WHO为北京生物新冠灭活疫苗颁发了紧急使用认证，纳入全球“紧急使用清单（EUL）”，这是世界卫生组织批准的首个中国新冠疫苗紧急使用认证，也是第一个获得世界卫生组织批准的非西方国家的新冠疫苗。该产品已在中国、阿联酋、巴林、玻利维亚、塞舌尔、泰国、土库曼斯坦、马来西亚、秘鲁9个国家注册上市，在匈牙利、伊朗、阿根廷、印度尼西亚、泰国、马来西亚、新加坡、墨西哥8个国际药品认证合作组织（PIC/S）成员方获得准入许可，在全球范围内100个国家和地区及国际组织批准紧急使用或市场准入，接种人群已覆盖上百个国别，为全球新冠肺炎疫情防控作出了中国贡献。

团队及成员曾获得中央企业先进集体、北京市抗击新冠肺炎疫情先进集体、抗击新冠肺炎疫情全国三八红旗手、北京市优秀青年工程师、北京市科技新星等荣誉称号。研究成果获得中国药学会科学技术奖一等奖、北京市科学技术进步奖一等奖等。

中国特种设备检测研究院特种设备安全检测与评价创新团队简要事迹

中国特种设备检测研究院特种设备安全检测与评价创新团队成立于1992年，主要从事特种设备检测监测与安全评价技术研究和应用工作，现有专业研究人员36人，其中具有正高级职称人员12人，博士21人，享受政府特殊津贴人员5人，团队带头人沈功田研究员是首批“百千万人才工程”国家级人选、首届全国创新争先奖获得者。

团队针对特种设备大型钢构活性缺陷难以快速发现和识别的世界性难题，揭示了材料裂纹萌生、扩展和泄漏产生的声发射信号特征及传播规律，发现并定义了现场特种设备存在的7种声发射源，建立了声发射源模式识别方法，并世界首创将声发射源按强度和活性综合分级评价的方法，先后开发了4代多通道声发射仪。团队创建了承压设备声发射检测技术体系，解决了活性缺陷整体快速识别、定位与评价难题，极大减少了事故的发生，同时也引领了世界声发射技术的发展。团队针对带保温层设备腐蚀的检测难题，突破了压力容器脉冲涡流检测技术、压力管道的磁致伸缩导波检测技术，研制了国际先进水平的检测仪器。团队针对腐蚀的内检测难题，原创频域可变电磁检测技术，首创三合一储罐腐蚀在油检测仪，研制出高通过性系列多功能“管道猪”，打破了国外技术垄断；创建了承压设备在线电磁检测技术体系，为保障大型承压设备安全运行作出重要贡献，同时也使我国电磁检测技术跻身世界前列。团队针对特种机电设备系统安全检测与预警难题，建立了大型机械系统健康管理理论，开发了拉索漏磁导波复合检测仪、大型钢构和低速滚动轴承声学故障诊断系统，实现大型机械设备钢结构、柔性件和大轴的不拆卸检测，提出了大型游乐设施全生命周期风险评价和健康状态评价方法，构建了覆盖全国 80% 的大型游乐设施健康管理平台，并实现全寿命周期的风险预测与控制，大幅提高了大型游乐设施等机电设备的安全运行管理水平。

团队获国家科技进步二等奖 3 项和省部级一等奖 5 项，研制国际（ISO）标准 7 项、国家行业标准 72 项，授权发明专利 100 余项，出版著作 10 余部，发表论文 600 多篇。团队建立国家市场监督管理总局“特种设备安全与节能”和“无损检测与评价”两个重点实验室。团队研究成果在全国 600 余套大型电站锅炉和化工成套装置、1 万余台大型储油罐和 5 万多千米油气管道、2.51 万台大型游乐设施上得到全面应用，仅统计 53 家应用单位就产生了 149 亿元的经济效益；相关研究成果的推广应用了特种设备传统检测模式，突破了“卡脖子”技术，保障了油气、电力、石化等重大能源设施长周期安全运行，为特种设备万台死亡率 15 年大幅度下降作出重大贡献，为推动我国特种设备安全、保护人民生命财产、促进经济社会发展、提高我国的国际学术地位作出重大贡献。

国家广播电视总局广播电视规划院节目综合评价大数据研究中心简要事迹

国家广播电视总局广播电视规划院成立于 2003 年，是国家广播电视总局直属事业单位，2019 年设立节目综合评价大数据研究中心，承担广电行业基于大数据的节目综合评价相关规划、标准研究和国家广播电视总局广播电视节目收视综合评价大数据系统建设和运行工作。

广播电视节目具有鲜明的意识形态属性，节目收视综合评价事关国家文化安全和意识形态安全。自 2017 年起，中心相继完成了收视率调查核心技术自主研发、中国特色收视率调查小范围规模试验、节目收视综合评价大数据系统建设和运行等重要任务，以及节目综合评价指标体系和算法的攻关研究工作。2018 年 12 月，基于自主技术的“全网络、全样本、大数据、云计算”的国家广播电视总局广播电视节目收视综合评价大数据系统正式开通试运行。2020 年，该系统成为唯一经国家统计局批准执行的政府部门统计调查项目。

目前，系统已实现全国超过 3 亿有线电视、交互式网络电视（IPTV）和互联网电视用户收视数据的汇聚和分析，全流程自动化、封闭化处理，防止人为操纵，抗污染能力强，从根本上解决收视率造假问题，为服务广播电视宣传管理、促进智慧广电创新发展提供了重要支撑。系统彻底打破欧美对收视率调查技术的垄断，有力夯实我国在意识形态斗争的主导权和话语权，把收视数据安全牢牢掌握在中国人自己手中，以切实保障国家数据安全的实际行动践行了“两个维护”。

中心积极服务宣传管理，围绕纪念中国共产党成立100周年、全国两会、防疫抗疫、脱贫攻坚和乡村振兴等重点工作、重大事项，深入挖掘和剖析收视数据，已向中央领导、中宣部、地方省委宣传部等输出各类专业数据分析报告逾3万份，受到各级领导的肯定；向全国各地广播电视主管部门、省级及以上广播电视台提供全面收视数据支撑，助力地方广播电视主管部门开展频道和节目管理、引导和调控，赋能广播电视台进行节目创新、播出编排和考核评价等工作。中心以“中国视听大数据（CVB）”名称定期向社会发布收视数据，并在人民网、学习强国、抖音、快手、百家号等多渠道同步发布综合性分析报告和短视频，获得社会各界一致肯定，引领了收视数据透明时代的到来，为节目视听传播环境与业态带来一片清朗。

目前，中心承担国家文化保护传承利用工程重点项目1项，完成行业标准11项，发明专利4项；获全国广播电视媒体融合典型案例、第十三届中国电影电视技术学会科技进步奖一等奖。

国家体育总局体育科学研究所运动训练研究中心简要事迹

国家体育总局体育科学研究所运动训练研究中心成立于2019年，现有科研人员11人，其中具有正高级职称人员5人，博士7人，目前培养在读博士4人、在读硕士7人。作为我国竞技体育科研和奥运备战科技助力的重要窗口，中心持续为游泳、体操、田径、赛艇等7支夏奥项目以及越野滑雪、速度滑冰等4支冬奥项目国家队开展科研攻关和科技服务工作，其中6人担任国家体育总局科研团队负责人。

中心自成立以来重点开展了适应当代竞技体育发展的训练理论与方法、精准化专项训练监控技术、科学化运动员选才育才方法、我国潜优势项目技战术特征以及体能训练方法等一系列重大专题研究，主持完成了“当代运动训练经典理论研究”“竞技体育选材和基础培养若干理论与实践问题研究”“竞技运动训练的国际发展与中国实践”等多项社会影响力大、学术价值高的科研成果。

中心深入贯彻落实总局“科技助力奥运”的指示精神，坚持通过科技创新引领我国竞技体育可持续发展。在备战东京奥运会和北京冬奥会期间，围绕游泳、田径、赛艇以及冬季项目的科学化训练举办了一系列高峰论坛；承担了竞技体育冠军模型、跨界跨项选材、体能测试和评价标准、周期性竞速项目技战术分析、体操现场反馈、智能精准化训练系统以及智能化场馆建设等多项重大科技任务；组织举办了多家高等院校和科研院所面向国家队训练科技需求的技术对接会，引进人工智能、计算机视觉、大数据、可穿戴设备监控等高新技术应用于各竞技体育项目，建立了“以需求引领企业创新”的合作范式和“以科技求突破”的奥运保障模式。

东京奥运周期，中心复合型训练保障团队长期坚持在一线为游泳、体操、赛艇等多支国家队备战提供精细化、专业化的保驾护航，构建了涵盖运动营养、机能监测、伤病防治、体能训练与评估、心理训练与调控等跨领域跨学科的科技助力体系；主持负责科技助力的游泳、体操、赛艇等多支国家队在东京奥运会上共取得了10金、11银、5铜的辉煌战绩，田径短跑、花样游泳、女子三人篮球等项目也取得了历史性突破。

2020年，中心荣获全国体育事业突出贡献集体奖；“十三五”期间，荣获中国体育科学学会科学技术二等奖2项；主持科技部重大研发计划“科技冬奥”课题1项、国家社科基金课题2项、部委级课题28项，其他课题70余项；发表高水平学术期刊论文53篇，出版专著7本，获得发明专利、实用新型等24项；围绕科学化训练和全民健身发表科普类文章46篇。

500米口径球面射电望远镜调试运行团队简要事迹

500米口径球面射电望远镜（FAST）被誉为“中国天眼”，是具有我国自主知识产权的世界最大单口径、最灵敏的射电望远镜。2016年9月25日，习近平总书记在项目落成时发来贺信并提出要求：“高水平管理和运行好这一重大科学基础设施，早出成果、多出成果，出好成果、出大成果。”FAST调试运行团队平均年龄为39岁，其中高级专业技术人员33人，博士36人，硕士26人，入选中国科学院“百人计划”、青年促进创新会、西部之光青年学者、关键技术人才等中国科学院人才项目20余人。

团队成员在建设阶段承担望远镜的关键技术研究工作，进入调试阶段后更是走到前沿阵地，发明了多系统数据融合测量技术、基于力学仿真技术的安全评估系统及基于陶瓷电容的高压滤波器技术等，为复杂望远镜系统的高精度控制及安全运行提供了系统解决方案，在国际上没有任何参考经验的情况下，仅用两年时间就完成了调试任务，其进展远超同行预期。2019年4月，FAST完成工艺验收，其灵敏度为全球第二大单口径射电望远镜的2.5倍以上，这是中国建造的射电望远镜第一次在灵敏度这个重要指标上占据到了世界的制高点，实现了中国射电天文设备由追赶到领先的跨越。

2020年初，团队克服新冠肺炎疫情影响，搭建了对外服务的数据中心和门户网站，建立了完整的科研服务的链条，实现望远镜正式对外开放运行。FAST 开放运行以来，设施运行稳定可靠，取得了一批有重要价值的科学成果。发现的脉冲星数量已经超过 400 颗，是同一时期国际所有其他望远镜发现脉冲星数量的 3 倍以上。团队关于快速射电暴的两篇研究成果在《自然》上发表，其中 1 项成果入选《自然》和《科学》期刊“2020 年十大科学发现”，这使得我国相关科研团队迅速成为国际快速射电暴领域的核心研究力量。

团队常年异地坚守，突破了一系列关键核心技术攻关，肩负起新时代赋予的重任，为人类不断探索宇宙奥秘贡献中国智慧，为构建人类命运共同体作出中国贡献。依托 FAST 相关技术，团队已获得省部级及其他科技奖励 30 多项、授权专利 100 多项。2015 年，FAST 工程团队获得中国科学院先进集体荣誉称号。2019 年，FAST 工程调试团队获得第 23 届中国青年五四奖章集体荣誉称号；中国天眼 FAST 团队荣获 2019 年中国科学院年度团队。

中国散裂中子源研究集体简要事迹

中国散裂中子源（CSNS）研究集体经过近20年的奋斗，于2018年建成我国首台散裂中子源，填补了国内脉冲中子源及应用领域的空白，使我国成为全世界第四个拥有脉冲式散裂中子源的国家。CSNS研究集体是由中国科学院院士陈和生率领老中青三代科研工程人员组成的团队，他们克服异地建设的困难，协同攻关，建成了这项“国之重器”。CSNS为我国材料科学技术、物理、化学化工、生命科学、资源环境、新能源等领域的国家战略需求和前沿科学研究提供了最先进的大型交叉平台。

CSNS是国家“十二五”国民经济和社会发展规划的重大科技基础设施，是由数以千计的高精尖设备组成的复杂整体，其建造工程本身就是一个巨大挑战。建设中除需解决基础科学原理性问题外，还需研制大量非标设备，兼具工程与研究的双重复杂性。团队先后攻克了25赫兹交流磁铁、高功率靶、液氢慢化器、中子探测器等多项核心关键技术。

2017年8月，CSNS首次打靶，一次成功，调试速度远超国外散裂中子源，表明设计科学合理，以及设备研制与安装调试的高质量和高可靠性。2018年8月，CSNS通过国家验收，实现稳定高效运行，对用户开放。2020年2月，打靶束流功率达到100千瓦的设计指标，达标进度比原计划提前一年半。

CSNS研究集体通过自主创新和集成创新，在加速器、靶站、谱仪方面取得了一系列重大技术成果，显著提升了我国在高功率散裂靶、磁铁、电源、探测器及电子学等领域相关产业的技术水平和自主创新能力，使我国在强流质子加速器和中子散射领域实现了重大跨越，设备国产化率超过90%，靶站最高中子效率国际领先，3台中子谱仪综合性能达到国际先进水平。CSNS已成为支撑粤港澳大湾区综合性国家科学中心的核心大科学装置之一。

目前CSNS注册用户超过2 000人，已在多个领域开展重大原始创新研究，衍生了一批公共创新平台，攻克了一批共性关键核心技术。目前已完成用户实验课题500余项，其中12%来自包括华为、紫光同创、东阳光等高科技企业，围绕“四个面向”，在新型能源材料、斯格明子拓扑磁性、自旋霍尔磁性薄膜、高强合金纳米相、航空材料、可燃冰、页岩、催化剂等领域取得一批重要成果；累计产出科技论文600余篇，获国家发明专利80余项。CSNS还积极推进关键技术成果转移转化工作，2020年8月研制成功我国首台具有自主知识产权的加速器硼中子俘获治疗（BNCT）实验装置，为我国医用BNCT治疗装置发展奠定了技术基础。CSNS研究集体获得中国青年五四奖章集体，其成员多次荣获全国五一巾帼标兵、全国三八红旗手等荣誉称号。

中国社会科学院法学研究所民法研究室简要事迹

中国社会科学院法学研究所民法研究室成立于1958年，现有科研人员7人（含博士后研究人员2人）。其中，具有正高级职称人员3人，“百千万人才工程”国家级人选1人，享受政府特殊津贴人员2人。孙宪忠研究员现为中国社会科学院学部委员、全国人大代表，1999年被中国法学会授予第二届“全国十大杰出中青年法学家”称号；谢鸿飞研究员2017年被授予第八届“全国十大杰出青年法学家”称号。

研究室负责编撰出版的《中国物权法草案建议稿：条文、说明、理由与参考立法例》开创了将学术研究成果转化为立法建议草案的新范式。研究室负责主编的《中国民法典草案建议稿附理由》（六卷本），是我国首部对我国如何编纂民法典作出详细研究的著作，为民法典编纂提供了体系完备、规范合理的立法方案。孙宪忠研究员两次领衔向全国人民代表大会提出“修订《民法通则》为民法总则、整合其他民事法律为民法典”议案，率先提出并充分论证了“两步走”的民法典编纂思路和方法，在启动民法典编纂上发挥了积极作用。孙宪忠研究员在第十二届全国人民代表大会常务委员会专题讲座中主讲《我国民法典编纂中的几个问题》，科学分析了民法典编纂中的重大问题，为民法典编纂提供了系统的知识基础和学理支撑。在民法典编纂期间，研究室向全国人大法工委提供立法问题清单，并提交民法典草案建议稿，为民法典草案的形成提供了系统的立法方案；以专题研究报告、草案修改意见、学术专题研讨等形式，对民法典各次审议稿提出许多富有启发意义和应用价值的立法意见和建议，受到民法典编纂牵头单位全国人大法工委的高度肯定。民法典颁布后，研究室凝练与弘扬民法典编纂的学术创新精神，率先以评注形式对民法典进行系统的专业评释，形成国内第一部大型《民法典评注》学术专著系列，对民法典编纂后的学术研究和司法实践产生了巨大影响。

研究室负责编著的《民法总则评注》《中国社会科学院民法典分则草案建议稿》和《民法典评注》（15 册）被遴选为中国社会科学院 2017 年、2019 年、2020 年度重大创新成果。研究室近十年来出版学术专著近 30 部，其中谢鸿飞著《法律与历史：体系化法史学与法律历史社会学》、孙宪忠等著《国家所有权的行使与保护研究》、谢鸿飞等著《债法总则：历史、体系与功能》分别于 2011 年、2014 年、2019 年入选国家哲学社会科学成果文库。

中国气象局数值预报中心简要事迹

中国气象局数值预报中心成立于2010年，是中国气象局直属事业单位，主要从事我国数值天气预报的研发和业务应用等工作。该项工作是国家天气预报核心科技自主可控、自立自强的重大战略任务。中心现有专业技术人员98人，其中，具有正高级职称人员31人，博士63人，“百千万人才工程”国家级人选2人，享受政府特殊津贴人员3人，全国先进工作者1人。

中心自主研发建成了由5个国家级预报系统构成的区域/全球一体化、确定性与概率预报相结合的国家数值天气预报全面业务系统（GRAPES），在国家、省、地、县气象部门和相关行业实现了全面常态化应用。该系统是我国具有自主知识产权、完全自主可控的数值天气预报业务系统，使我国数值天气预报业务摆脱了对国外全球数值预报技术和数据的依赖，数值天气预报能力迈入国际一流水平，我国成为发展中国家唯一具备全面研发能力的国家。GRAPES业务系统所形成的0~15天无缝隙数值预报产品，是中央气象台发布全球和全国天气预报、指导各省市天气预报的核心支撑，在气象防灾减灾以及庆祝中华人民共和国成立70周年阅兵、庆祝中国共产党成立100周年庆典等国家重大活动气象保障服务中发挥了不可替代的作用，为国家经济社会稳定和人民生命财产安全作出了重要贡献。

中心研发的预估修正半隐式半拉格朗日数值算法、区域公里分辨率快速更新三维变分同化、全球非静力模式四维变分同化、有约束卫星资料偏差订正技术等，动力物理协调一致的预报云和云降水参数化、区域 / 全球集合预报技术等，构成了我国自主、全面的数值天气预报技术体系，标志着我国掌握了全链条的核心技术，实现了我国全部在轨风云气象卫星和全球主要气象卫星资料的同化，实现了全国天气雷达资料在天气预报中的定量应用。中心研发的非静力全球模式切线和伴随方法、非静力模式全球四维变分同化，突破了“卡脖子”技术，使我国成为全球第六个具备研发和业务运行四维变分同化的国家。

中心获国家科技进步二等奖 2 次，中国气象学会科技进步一等奖 1 次、二等奖 2 次，入选科技部创新人才推进计划重点领域创新团队，是我国气象领域首个国家级科技创新团队。承担国家“973 计划”项目 1 项，国家科技支撑项目 5 项，国家科技重点研发专项 3 项，累计发表 SCI 和核心期刊论文 300 多篇，获发明专利 2 项。

中国林业科学研究院森林生态系统保护修复与多功能经营团队简要事迹

中国林业科学研究院森林生态系统保护修复与多功能经营团队成立于2002年，现有专业研究人员20人。其中，院士1人，具有正高级职称人员8人，全国杰出专业技术人才1人，“百千万人才工程”国家级人选1人，享受政府特殊津贴人员2人，全国优秀科技工作者1人，省部级人选2人。团队围绕我国林业生态工程建设的重大科技需求，开展森林保护恢复及多功能协同提升的理论与技术研究。

团队创建了基于植物功能群的天然林生态恢复理论，研发了天然林景观恢复与空间经营技术及恢复范式，成功应用于我国天然林保护工程，显著提高了天然林的恢复速度和质量，为确立以保护优先、自然恢复为主的国家生态修复政策提供了科学依据，核心理论技术成果写进中共中央办公厅、国务院办公厅印发的《天然林保护修复制度方案》。团队系统阐明了森林水文功能的多尺度调节机制，创建了水源涵养林体系构建、水源涵养和固碳功能协同提升技术体系，解决了森林植被水碳效益多尺度权衡的技术难题，为山水林田湖草系统治理提供了创新性理论与技术支撑。团队提出了物种多样性及树种组配提升森林生态系统多功能性理论，构建了基于珍贵树种改培低效人工林的多功能经营模式，解决了人工林短轮伐期经营引起的地力衰退和长期生产力下降的问题，成果应用于《全国森林经营规划

（2016—2050）》以及国家储备林建设和森林质量精准提升等重大工程，成为我国森林多功能经营转型升级的最佳模式和途径。团队率先开展森林对气候变化的响应与适应研究，团队成员作为执笔人撰写了政府间气候变化专门委员会（IPCC）第二工作组研究报告，其创新成果为制定国家气候变化战略、林业应对气候变化行动计划和“国家自主贡献”林业目标提供了决策咨询，提出了中国参与 REDD+ 议题谈判议案并被国际履约采纳。团队作为核心主力组建了国家林业和草原局森林生态环境重点实验室，率先在川西米亚罗和河南宝天曼等地建立了森林生态系统定位站，牵头构建了国家林业和草原局全国森林生态系统研究网络。

团队承担国家科技支撑项目、“973 计划”项目、国家重点研发计划项目、国家自然科学基金委重大项目、国家杰出青年科学基金、重点项目等 40 余项；主编专著 20 部，以第一或通讯作者身份累计发表论文 336 篇；获国家发明专利 10 件、行业标准 17 项和软件注册权 3 件；获国家科技进步二等奖 4 项（排名第一 2 项），省部级科技进步一等奖 2 项。成果在我国天然林保护工程建设中应用推广面积 21.9 万公顷，新增产值 26.9 亿万元；在森林质量精准提升工程推广应用 1 820 万亩，新增珍贵木材折合产值 903 亿元，提升碳储量 1.06 亿吨。

中国中医科学院中药资源创新团队简要事迹

中国中医科学院中药资源创新团队成立于2012年，是以中国中医科学院中药资源学科优势为基础，整合国内研究力量建成的国家级平台，全面承接全国中药资源普查成果，开展中药资源基础和应用研究及成果转化，进行中药资源的动态监测及生产适宜性区划，承担国家中药新药开发的中药资源可持续利用评估。

团队作为科技部重点领域“中药资源创新团队”“中药生态农业创新团队”，深耕中药资源研究，作为第四次全国中药资源普查的技术依托，将高分辨国产卫星遥感引入到中药资源生产统计中，建立了“天空地”一体化的中药遥感监测系统，形成了数据记录达4 000万条的国内最大的中药资源基础数据库，收集整理标本实物库达到64万余份，收集基因资源9万余份。团队整合搭建了中药活性成分合成生物学研究平台，丹参酮等二萜类成分解析处于国际领先水平，成果发表在Nature chemistry、Nature Communications、Molecular Plant、JACS等国际知名期刊。团队作为“分子生药学”提出者，出版了本科生及研究生教材，全国已有近30所高校开设该课程；作为中药生态农业的提出者和践行者，提出了基于“逆境效应”的中药材“拟境栽培”生态种植理论，发起并践行“不向农田抢地，不与草丛为敌，不惧山高林密，不负山青水绿”的中药生态农业宣言，并凝练了全国140种中药材生态种植模式。团队针对全国832个贫困县开展中药材产业基础调查，并为774个贫困县推荐适宜生态种植中药材目录，形成了全国中药材供应保障平台；指导示范和推广中药材生态种植面积200余万亩，培训技术骨干、药农等355万余人次，惠及362个县。近年来，团队主持制定的《中医药—中药材商品规格等级通则》为中药领域首个框架性ISO（国际标准化组织）国际标准；主持制定的《中医药—中药材农药残留检测》《中医药—中药材二氧化硫测定》国际标准，作为全球传统药材首个农药残留、二氧化硫测定的ISO国际标准，填补了国际标准制修订领域又一空白；牵头组织制定了中药团体标准640余项，是国内研制中药类标准最多的团队。

近五年来，团队发表论文900余篇，出版专著39部；获授权专利59项、软件著作权23项、中药材品种证书2项；获省部级科学技术一、二等奖14项，2019年获得国家科技进步二等奖。团队荣获全国三八红旗集体、科技部重点领域创新团队、生态环境部中国生态文明奖先进集体等荣誉称号；团队成员获全国创新争先奖章（奖状）、中国标准创新贡献奖（突出贡献奖）等荣誉26项。

中国地震局地质研究所地震动力学国家重点实验室简要事迹

中国地震局地质研究所地震动力学国家重点实验室于2003年经科技部批准建设，是我国地震研究领域唯一的国家级实验室。实验室现有工作人员106人，其中研究人员86人，技术人员19人，专职管理人员1人；具有正高级职称人员35人、具有副高级职称人员47人，拥有博士学位人员92人。现有研究队伍中，有中国科学院院士1人，“百千万人才工程”国家级人选3人，享受政府特殊津贴人员5人，中国地震局创新团队4个，中国地震局人才计划人选13人。实验室建有3个国家级野外观测研究站，1个国家地震科学数据共享分中心。2015年实验室入选科技部“国家国际科技合作基地”，依托单位中国地震局地质研究所以实验室为主体入选科技部“创新人才培养示范基地”。

实验室始终面向地震科技前沿，致力于地震机理与地震预测研究，在大陆地震构造变形分布特征、深部环境、演化历史、物理机制及强震预测等方面取得了一系列创新性成果，为防震减灾提供科技支撑。实验室提出的活动地块理论揭示了中国大陆强震活动特征，已成为我国地震危险性分析和地震大形势研究的重要基础；提出的断层亚失稳模型为探索地震物理预测理论和方法提供了新思路，成为中国地震科学实验场国家重大科学基础设施立项的重要理论支撑。

实验室开展了城市活动断层探测及填图，为抗震设防、地震应急、地震中长期预测提供了重要科学依据，为我国经济建设及“一带一路”等重大工程地震安全性评价提供了大量基础数据；制定了多项国家和行业标准，应用于地震监测预报、地震灾害预防、国家重大工程选址和城镇土地利用规划；开展了风险普查及震后灾害评估，服务于地震风险防治及灾后重建。

实验室近十年先后承担了包括“973 计划”、国家科技攻关、国家重大科学工程、国家重点研发、国际科技合作、国家自然科学基金等在内的国家级项目 170 余项；发表学术论文 1 600 多篇，其中发表在 Science、Nature 系列及国际著名地学期刊上的 SCI 收录论文 800 余篇。实验室获国家发明专利 10 多项，独立完成的 1 项科研成果获 2017 年国家自然科学二等奖，1 项科研成果入选 2014 年度“中国科学十大进展”，多项成果获部委和国家一级学会科技奖，1 名外籍专家获“中国政府友谊奖”。实验室及所属研究团队先后 5 次获人力资源社会保障部、中国地震局“全国地震系统先进集体”。